Orçamento Empresarial

O GEN | Grupo Editorial Nacional – maior plataforma editorial brasileira no segmento científico, técnico e profissional – publica conteúdos nas áreas de ciências sociais aplicadas, exatas, humanas, jurídicas e da saúde, além de prover serviços direcionados à educação continuada e à preparação para concursos.

As editoras que integram o GEN, das mais respeitadas no mercado editorial, construíram catálogos inigualáveis, com obras decisivas para a formação acadêmica e o aperfeiçoamento de várias gerações de profissionais e estudantes, tendo se tornado sinônimo de qualidade e seriedade.

A missão do GEN e dos núcleos de conteúdo que o compõem é prover a melhor informação científica e distribuí-la de maneira flexível e conveniente, a preços justos, gerando benefícios e servindo a autores, docentes, livreiros, funcionários, colaboradores e acionistas.

Nosso comportamento ético incondicional e nossa responsabilidade social e ambiental são reforçados pela natureza educacional de nossa atividade e dão sustentabilidade ao crescimento contínuo e à rentabilidade do grupo.

Fábio Frezatti

Orçamento Empresarial
Planejamento e controle gerencial

6ª Edição revista e atualizada

O autor e a editora empenharam-se para citar adequadamente e dar o devido crédito a todos os detentores dos direitos autorais de qualquer material utilizado neste livro, dispondo-se a possíveis acertos caso, inadvertidamente, a identificação de algum deles tenha sido omitida.

Não é responsabilidade da editora nem do autor a ocorrência de eventuais perdas ou danos a pessoas ou bens que tenham origem no uso desta publicação.

Apesar dos melhores esforços do autor, do editor e dos revisores, é inevitável que surjam erros no texto. Assim, são bem-vindas as comunicações de usuários sobre correções ou sugestões referentes ao conteúdo ou ao nível pedagógico que auxiliem o aprimoramento de edições futuras. Os comentários dos leitores podem ser encaminhados à **Editora Atlas Ltda.** pelo e-mail faleconosco@grupogen.com.br.

Direitos exclusivos para a língua portuguesa
Copyright © 1999 by
Editora Atlas Ltda.
Uma editora integrante do GEN | Grupo Editorial Nacional

Reservados todos os direitos. É proibida a duplicação ou reprodução deste volume, no todo ou em parte, sob quaisquer formas ou por quaisquer meios (eletrônico, mecânico, gravação, fotocópia, distribuição na internet ou outros), sem permissão expressa da editora.

Rua Conselheiro Nébias, 1384
Campos Elísios, São Paulo, SP – CEP 01203-904
Tels.: 21-3543-0770/11-5080-0770
faleconosco@grupogen.com.br
www.grupogen.com.br

Designer de capa: Roberto de Castro Polisel

Editoração Eletrônica: Set-up Time Artes Gráficas

CIP-BRASIL. CATALOGAÇÃO NA PUBLICAÇÃO.
SINDICATO NACIONAL DOS EDITORES DE LIVROS, RJ

Frezatti, Fábio
    Orçamento empresarial: planejamento e controle gerencial / Fábio Frezatti. – 6. ed. – [3. Reimpr.]. – São Paulo: Atlas, 2019.

    Bibliografia
    ISBN 978-85-224-9908-3

    1. Orçamento empresarial I. Título.

99-1613
CDD-658.154

Índices para catálogo sistemático:

1. Elaboração de orçamento : Empresas : Administração   658.154
2. Orçamento empresarial : Administração   658.154

Material Suplementar

Este livro conta com os seguintes materiais suplementares:

- Planilhas (restrito a docentes).
- Plano de aulas (restrito a docentes).
- Roteiro de solução de casos de ensino (restrito a docentes).
- *Slides* (restrito a docentes).

O acesso ao material suplementar é gratuito. Basta que o leitor se cadastre em nosso *site* (www.grupogen.com.br), faça seu *login* e clique em GEN-IO, no menu superior do lado direito.

É rápido e fácil. Caso tenha dificuldade de acesso, entre em contato conosco (gendigital@grupogen.com.br).

GEN-IO (GEN | Informação Online) é o ambiente virtual de aprendizagem do GEN | Grupo Editorial Nacional, maior conglomerado brasileiro de editoras do ramo científico-técnico-profissional, composto por Guanabara Koogan, Santos, Roca, AC Farmacêutica, Forense, Método, Atlas, LTC, E.P.U. e Forense Universitária. Os materiais suplementares ficam disponíveis para acesso durante a vigência das edições atuais dos livros a que eles correspondem.

SUMÁRIO

Introdução, 1

1 Planejamento e controle: as duas faces da mesma moeda, 7
 1.1 Conceitos gerais, 7
 1.2 Decisões empresariais, 8
 1.3 Benefícios e limitações do processo estruturado de planejamento e controle, 9
 1.4 Visão geral do planejamento e controle, 13
 1.5 Intensidade do processo de planejamento e controle, 15
 1.6 "Ênfase" no planejamento ou no controle?, 16
 1.7 Orientação para a parte prática, 20

2 Planejamento estratégico, 21
 2.1 Conceitos gerais e componentes, 21
 2.2 *Balanced scorecard*, 31
 2.3 Ciclo do processo de planejamento, 37
 2.4 Críticas e limitações, 38
 2.5 Orientação para a parte prática, 39

3 Orçamento empresarial, 41
 3.1 Conceitos gerais e elementos, 41
 3.2 Princípios gerais de planejamento, 43
 3.3 "Lição de casa" antecedente à montagem do orçamento, 46
 3.4 Etapas da montagem do orçamento, 48
 3.5 Sistema de informações gerenciais, 50
 3.6 Orientação para a parte prática, 52

4 Etapa operacional, 53
 4.1 Plano de marketing, 53
 4.2 Plano de produção, suprimentos e estocagem, 55
 4.3 Plano de investimentos nos ativos de longo prazo, 60
 4.4 Plano de recursos humanos, 62
 4.5 Orientação para a parte prática, 63

viii ORÇAMENTO EMPRESARIAL • Frezatti

5 Etapa financeira, 65

5.1 Conceitos gerais e componentes, 65

5.2 Demonstrações contábeis projetadas, 66

5.3 Gastos, investimentos, custos, despesas e perdas, 68

5.4 Custeio de produtos e serviços, 69

5.5 Indicadores financeiros e não financeiros, 72

5.6 Centros de responsabilidades, 74

5.7 Estruturação dos gastos nas organizações, 75

5.8 Técnicas de projeção de gastos, 78

5.9 Orientação para a parte prática, 83

6 Controle orçamentário, 85

6.1 Conceitos gerais, 85

6.2 Elementos de controle, 87

6.3 Especificações sobre as variações, 88

6.4 Por que a empresa precisa do acompanhamento?, 92

6.5 Orientação para a parte prática, 98

7 Evolução do processo de planejamento, 99

7.1 Evolução e a reciclagem, 99

7.2 O processo de planejamento "tradicional", 101

7.3 *Beyond Budgeting*, 104

7.4 As várias funções e usos do orçamento, 110

7.5 Reservas orçamentárias, 112

7.6 Uso do *forecasting*, 115

Casos de ensino tradicionais e contextuais, 119

Tradicionais

Caso de ensino 1 – "...Coisa de desocupado", 121

Caso de ensino 2 – O *balanced scorecard*, 126

Caso de ensino 3 – "É fácil falar. Que tal você fazer?", 129

Caso de ensino 4 – "O cliente é o senhor...", 132

Caso de ensino 5 – Prestação de serviços, 135

Caso de ensino 6 – Plano de investimentos nos ativos de longo prazo, 137

Caso de ensino 7 – Plano de recursos humanos, 140

Caso de ensino 8 – Despesas departamentais, 142

Caso de ensino 9 – "E aí? Sim ou não?", 146

Caso de ensino 10 – "Você precisa disto?", 150

Contextuais

Caso de ensino 1 – Relacionamento entre orçamento e instrumento estratégico da organização, 156

Caso de ensino 2 – Projeção de cenários e premissas, 157

Caso de ensino 3 – Plano de marketing, 158
Caso de ensino 4 – Plano de suprimentos, produção e estocagem, 159
Caso de ensino 5 – Plano de investimentos em ativos de longo prazo, 160
Caso de ensino 6 – Recursos humanos, 161
Caso de ensino 7 – Projeção de gastos, 162
Caso de ensino 8 – Plano financeiro, 163
Caso de ensino 9 – Controle orçamentário, 164

Exercícios de simulação, 165
Apresentação do exercício, 165
Etapa 1 – Planejamento estratégico, 173
Etapa 2 – Premissas e pré-planejamento, 177
Etapa 3 – Marketing, 181
Etapa 4 – Produção/prestação de serviços, suprimentos e estocagem, 184
Etapa 5 – Investimento nos ativos de longo prazo, 191
Etapa 6 – Recursos humanos, 193
Etapa 7 – Projeção de gastos departamentais, 200
Etapa 8 – Plano financeiro, 212

Bibliografia, 227

AGRADECIMENTOS

A Deus, pela oportunidade de expressão que me tem permitido escrever e revisar várias vezes este livro anos depois de seu lançamento.

Aos meus familiares, que têm sido a grande motivação de vida: Eliete, Bianca e Daniel.

A algumas mulheres muito especiais que muito me ensinaram na vida: Dona Ruth, Dona Emília, Tia Izaura e Maria de Lourdes. Alguns homens brilhantes também devem ser homenageados: José Carlos Moreira, Tio Fernandes, Romeu Degaspari e Giuseppe Riggini.

Aos amigos Francisco Gresenberg Filho e Edval da Silva Tavares, por terem lido os *drafts* das primeiras edições, trazendo, a partir de suas experiências profissionais, críticas que muito contribuíram para a estruturação naquele momento.

Aos professores e leitores, por suas críticas e sugestões.

À direção da Editora Atlas, principalmente nas pessoas dos srs. Luiz Herrmann e Ailton Brandão, por terem confiado e apostado no autor, neste projeto... por, pelo menos, seis vezes.

INTRODUÇÃO

Esta nova edição foi motivada pela percepção gerada desde a primeira edição, publicada em 1999, de que o livro didático é um ente vivo que precisa ser alimentado à medida que o autor e o seu público evoluem. Dessa maneira, embora a estrutura de capítulos não tenha sido alterada, para facilitar a vida dos leitores, todos eles foram revistos no que se refere a:

- **atualização da maneira de expressar e explicar** conceitos e relações entre os elementos tratados em todos os sete capítulos;
- **inclusão de tópicos de ordem prática** para facilitar o entendimento ao leitor e também sua utilização dentro do ambiente empresarial, principalmente no que se refere aos Capítulos 3, 4, 5 e 7;
- **inclusão de tópicos de ordem conceitual** para facilitar o entendimento e a sua adaptação em ambientes diversificados, principalmente no que se refere aos Capítulos 2 e 7;
- **alteração da sequência de apresentação de conceitos** e sua aplicação, principalmente no Capítulo 5 e casos de ensino;
- **inclusão de mais um tipo de caso de ensino flexível ao contexto**, ampliando o uso da obra.

De forma geral, três elementos deram impulso ao desenvolvimento deste livro e aqui o autor considera justo que sejam compartilhados com os seus leitores:

1. a **crença** de que a estruturação do planejamento empresarial, nos mais variados graus, se constitui em uma ferramenta poderosa e insubstituível dentro do universo dos negócios, mormente no ambiente turbulento que as empresas vivem a partir da segunda metade da década de 1990. Em alguns casos, o desafio da globalização e mesmo a necessidade tática de adaptação ao mercado se apresentam com tal frequência que fica muito difícil entender o gerenciamento de um negócio sem um instrumental que permita aos gestores o adequado balizamento. Nesse sentido, inúmeras são as obras existentes que poderiam orientar e suportar a visão gerencial dos executivos rumo ao planejamento dos

negócios. Se isso é verdade, por que o adequado gerenciamento nem sempre ocorre? Provavelmente por falta de entendimento, experiência e apoio político.

2. a **percepção de que**, embora importantes, **planejar e controlar** o negócio, em muitas empresas, se constituem em ações que ainda não são adequadamente entendidas pelos executivos. Isso foi percebido em empresas organizadas que tinham tradição na montagem e gerenciamento do seu Processo de planejamento. É curioso como, em alguns casos, a disponibilização de certo *modus operandi* faria com que os executivos da empresa julgassem que, de per si, ele resolveria os problemas da empresa no seu gerenciamento do dia a dia. É como se imaginar que ao dispor de um sistema de orçamento na empresa, ele pudesse garantir o sucesso do processo de planejamento, bem como, por meio dele, atingir o sucesso almejado. Em outros casos, as organizações entendem que o planejamento se constitui em um tipo de atividade prospectiva e o controle seria uma forma de se constatar se aquilo que havia sido decidido estaria ou não sendo verificado, quando, na verdade, o relacionamento entre ambos se caracteriza como algo muito mais interativo e dinâmico. Na verdade, um aspecto extremamente preocupante percebido foi que certas organizações chegaram a questionar a validade do processo de planejamento, no lugar de avaliar se teriam ou não tratado adequadamente as variáveis que compõem tal processo; e

3. a **intuição** (já que não será cientificamente provado neste trabalho) de que o fator comportamental tem um peso ainda mais importante do que aquele já atribuído. Em outras palavras, significa que a empresa deve incorporar ao seu lado cultural toda a filosofia de planejamento, de maneira realmente identificada com as suas características, seu modelo de gestão, a sua forma de pensar o negócio. Não ocorrendo isso, planejar fica sendo um ato artificial e inadequado na rotina da organização.

Num sentido prático, neste livro, foram identificados aspectos ligados à técnica de montagem do orçamento, questões comportamentais ligadas aos gestores, questões estruturais de recursos humanos, bem como sistêmicas. Tais questões devem ser tratadas dentro de uma visão de integração entre os elementos, sendo dados pesos adequados a cada um deles.

Para parte dos leitores, o sistema de planejamento de uma empresa é algo que é claro e concreto; entretanto, pode ocorrer que tal sistema não lhes pareça bom e adequado às organizações para as quais trabalham. Para eles, nada melhor do que explicar todo o processo já pressupondo a existência do orçamento na organização. Contudo, para outra parcela dos leitores, o entendimento do que é o Processo de planejamento de uma empresa é uma etapa a percorrer. Para poder contemplar os dois tipos de leitores, os exercícios de simulação e os casos foram concebidos numa abordagem em que o orçamento já existe numa organização industrial, evoluindo através da discussão de questões que possam tornar melhor ou mais adequado o sistema orçamentário da organização. Isso é feito levando-se em conta:

1. apresentação de conceitos importantes para o entendimento do tema;
2. exemplificação por meio de um exercício de simulação, pretendendo projetar as circunstâncias do envolvimento no processo de montagem do orçamento;
3. inclusão de questões cujo objetivo consiste em proporcionar ao leitor um forte incentivo à reflexão e à customização da abordagem à sua vida prática numa organização real ou mesmo imaginária; e
4. estruturação de casos de ensino curtos que têm como objetivo despertar o interesse do leitor sobre o tema como um todo.

Considerando-se que a abordagem sistêmica esteja presente, existe a preocupação em termos de discorrer sobre o tema levando em conta que são **as pessoas** atuando em uma dada estrutura organizacional que recorrem ao instrumental de planejamento e controle e que é o **processo** que exige **sistemas de informações**, que, por sua vez, operam a partir de **políticas e procedimentos**. Tudo isso deve ser entendido como forma de perceber a entidade, o objetivo da análise.

A gestão ocorre na organização a partir do planejamento, execução e controle das atividades. Ao tratar o processo de planejamento, todo o conjunto de processos passa a ser analisado e tratado de maneira otimizante e questionadora. Com isso o desenvolvimento das atividades ocorre na organização, minimizando riscos e proporcionando a governança à medida que estabelece parâmetros para que o *accountability* seja uma realidade.

A Figura 1 representa a sequência do livro, onde se pretende discorrer sobre o processo de planejamento como um todo a partir do planejamento estratégico, passando para a construção do orçamento e o seu controle. A sequência demanda um *continuum* para que as atividades da organização se desenvolvam a partir de adaptações com o cenário e resultados obtidos anteriormente.

Figura 1 – *Planejamento e controle*

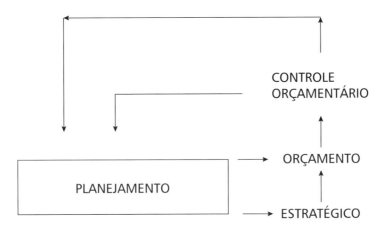

Os capítulos foram mantidos dentro da seguinte sequência de raciocínio:

Capítulo 1: Aborda conceitos gerais sobre gestão, particularizando o planejamento e controle. A perspectiva deste capítulo é de proporcionar uma visão abrangente e que permita ao leitor entrar no nível de detalhe que necessite, nos demais capítulos. As evidenciações de necessidades estratégicas e demandas táticas são explicitadas.

Capítulo 2: O planejamento estratégico formalizado é tratado neste capítulo, levando em conta seus componentes e peculiaridades. Proporciona perspectiva de entendimento do papel do planejamento estratégico, sua importância na organização e consequências para a estruturação, aprovação e acompanhamento do orçamento.

Capítulo 3: Focaliza ao orçamento a partir da ligação entre os planejamentos estratégico e tático. Tem por objetivo discutir a "lição de casa" a ser desenvolvida após o encerramento do planejamento estratégico e o início do orçamento e os componentes deste último. Proporciona uma visão geral das partes, os subplanos que compõem o orçamento.

Capítulo 4: Trata do desenvolvimento do orçamento operacional da entidade, suas demandas e impactos na etapa posterior. Tal detalhamento se faz necessário para melhor caracterizar a necessidade de um orçamento não conter apenas informações financeiras sobre a entidade, mas sim ser fruto de um desenvolvimento que reflita as atividades da organização.

Capítulo 5: Cuida do desenvolvimento do orçamento financeiro, a etapa financeira da montagem do orçamento empresarial. Comumente, ao se falar sobre orçamento, muitos profissionais referem-se a esta etapa apenas. Nesta etapa se torna relevante entender como projetar um valor que faça parte de um dado centro de resultados e construído a partir de quais critérios.

Capítulos 6: O controle orçamentário é tratado neste capítulo, considerando seu potencial de desenvolvimento nas empresas. Aqui se consideram as questões que são importantes no que se refere ao processo, partindo da retroalimentação, do *feedback*. Sua abordagem leva em conta fatores estruturais e específicos para relatórios gerenciais.

Capítulo 7: As peculiaridades e as oportunidades de aperfeiçoamento no processo sempre estão na mente dos executivos; limitações do processo de planejamento são evidenciadas de maneira mais intensa neste capítulo, inclusive para que os profissionais possam tratá-las de maneira preventiva.

Exercícios de simulação

Trata-se da técnica que pretende proporcionar ao aluno de graduação a oportunidade de exercitar o orçamento na instituição.

Casos de ensino tradicionais e contextuais

Os casos de ensino destinam-se às classes mais adiantadas tanto no que se refere à maturidade profissional como disponibilidade de tempo.

Normalmente, são usados nos cursos de especialização. A novidade desta edição foi, além de manter os casos de ensino tradicionais, incluir para cada tema modelo que permite tratar questões do orçamento com forte perspectiva contextual. A partir de um roteiro, os alunos desenvolverão análises que tornarão o conhecimento em algo útil para o seu próprio ambiente, o que permite perceber quão práticos são o livro e a disciplina.

Referências

Foram atualizadas substancialmente.

1

PLANEJAMENTO E CONTROLE: AS DUAS FACES DA MESMA MOEDA

Objetivos de aprendizagem

1. Inserir o planejamento dentro dos conceitos sobre gestão.
2. Tratar o relacionamento entre planejamento estratégico e o orçamento.
3. Identificar a sequência de uso dos instrumentos de planejamento.
4. Relacionar os benefícios e as limitações do processo de planejamento formalizado.
5. Instigar o leitor a refletir sobre a falácia do termo controle sem o planejamento.

Questões provocativas

1. O que significa planejar?
2. Por que se diz que planejamento sem controle é inócuo?
3. Por que o planejamento estratégico deve ser desenvolvido antes do começo da montagem do orçamento?
4. Que tipo de problema ocorreria se uma empresa desenvolvesse o orçamento sem antes elaborar o plano estratégico?
5. Dá para controlar sem planejar?

1.1 Conceitos gerais

Planejar consiste em decidir antecipadamente o que deve ser feito. Toda empresa planeja em alguma intensidade. Algumas se voltam para o longo, médio e curto prazos, outras, nem tanto.

O termo *controle* tem sido utilizado de maneira enfática, pois, na verdade, o que se pretende no universo empresarial é garantir que decisões tomadas realmente ocorram. A gestão das organizações considera três diferentes elementos, que são o planejamento, a execução e o controle. Se o planejamento é inadequado, o controle é inócuo. Se o planejamento é adequado, mas a filosofia de controle é meramente voltada para a constatação, existe uma falha importante de retroalimentação. O que se pretende considerar é que cada organização interprete e defina a ênfase desejada para o planejamento e o controle dos seus negócios e isso pode ser observado pelo tempo dedicado à sua discussão, investimentos feitos e mesmo preocupação qualitativa quanto aos profissionais alocados para uma ou outra atividade.

Em termos gerais, considera-se que, quanto mais o profissional sobe na estrutura organizacional, maior o seu esforço despendido para planejamento dos negócios, no curto, médio a longo prazo. Essa visão está ligada à questão decisória, ou seja, quanto mais alto o nível da pirâmide, maior o tempo dedicado às decisões. Por sua vez, em função do enfoque de administração por exceção, quando algo decidido não ocorre da maneira como planejado, o sistema gerencial apura e indica a sua ocorrência, magnitude, responsabilidade e dimensão temporal. Para melhor tratar dos elementos, este capítulo tem por objetivo conceituar e discutir questões gerais sobre o planejamento e controle de negócios.

Dessa maneira, o planejamento é, se não a única, a mais eficiente forma de controle das organizações.

1.2 Decisões empresariais

Das funções clássicas tratadas por Fayol, temos organizar, formar equipe, dirigir, controlar e planejar. Planejar significa **decidir antecipadamente** (ACKOFF et al., 1984, p. 2). Decidir implica optar por uma alternativa de ação em detrimento de outras disponíveis, em função de preferências, disponibilidades, grau de aceitação do risco etc. Nessa visão, decidir antecipadamente constitui-se em **controlar o seu próprio futuro**. Essa é uma visão bastante proativa no que se refere ao processo de gestão de certa organização. Ansoff (1977, p. 4) considera que as empresas têm que tomar três tipos de decisões distintas:

a) **Estratégicas**

Voltadas para os problemas externos, mais especificamente relacionadas com a escolha do composto de produtos e dos mercados em que tais produtos (e/ou serviços) serão colocados. Durante todo o texto desta obra, o conceito de *estratégico* diz respeito *"a tudo o que se refere às relações entre a empresa e o seu ambiente"* (ANSOFF, 1977, p. 4), tendo por objetivo otimizar a função[1] definida, que pode ser o retorno sobre o investimento, EVA (*Economic Value Added*), distribuição de lucros etc. Tais decisões, numa sequência temporal, devem preceder as demais. Numa visão mais contemporânea, considera-se que, além das variáveis financeiras, outras de natureza menos quantitativa e menos voltadas

---

[1] Considera-se adequado que, ao menos, um indicador financeiro de longo prazo esteja presente, muito embora outros, não financeiros, possam ser incluídos.

ao curto prazo devem ser inseridas no composto de indicadores que direciona, alinha a entidade na sua trajetória de longo prazo. O *Balanced Scorecard* consiste em um instrumento que permite essa abordagem.

b) **Administrativas**

"Preocupam-se com a estruturação dos recursos da empresa de modo a criar possibilidade de execução com os melhores resultados" (ANSOFF, 1977, p. 5). De maneira simplificada, o seu grande problema consiste em estruturar os recursos da empresa para obter desempenho otimizado. Decisões sobre organização, estrutura de conversão de recursos, obtenção e desenvolvimento de recursos, conflitos entre estratégias e operações, conflitos entre objetivos pessoais e institucionais e interações entre variáveis econômicas e sociais fazem parte dessa categoria de decisão.

c) **Operacionais**

"Estão ligadas à obtenção dos indicadores desejados." Objetivos e metas em nível operacional, níveis de preços e produção, níveis de operação, políticas e estratégias de marketing, políticas e estratégias de pesquisa e desenvolvimento, controle etc. são exemplos.

A classificação de Ansoff não deve ser entendida como estanque ou estática. Na verdade, as decisões denominadas estratégicas são as únicas que podem realmente ser tratadas distintamente; as demais podem ser mescladas. O importante é que a organização requer os três tipos para desenvolver suas atividades. Fischmann (1995, p. 17) diz que a decisão estratégica exige a **eficácia** das organizações, enquanto as duas últimas têm grande preocupação com o aumento da **eficiência**. Ao longo deste livro, a expressão *processo de planejamento* tem por objetivo abranger o processo em sua totalidade, envolvendo o plano estratégico, o plano administrativo e o plano operacional. O termo *plano* será utilizado sempre com o objetivo de indicar a formalização do processo de planejamento.

1.3 Benefícios e limitações do processo estruturado de planejamento e controle

As organizações decidem o que devem fazer dentro de certo ambiente. Contudo, o que as distingue é a intensidade e a antecipação do processo decisório. Significa que no ano $x0$ ela decide quais produtos deve lançar em $x1$, o volume de insumos que vai demandar em $x1$, o nível salarial dos funcionários a ser implementado em $x1$, os investimentos em ativos imobilizados que deve fazer em $x1$ e assim por diante. Em suma, antes do momento requerido, as mais adequadas alternativas devem ser selecionadas e implementadas. Em alguma dimensão, sempre o planejamento antecede a execução. Em alguns casos, essa antecedência é de curtíssimo prazo, quase imediatamente anterior à execução, enquanto que, em outros, a antecedência exige um largo espaço de tempo. Significa dizer que sempre ocorrerá algum esforço de planejamento. Por outro lado, deve ser discutido o grau de formalização que o processo de planejamento demanda em cada tipo e porte de empresa, o que se constata ser variável no mercado. Quais seriam as vantagens de decidir antecipadamente? Qualitativamente, são muitas, mas algumas são citadas por Welsch (1994, p. 64-65) como sendo as de maior importância:

a) **Coordenação de atividades**

As atividades de uma organização podem ser coordenadas de maneira apropriada com base no processo de planejamento. Em outras palavras, se uma empresa produtora de alimentos deseja aumentar seu volume de produtos, precisa de suprimentos adicionais, equipamentos e pessoas. Esses recursos apresentam disponibilidades distintas, necessidades distintas de estruturação e mesmo regulação. A coordenação entre atividades referentes a buscar e gerenciar recursos para atender a metas de *output* (vendas ou prestação de serviços, por exemplo), de maneira eficiente e competitiva, é vital e pode ser obtida a partir da elaboração de um instrumento formal, como o processo de planejamento de negócios, evitando que uma atividade seja fator de não atingimento de outra. Impossível coordenar atividades e mesmo torná-las viáveis à luz de algum critério, sem algum nível de planejamento prévio que possa antever os gargalos, riscos e mesmo possibilidades.

b) **Decisões antecipadas**

Em qualquer situação, ter tempo para pensar e amadurecer uma decisão é algo importante. Pode permitir a identificação de novas perspectivas, identificar novas abordagens ou mesmo amadurecer posições dos gestores em função do enriquecimento do processo em decorrência de novas informações. Nesse sentido, a elaboração do plano faz com que decisões sejam tomadas antecipadamente. Supondo uma organização que esteja em processo de crescimento e cujo produto exija componentes escassos, ao elaborar o plano, já se perceberá que a rede de supridores deverá ser expandida, por exemplo. Essa percepção implicará a perseguição de alternativas que possam atender à necessidade, em muitos casos, com demanda de tempo de preparação/pesquisa e negociação e outros recursos em níveis significativos. Tal decisão é de vital importância para o desenvolvimento dos negócios, já que deve ser tomada com antecedência, evitando situação em que a empresa deixe de atingir os seus objetivos maiores em função da falta de recursos, por exemplo. Implícita a essa vantagem, a perspectiva de poder rever, ajustar, revisar as metas faz com que o processo de planejamento tenha utilidade.

c) **Comprometimento *a priori***

O benefício do comprometimento é cumulativo em relação aos benefícios apresentados anteriormente. O crescimento do volume de vendas é algo a ser proposto e aceito pelo executivo da área comercial por exemplo. Ao propor tal volume, implicitamente espera-se que ele esteja comprometido com as metas nele consideradas. A inexistência de um sistema de planejamento traz a dimensão do comprometimento para o momento em que se detecta a necessidade, ou seja, imediatamente antes da implementação. No mínimo, decidir antecipadamente faz com que a percepção coletiva de comprometimento seja afetada, já que o comportamento de uma área não significa o comportamento da empresa como um todo, que é o que se almeja no processo de planejamento.

d) **Possível maior transparência**

O sistema de planejamento **pode** trazer maior transparência entre as várias áreas da empresa pelo fato de trabalharem e discutirem juntas as etapas. Tal benefício foi considerado como nem sempre possível, haja vista a postura centralizadora de algumas empresas, que deixam de praticar a abordagem participativa e dela se beneficiar; dessa forma, nem sempre tal benefício é obtido, já que a filosofia de disseminação de informações não necessariamente caminha ligada à filosofia de planejamento da organização.

e) **Definição de responsabilidades**

O planejamento e o controle em uma organização exigem que as responsabilidades sejam definidas, por unidade de negócios, por departamento ou mesmo por centro de resultados, dependendo do conceito utilizado. Sem esse detalhamento, que permite o *accountability*, não é possível cobrar resultados. A perspectiva do *accountability* proporciona ao gestor a obrigação de fazer o que deve ser feito e, posteriormente, prestar conta. Sem a definição de responsabilidades, tanto a autoridade como a cobrança de resultados não podem ser exercidas.

f) **Destaque para eficiência**

Uma vez desenvolvido o processo de planejamento, não apenas a avaliação financeira é implementada, mas a avaliação de todo o negócio. Para tanto, níveis de desempenho adequados devem ser perseguidos. Indicadores não apenas de ordem financeira, mas também operacionais, não monetários, devem ser identificados e monitorados com frequência. Desempenho inadequado pode ser evitado na fase de planejamento, já que o controle pressupõe zelar para que o nível planejado de eficiência seja atingido. Significa, por exemplo, definir qual o nível de desperdício que pode ser aceito e incluído no plano. Resultados considerados insatisfatórios, portanto, devem ser avaliados e não simplesmente aceitos pela organização no momento do planejamento. Em resumo, o nível de ineficiência considerado no planejamento é o nível de ineficiência aceito pela entidade, para aquele período tratado.

g) **Possível maior entendimento mútuo**

A consequência do item *d* é que, ao ser mais transparente, integrando os profissionais de áreas, a organização permite aos seus gestores melhor entendimento de algo que não é da sua responsabilidade, o que se constitui em importante benefício para ela, em alguns casos eliminando problemas e, em outros, fortalecendo o relacionamento interfuncional.

h) **Força a autoanálise**

Quando uma área da empresa vislumbra o processo de planejamento, pode autoavaliar-se frente aos desafios que pretende superar no futuro. As carências percebidas podem ser relacionadas com perfil profissional, treinamento, equipamentos, *softwares* etc. Uma área comercial que pretenda crescer em uma região indica a necessidade de acréscimo de profissionais para poder cumprir com os seus compromissos, por exemplo. Uma área de controle de uma organização pode identificar que precisa desenvolver relatórios gerenciais para poder dar respostas à organização sobre os resultados apurados, por exemplo.

i) **Permite avaliação do progresso**

Se todos os benefícios anteriormente apresentados não fossem percebidos como relevantes, este indiscutivelmente o seria. Significa que uma organização não deveria considerar-se melhor ou pior em função da comparação com o ano anterior, mas considerar que o seu desempenho é mais ou menos favorável do que o previsto e comprometido no plano. O referencial passado, histórico, permite o entendimento parcial dos fatores, mas se revela inadequado em termos de onde se pretende chegar, no ambiente percebido quando se planejou. Nada pode garantir que, ao comparar os resultados do mês com o mês anterior ou mesmo com o mesmo mês do ano anterior, a ineficiência possa ser isolada, entendida e eliminada, sendo o plano construído com base nas premissas e no nível de eficiência desejados e possíveis para o momento vivido. Comparar resultado real com o planejado indica a existência de um padrão aceito para aquele período e circunstância.

Por sua vez, o mesmo autor (WELSCH, 1994, p. 63) reconhece que existem limitações importantes no desenvolvimento do processo de planejamento de uma organização. São elas:

a) **Baseia-se em estimativas**

O processo de planejamento considera movimentos da clientela, patamar de taxa de juros, nível de aceitação dos sindicatos etc. Isso quer dizer que não se espera que o nível de acerto seja pontual, mas razoável em termos de tendências. Dessa maneira, a administração deve estar pronta para rever e ajustar metas ao longo do horizonte de planejamento. A palavra *revisão* se torna importante para validar o processo ao longo do tempo.

b) **Deve estar adaptado às circunstâncias**

Um processo de planejamento deve ser desenvolvido com base na percepção de um dado cenário. No caso de mudanças de cenário, o plano deve ser revisto e adaptado à nova realidade. Isso implica necessidade de revisões periódicas dos instrumentos, de maneira a manter a utilidade dos mesmos. No caso brasileiro, no período pré-Plano Real, foi muito comum o período de revisões mensais, e até mais frequentes do que isso, em face da volatilidade do ambiente macro. A frequência das revisões passa por uma análise de custo/benefício do processo.

c) **A execução não é automática**

Por mais óbvio que isso possa parecer, depois de elaborado, o processo de planejamento só pode ter utilidade desde que efetivamente adotado pelas pessoas. Significa que os gestores conhecem o plano, entendem, sabem como atingir suas metas, estão comprometidos com as mesmas e devem agir de acordo com o planejado.

d) **O plano não deve tomar o lugar da administração**

Atividades que não estão previstas no processo de planejamento devem ser avaliadas pela administração e implementadas, caso considerem que são adequadas aos seus objetivos. Trata-se de um delicado equilíbrio que deve ser atingido, evitando-se tanto desmoralizar o processo de planejamento, nele inserindo qualquer tipo de alteração, como deixar de revisá-lo, sempre que algo de importante o exigir.

1.4   Visão geral do planejamento e controle

É muito comum nas entrevistas com os gestores das empresas ouvir que suas empresas têm sistema de planejamento empresarial. Uma análise mais acurada, mediante algumas perguntas, permite o entendimento do nível de ambição da empresa em termos de planejamento. Muitas vezes, suas preocupações são intensas, mas especificamente ligadas às questões táticas; em outros casos, é difuso, não tendo muita profundidade, tanto no processo, como no conteúdo. Nesse sentido, não se pretende discutir e mesmo confundir técnicas de elaboração do planejamento com o seu produto. O grau de formalização do processo é uma decisão de cada gestor na sua atividade e cada empresa tem uma visão particular sobre o tema. Planejar é quase uma necessidade intrínseca, como o é alimentar-se para o ser humano. Não se alimentar significa enfraquecimento e o mesmo ocorre com a organização, caso o planejamento não afete o seu dia a dia dentro do seu horizonte mais de longo prazo.

A Figura 1.1 apresenta o relacionamento entre os vários elementos que compõem o processo de planejamento das organizações, podendo-se assim descrever o relacionamento entre os vários elementos:

Figura 1.1 – *Relacionamento entre os elementos no processo de planejamento de uma organização*

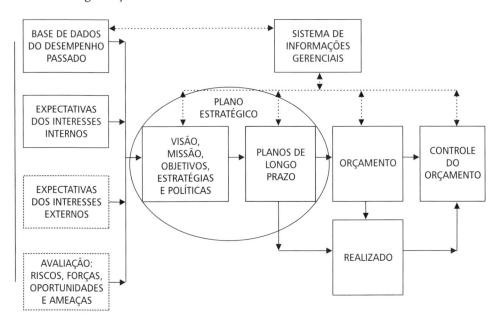

Fonte: Figura desenvolvida por Steiner (1979, p. 17) e adaptada pelo autor.

a) certa base de dados existe na organização, possibilitando o resgate do desempenho passado. Tal base de dados pode ser estruturada e informatizada e estar pronta para ser usada quando requerida. Por si só, ela não permite atingir o objetivo do processo de planejamento. Contudo, com base nela é possível o desenvolvimento do processo de planejamento;

b) as expectativas dos interesses externos pressionam os agentes internos. Dentre eles, os acionistas, os clientes, a comunidade e o governo são os mais costumeiramente encontrados. Da parte dos acionistas, a expectativa pelo nível de retorno se faz presente. Do ponto de vista do governo, o interesse em incremento nas contribuições fiscais é apresentado. Do ponto de vista da comunidade e dos sindicatos, a preservação do emprego é exteriorizada como reivindicação e expectativas importantes;

c) as expectativas dos interesses internos, ou seja, dos gestores, interagem com as pressões dos agentes externos. Os gestores têm pretensões monetárias, de carreiras e mesmo de poder, as quais, afetadas pelas pressões externas, proporcionam a definição de planos de negócios que tornem viável a perseguição de objetivos nem sempre harmônicos;

d) considerando-se que a visão de longo prazo deve preceder as ações de curto prazo, as questões estratégicas devem ser tratadas. Nesse sentido, missão (em alguns modelos, precedida pela visão), objetivos de longo prazo, estratégias, políticas e planos de longo prazo são definidos, revisados e ajustados periodicamente. São os elementos estruturais, relativamente estáveis do planejamento estratégico. Tal procedimento permite coerência de atitudes e consistência ao longo do tempo;

e) uma vez definida a visão estratégica do negócio, é possível elaborar o orçamento para um exercício. Deve contemplar as ações decididas no plano estratégico. Na verdade, ele é o instrumento que implementa as decisões do plano estratégico dentro do horizonte temporal anual, estando a ele subordinado;

f) após elaboração, análise, aprovação e divulgação do orçamento, o controle orçamentário deve desenvolver-se. Analogamente ao orçamento, o controle orçamentário é a forma de se monitorar o plano estratégico da organização no que se refere à sua parcela de horizonte imediato. Serve para corrigir desvios e realimentar o seu processo de planejamento.

1.5 Intensidade do processo de planejamento e controle

Em alguns casos, um sistema precário de planejamento de curtíssimo prazo é tudo o que a organização orgulhosamente tem e se pergunta: "Afinal, o que mais é necessário?" É difícil responder, principalmente quando a pressão por resultados torna o foco da análise e avaliação eminentemente voltado para o horizonte mais imediato. Nessa hora, o consultor externo tem que ter muita personalidade para não sair receitando ações de curtíssimo prazo que farão a alegria momentânea do cliente, mas que serão mera cortina de fumaça, postergando soluções que serão mais do que críticas a médio e longo prazos.

Uma forma de explicar ao empresário que não adianta fazer apenas o orçamento, sem um plano estratégico amadurecido, *a priori* é contar a história dos três barqueiros. A história serve para explicar o quanto uma organização carece em termos de planejamento.

A história começa quando três barqueiros recebem a mesma instrução: sair do porto em que estão atracados e seguir para um local distante. Nesse momento, cada um tem uma reação imediata:

- o primeiro barqueiro preocupa-se em saber qual o porto de destino, carrega as mercadorias, avalia as condições do seu combustível, completa o tanque, chama a tripulação e se põe em marcha, o mais rápido possível;
- o segundo barqueiro pega os mapas, avalia as melhores alternativas em termos de escalas e etapas de suprimentos, avalia as necessidades da tripulação. Faz consultas sobre as condições climáticas dos locais por que passará durante a viagem e define os recursos requeridos antes de se deslocar para o porto de destino; e
- o terceiro faz uma reunião com a tripulação, define responsabilidades, faz um plano de escalas, define data de chegada no destino e sai em busca de carga para a viagem de volta. Percebe a proximidade do Natal, o que faz com que o prazo para ida e volta fique mais curto para evitar maiores conflitos com as famílias. Uma vez planejada a sua ação, sai para o mar.

De alguma forma, os três desenvolveram um processo de planejamento em várias intensidades; entretanto, entre outras coisas, a terceira abordagem tem as seguintes diferenciações:

- não apenas avalia "aquela" operação isolada, mas também está preocupada com a sequência, ou a próxima jogada no xadrez dos negócios (no caso, a volta "não batendo lata"). Chegar ao lance do "xeque mate" é o seu objetivo e não apenas a movimentação de um "rei" ou uma "rainha";
- tem uma preocupação com medida de eficiência (no caso, tempo de viagem), o que é quesito indispensável para avaliação posterior;
- define responsabilidades, o que implica, de alguma forma, comunicar, trazer à participação e cobrar resultados; e
- tem uma preocupação com eficácia no sentido de gerar receitas pela prestação de serviços, mas também com a eficiência (fazendo as coisas da forma "certa"), não destruindo os recursos internos (moral e motivação da tripulação em face de um momento importante para com a família).

O exemplo é rico, podendo ainda ser desdobrado em várias outras vertentes: o importante é que a ambição em termos de dispor de instrumento de planejamento integrado e amplo permita que a organização persiga o sucesso empresarial de maneira organizada, paulatina e consistente.

1.6 "Ênfase" no planejamento ou no controle?

Uma abordagem adequada do planejamento de negócios é aquela que o considera como a forma de controle do resultado futuro. Planejar sem controlar é uma falácia e desperdício de tempo e energia. Significaria que energia foi despendida pelos gestores decidindo o futuro, sem que se possa saber se os objetivos estão sendo atingidos. O controle é fundamental para o entendimento do grau de desempenho atingido e quão próximo o resultado almejado se situou em relação ao planejado. Uma vez verificado o controle, é possível redirecionar, enfatizar, ajustar as ações para atingir os objetivos previamente traçados. Em alguns casos, é possível e adequado repensar os objetivos. De maneira geral, embora os enfoques dos processos de planejamento e controle possam ser distintos em termos de ênfase e mesmo foco, o planejamento precede o controle em termos de desenvolvimento dentro das organizações. Significa que uma organização sem um complexo e detalhado processo de planejamento pode desenvolver controle adequado; contudo, os dois processos, por estarem inevitavelmente ligados, têm impactos mútuos, fazendo com que o desenvolvimento do planejamento traga o próprio aperfeiçoamento do controle e vice-versa.

Se o controle orçamentário é a forma de realimentar o sistema de planejamento, dependendo do grau e sofisticação deste último, ele pode ser estruturado de maneira flexível ou rígida, complexa ou simplificada, centralizada ou participativa.

De maneira simplista, podem-se separar os vários perfis de planejamento-controle (Figura 1.2). A ideia é propor algumas características que podem ser encontradas nas organizações e que podem definir a sua postura, suas ações e mesmo consequências de resultados. Num primeiro momento, tal caracterização não pretende traçar juízo de valores; ao contrário, o que se pretende é entender formas distintas de vislumbrar as questões aqui tratadas. Para tanto, para distinguir diferentes visões, nos seus extremos, será utilizada a expressão **maior predominância de foco**. Tal forma de abordar o tema não significa dizer que ela tenha o planejamento e não tenha o controle, por exemplo. A expressão indica que a organização gasta mais energia, tempo, recursos financeiros, tem mais detalhe na informação com grande qualidade para o processo decisório e mesmo valoriza o processo mencionado. Muito embora existam perfis intermediários, a busca pelos extremos tem por objetivo levar o leitor à reflexão, sensibilizando-o em relação às características possíveis. De maneira detalhada, os perfis poderiam ser:

Figura 1.2 – *Matriz da ênfase em atividades de planejamento e controle*

Quadrantes	Foco **muito** enfatizado no planejamento	Foco **pouco** enfatizado no planejamento
Foco **pouco** enfatizado no controle orçamentário	1	4
Foco **muito** enfatizado no controle orçamentário	3	2

Quadrante 1
Predominância de foco nas atividades de planejamento

Trata-se daquela organização em que a atividade de planejamento é a mais valorizada e as pessoas estão alertas para a sua relevância e impacto. Contudo, o controle das atividades para assegurar que possam atingir os objetivos desejados não se verifica com o mesmo entusiasmo. Funciona como se as pessoas acreditassem que, uma vez tomada a decisão, ela ocorreria [...] e pronto. Nesse tipo de ambiente, os relatórios gerenciais são escassos e sem um foco claro. A realimentação do processo de planejamento ocorre em função de *feeling* e não por constatações práticas e objetivas. Essa abordagem é mais comum em entidades que não tenham uma área de controladoria estabelecida.

Consequências prováveis

Quando essa visão se constitui em dada etapa da vida da organização, pode até ser absorvida e serve como comparativo de evolução. Entretanto, quando se constitui em característica permanente, traz consequências indesejáveis, à medida que as pessoas nunca sabem o que **realmente** está ocorrendo. Elas dependem de os gestores colocarem o controle sob a perspectiva exclusiva da verbalização, e a realimentação do processo de planejamento se mostra difusa, sem foco produtivo. As razões para esse tipo de abordagem podem estar ligadas à origem, formação dos gestores, momento do ciclo de vida organizacional, porte da entidade, inadequação do sistema de informações etc. Muito embora esse sintoma seja mais costumeiramente encontrado em empresas nacionais, também em certas multinacionais esse tipo de característica é verificado.

Quadrante 2
Predominância de foco nas atividades de "controle"

Pelo tipo de definição de controle, essa abordagem nem ao menos contempla a perspectiva de planejamento, já que na visão mais adequada só existe controle quando o planejamento o precede. De qualquer maneira, existe um tipo de organização que considera que o seu poder de afetar/influir/impactar o mercado é tão pequeno que nem vale a pena planejar. O importante é controlar as ocorrências que os gestores considerem indesejadas (gastos fora dos padrões rotineiros, entendendo-se como rotineiros aqueles que ocorreram no passado e tendem a ocorrer no presente e no futuro) para que os resultados se materializem, como sempre ocorreu. Na verdade, nesse tipo de organização, a gestão do negócio é casuística e repetitiva em termos de soluções e ações. Característica de organizações imediatistas e com pouca disposição para aprofundar a análise de oportunidades e ameaças. A própria postura de não planejar demonstra a pouca percepção proativa e de gestão. É possível encontrar nesse tipo de organização um grupo enorme de relatórios com muitos números, mas poucas informações para suporte ao processo decisório.

Consequências prováveis

Vários consultores garantem que esse tipo de organização tende a desaparecer [...] a médio e mesmo a longo prazo. Talvez, o mais importante nem é a sua extinção, mas a não percepção, o que faz com que organizações que poderiam ter sucesso e ser produtivas não estejam na dimensão em que isso seria possível.

Quadrante 3

Significativo foco, tanto no planejamento como no controle

É a abordagem mais desejada e recomendada em termos organizacionais. Algumas considerações devem ser feitas:

- planejamento e controle existem em todas as áreas funcionais de uma organização, e não apenas na área financeira;
- pode-se afirmar que, dentro da alta administração, normalmente, são gastas mais horas com planejamento do que com controle;
- analogamente ao item anterior, pode-se afirmar que, na área financeira, gasta-se mais tempo e recursos com controle do que na área comercial clássica; e
- controle numa abordagem estratégica pode significar algo distinto daquele encontrado na abordagem tática.

Argumentos para esse perfil podem ser encontrados com facilidade e o equilíbrio é algo desejado.

Consequências prováveis

Quando isso ocorre, pode-se afirmar que temos uma organização madura, com condições de desenvolver suas atividades de maneira consistente e relativamente mais segura do que outros tipos referenciados.

Quadrante 4

Reduzido foco tanto no planejamento como no controle

Esse tipo de organização já tem seu rumo traçado. Salvo aquelas muito pequenas, que vivem dos impulsos dos seus fundadores e visionários, as demais já se encontram na rota da extinção, dada a vulnerabilidade com a qual se envolvem.

Consequências prováveis

É esperada a extinção de atividades a curto ou médio prazos pela dificuldade de responder com agilidade e direcionamento às demandas do mercado. Isso ocorre pela dificuldade de ser eficiente sem processo coordenado de planejamento.

Na verdade, o tema que aqui foi tratado, de maneira simplificada, nas empresas pode tomar outros rumos, tais como: enfoque detalhado no planejamento operacional e mais sintético no plano estratégico etc. O importante na organização é que os gestores tenham a visão proativa do que desejam para ela e aloquem os recursos adequados (tempo, equipamentos, tecnologia, talentos externos etc.). Alguém já disse que a melhor forma de entender as prioridades é perguntar para uma pessoa como divide o seu tempo e recursos financeiros a eles alocados.

1.7 Orientação para a parte prática

Tendo em vista tornar o tratamento do tema não apenas conceitual, mas também prático, foram disponibilizados três instrumentos alternativos que podem ser complementares.

- exercício de simulação de um processo de planejamento de uma empresa industrial, produtora de travesseiros, a partir de um modelo de projeção desenvolvido em planilha eletrônica. Destina-se aos alunos de graduação.
- casos de ensino tradicionais, simplificados, que tratem do desenvolvimento do processo de planejamento de uma empresa de serviços. Em cada um dos casos, existem questões orientativas para os alunos que viabilizam a solução grupal ou individual em classe ou fora dela. A escolha dos temas dos casos levou em conta tanto a questão da existência de dilema passível de ser solucionado com benefícios didáticos, como também a demanda prática no dia a dia das empresas; e
- casos de ensino contextuais com o objetivo de customizar a demanda dos problemas ao perfil das turmas.

Ao final de cada seção um tópico referenciado como **ORIENTAÇÃO PARA A PARTE PRÁTICA** direcionará o leitor para o desenvolvimento de atividades.

2

PLANEJAMENTO ESTRATÉGICO

Objetivos de aprendizagem

1. Conceituar planejamento estratégico.
2. Especificar os elementos que compõem o planejamento estratégico.
3. Tratar o *Balanced Scorecard* no âmbito do planejamento.
4. Identificar a questão do horizonte temporal no ciclo de planejamento.
5. Alertar sobre a hierarquia entre os instrumentos.

Questões provocativas

1. Quais seriam os elementos componentes do plano estratégico?
2. Qual o impacto da definição dos objetivos de longo prazo no processo de planejamento?
3. Como o *Balanced Scorecard* poderia afetar o processo de planejamento e o alinhamento estratégico da entidade?
4. Como relacionar o longo prazo e o curto prazo no processo de planejamento?
5. Qual seria a melhor época do ano para a revisão do plano estratégico?
6. Quais as vantagens do intervalo de tempo entre a revisão do plano estratégico e o início da montagem do orçamento?
7. Cada item resultante do cruzamento de um ponto forte ou fraco com uma oportunidade ou ameaça implica uma ação que deve ser detalhada por meio de um plano de ação. Como dimensionar recursos em função de tais planos?
8. Que informações numéricas são essenciais à montagem do plano estratégico?

2.1 Conceitos gerais e componentes

Dentre as várias escolas de estratégia pode ser encontrada a escola que é denominada de planejamento. Essa escola considera que o processo de planejamento estratégico deva acontecer de maneira formal, com ênfase na decomposição, e as estratégias são concebidas fora do plano, sendo por ele apresentadas, no sentido de estruturar e formalizar; o executivo principal da organização é o arquiteto da estratégia, muito embora, na prática, ele as aprove e não seja quem as concebeu (MINTZBERG et al., 1998).

Muitas discussões ocorrem para tratar as estratégias emergentes, aquelas não incluídas no planejamento estratégico,mas que se mostram relevantes para o futuro da organização (SIMONS, 1995). Isso se mostra relevante em decorrência da necessidade de a organização se mostrar atenta às mudanças dos cenários e, consequentemente, das oportunidades.

O planejamento estratégico envolve vários tipos de análise, julgamento, intuição e experiência sobre tecnologia, mercado, produtos, capital humano, dentre outras coisas (MACINTOSH e QUATTRONE, 2010), num horizonte de longo prazo que pode ser de três, cinco ou mesmo cinquenta anos, dependendo da necessidade da empresa de enxergar o futuro.

Fischmann e Almeida (1993, p. 25) definem planejamento estratégico como:

> [...] técnica administrativa que, através da análise do ambiente de uma organização, cria a consciência das suas oportunidades e ameaças e dos seus pontos fortes e fracos para o cumprimento da sua missão e, através desta consciência, estabelece o propósito de direção que a organização deverá seguir para aproveitar as oportunidades e evitar os riscos.

Os componentes do processo de planejamento estratégico que identificam o perfil das empresas são: **visão, missão, objetivos de longo prazo, cenários** e **planos operacionais**. Em algumas organizações todos esses ingredientes podem ser encontrados ou, em outras, partes deles.

Steiner (1979, p. 13-15), a partir de quatro pontos caracteriza o planejamento estratégico:

- está relacionado com as consequências futuras das decisões correntes;
- é um processo que se inicia com a colocação dos objetivos organizacionais para, em seguida, definirem-se as estratégias e políticas para alcançá-los e, por fim, desenvolver planos detalhados para garantir que as estratégias sejam implementadas;
- é uma atitude, ou seja, é mais do que um exercício intelectual; e
- <u>deve gerar a ligação entre planos estratégicos, programas de médio prazo, orçamentos de curto prazo e planos operacionais.</u>

A conexão entre o longo prazo e o curto, associando questões estratégicas a táticas, constitui-se em elemento de extrema relevância para o bom desenvolvimento do sistema de planejamento como um todo. Convém evitar o processo etéreo (falta de contato com a realidade das empresas) ou, no outro extremo, um processo exclusivamente tático, o qual deixa de levar em conta elementos estratégicos na empresa. Ambas as abordagens deixam de proporcionar um equilíbrio necessário ao processo, gerando insatisfações não apenas para os usuários, mas também para os pesquisadores do tema.

Como se percebe, a conexão entre o planejamento estratégico e o tático é enfatizada pelos autores numa preocupação futura no sentido de viabilizar a aplicabilidade do primeiro, sendo a contabilidade gerencial da entidade a fonte de informação para que isso seja possível. Para atender à demanda acima, o orçamento, o instrumento tático dos gestores, deve conter: premissas, plano de marketing, plano de produção, suprimentos e estocagem, plano de recursos humanos, plano de investimentos, projeção das demonstrações contábeis.

A Figura 2.1 apresenta os elementos constantes do planejamento estratégico de uma entidade. O grau de aderência que uma entidade pode ter em relação aos elementos é variável, dependendo da visão de custo-benefício que os gestores tenham do processo como um todo.

Figura 2.1 – *Elementos da visão estratégica do negócio*

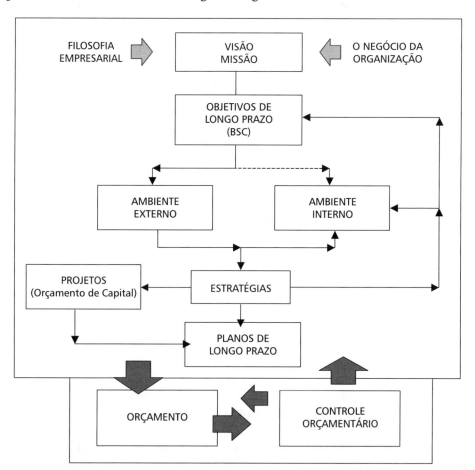

De maneira mais específica, os elementos apresentados na Figura 1.2 são os seguintes:

1. A **visão** corresponde à formalização de uma reflexão com razoável grau de abstração, em que se expressa o propósito básico da entidade. Proporciona um direcionamento de longo prazo para os gestores. Exemplo de visão de uma organização:

   "Ser uma referência no desenvolvimento de tecnologia de informação".

2. Levando em conta a visão compartilhada, a **missão define** algumas variáveis importantes a tratar no processo de planejamento. Explicita por que a organização existe e qual a sua contribuição para o ambiente. Mais focada em mercados e produtos, tem característica mais pragmática do que a visão, proporciona orientação para os gestores. Pode ser formulada em diferentes graus de abstração. Quando a entidade não utiliza o conceito de visão, é a primeira diretriz estratégica a ser tratada e requer como características fundamentais:

   a. ser imposta à entidade pelos acionistas;

   b. ser suficientemente simples e clara para ser entendida tanto para clientes como colaboradores, fornecedores etc.;

   c. deve ter vida útil de longo prazo, ou seja, não se altera a missão de uma organização com frequência. Na verdade, alguns gurus consideram que a missão nunca seja mudada, mas feita a sua releitura em decorrência do ambiente e circunstâncias.

Conceitualmente falando-se, a missão está delimitada pelo **negócio** e pela **filosofia empresarial** da entidade. O negócio proporciona foco à gestão e a filosofia empresarial gera condições de entender os valores e as crenças que os acionistas desejam que sejam observados.

Basicamente, a missão deveria responder às seguintes perguntas:

- Quais produtos/serviços estariam disponibilizando no mercado?
- Que atividades a organização se propõe a desenvolver no ambiente?
- Quem é o seu cliente?
- Em que mercado atua?
- Qual o benefício auferido pelo acionista?

Exemplo de missão de uma organização com fins lucrativos:

   "Desenvolver, produzir e comercializar produtos alimentícios dentro do mercado nacional, perseguindo adequada remuneração aos vários agentes."

A missão põe o foco sobre o que se espera da organização, delimitando expectativas de longo prazo e orientando as operações. Ela tem utilidade não apenas para as organizações com fins lucrativos, mas para qualquer tipo de organização. No exemplo a seguir, é apresentada a missão de uma entidade de caridade que tenha por finalidade o atendimento hospitalar em dado local:

"Zelar pelo bem-estar da comunidade, melhorando a sua qualidade de vida."

A missão pode ser relativamente específica ou ampla, o que faz com que a sua longevidade seja maior ou menor. A organização que considerava na sua missão a exclusividade de produção e comercialização de mata-borrão viu seu negócio tornar-se obsoleto com o advento da caneta esferográfica; contudo, aquela que definia a sua missão como a produção e comercialização de produtos para escritório pôde ajustar-se aos novos tempos. O outro extremo também é importante: abrangência em demasia faz com que a organização perca o foco da sua atividade, dispersando energia no seu processo de gestão.

3. Os **objetivos de longo prazo** possibilitam o monitoramento da missão da empresa no longo prazo. As características principais dos objetivos de longo prazo são as seguintes:

   a. devem ser negociados (entre acionistas e gestores), pois se constituem em elementos que devem ser comprometidos pelos gestores;

   b. conceitualmente, o objetivo pode ser estruturado em:

   atributo: é o elemento escolhido para medir o desempenho. Exemplos: retorno sobre o patrimônio líquido, distribuição de lucro, geração de caixa etc.;

   padrão: é a escala com que se mede o atributo. Exemplos: retorno médio sobre o patrimônio líquido, distribuição trimestral do lucro etc.;

   meta: é o valor específico que se deseja medir. Exemplos: retorno médio sobre o patrimônio líquido de 15% a. a., distribuição trimestral do lucro de 30% etc.;

   c. a delimitação temporal é fundamental para o estabelecimento de uma meta. Exemplo: retorno sobre o patrimônio líquido de 15% a. a. para os próximos três anos;

   d. embora voltadas para o longo prazo, algumas metas podem ser ajustadas. Uma organização, ao iniciar o seu negócio, poderia ter como objetivo para o primeiro ano atingir o *breakeven*. No segundo, o retorno sobre o patrimônio líquido da ordem de 5% a. a., no terceiro, o retorno sobre o patrimônio líquido da ordem de 8% e assim por diante;

   e. devem conter (nas organizações com fins lucrativos) um indicador financeiro de longo prazo;[1] e

---

[1] Retorno sobre o patrimônio líquido, distribuição de lucros, lucro residual, geração de caixa, *economic value added* etc. são exemplos de indicadores financeiros. *Market share* e crescimento do volume físico de vendas são exemplos de indicadores não financeiros encontrados nos casos práticos.

f. não atingir o objetivo, no longo prazo, implica tornar a missão inviável.

Exemplos de objetivos:

No caso da organização com fins lucrativos, poderiam ser encontrados:

- retorno sobre o patrimônio líquido de 17% a. a. para os próximos cinco anos;
- *market share* do grupo de produtos "A" não inferior a 30% em dois anos;
- crescimento de faturamento físico de produtos em, pelo menos, 5% a. a., nos próximos quatro anos;
- capitalização da empresa, reduzindo a relação de capital de terceiros/próprios para cerca de 15% em um ano.

No caso da organização assistencial, poderiam ser encontrados:

- redução da mortalidade infantil da região em que atua em 30% em dois anos;
- aumento da expectativa de vida para 75 anos, para as mulheres, e 72 anos, para os homens, em quatro anos;
- erradicação da dengue em seis meses.

A elaboração do orçamento exige que os objetivos definidos pela organização sejam contemplados e perseguidos. Caso isso não ocorra, o orçamento deve ser revisado e ajustado, já que ele é o instrumento gerencial que deve proporcionar a realização dos objetivos. Uma forma mais abrangente de entender o tratamento dos objetivos dentro do processo de planejamento consiste na utilização do *Balanced Scorecard*, tratado na seção 2.2, que além de não conflitante, pode ser percebida como qualitativamente complementar à abordagem até aqui apresentada.

4. **Análise externa** é a maneira pela qual a organização olha o cenário externo e identifica as oportunidades que pretende auferir no ambiente. Serve para os gestores entenderem, coletivamente, o que esperar do ambiente futuro e, a partir daí, definirem como se comportar. Leva em conta elementos que contêm informações (entre outras) sobre ingredientes que afetem os negócios, dentre os quais, por exemplo:

Cenário político

Em que o cenário político pode afetar os negócios, favoravelmente ou não?

Cenário econômico

O cenário econômico pode trazer consequências favoráveis ou desfavoráveis em termos de negócios? Os ciclos previstos são de crescimento ou de recessão para o setor específico em relação ao qual a organização está inserida?

Tecnologia

O que está acontecendo em termos de mudanças na tecnologia que pode afetar o desenvolvimento dos negócios? Em que tais mudanças podem acelerar o seu desenvolvimento e em que podem trazer ameaças?

Cenário social

Em primeiro lugar, que tendências são esperadas (mulheres trabalhando cada vez mais fora do lar, constitui-se em exemplo de tendência social)? Que tipos de tendências dos movimentos sociais podem trazer impactos aos negócios? Tais impactos são preponderantemente favoráveis ou desfavoráveis?

Cenário legal

As mudanças legais em vigor ou em perspectiva podem afetar os negócios. De que maneira isso pode ocorrer? As empresas de assistência médica, por exemplo, passaram a ser responsáveis por tratamento de doenças que antes não eram da sua responsabilidade; isso fez com que os seus custos se alterassem e, consequentemente, a rentabilidade.

Cenário fiscal

A tributação está constantemente em alteração. Que impactos tributários são esperados para o negócio?

Cenário da ecologia

Em que os movimentos ecológicos afetam o negócio? Podem provocar aumentos ou reduções na rentabilidade?

Cenário da concorrência

Que movimentos são esperados em termos de concorrentes? Em que podem pegar a organização em situação vulnerável?

Cenário dos fornecedores

Os fornecedores estão preparados para dar suporte ao desenvolvimento dos negócios da empresa? São necessários novos fornecedores?

Cenário demográfico

O crescimento demográfico é fator importante para o negócio? Que tipo de tendência é esperada? No caso brasileiro, por exemplo, os fabricantes de fraldas para bebês, na década de 1970, esperavam alto crescimento da população, que não se confirmou anos depois. Por outro lado, os fabricantes de fraldas para idosos contam com crescimento de mercado em decorrência do aumento da sua longevidade...

5. **Análise interna** é a forma pela qual a organização, depois de analisar o ambiente externo, se volta para dentro e identifica as necessidades de recursos requeridos para que possa atingir os seus objetivos. Ela deve avaliar tanto os seus recursos humanos como os investimentos em ativos de longo prazo (recursos naturais físicos, sistemas de informações, participação acionária, equipamentos, tecnologia, metodologia, procedimentos etc). Dessa análise devem surgir planos de ação de longo prazo para esses elementos: um plano para recursos humanos tratando o desenvolvimento dos funcionários, sucessão etc.; da mesma forma, no que se refere à carteira de projetos de investimento.

6. As **estratégias** explicam como os objetivos podem ser atingidos e especificam as ações propriamente ditas. Outras escolas de estratégia têm sido consideradas no tratamento das estratégias no planejamento estratégico, demonstrando grande utilidade na integração e complementação. A escola do posicionamento de Porter, por exemplo, tem sido utilizada de maneira ampla, assim como a análise de **pontos fortes e fracos**, **ameaças e oportunidades (SWOT),** originária da escola do design (MINTZBERG et al., 1998). Trata-se de modelo tradicional, mas de grande utilidade prática. Pode ser assim desenvolvido:

Ameaças e oportunidades

Mostra a organização olhando para fora e identificando as oportunidades que deseja auferir, bem como as ameaças existentes. Exemplo de oportunidade: crescimento do mercado potencial por causa do aumento de renda. Exemplo de ameaça: entrada de novos concorrentes externos por abertura de mercado.

Pontos fortes e fracos

Apresenta o lado interno, em que ela tem a sua força e tem vulnerabilidades a tratar. O importante nessa metodologia é que o gestor persegue a eliminação dos pontos fracos e a preservação dos pontos fortes. Exemplo de ponto forte: a empresa tem imagem institucional sólida e com grande confiabilidade desenvolveu tecnologia só disponível para ela. Exemplo de ponto fraco: o fornecimento de matérias-primas está concentrado em poucos fornecedores, os quais, além de bem estruturados, são conscientes do seu poder oligopolístico.

Do cruzamento de um ponto com outro define-se a estratégia, que corresponde a uma ação visando proteger uma força ou vulnerabilidade. O formato do relatório de análise é o apresentado na Figura 2.2.

Figura 2.2 – *Modelo de análise de estratégias*

	Pontos fortes: A. Imagem institucional sólida	**Pontos fracos:** B. Fornecimento de matérias-primas está concentrado em poucos fornecedores
Oportunidades: 1. Crescimento do mercado potencial por causa do aumento da renda do público-alvo	**Estratégias FoO:** 1A Novos produtos destinados são segmento em crescimento 1A Crescimento do volume de vendas do produto atual	**Estratégias FrO:**
Ameaças: 2. Entrada de novos concorrentes externos pela abertura do mercado	**Estratégias FoA:** A Campanha publicitária com base na imagem institucional suportando os novos produtos	**Estratégias FrA:** 1B Desenvolvimento de novos fornecedores

O quadrante resultante do cruzamento dos elementos indica o grau de intensidade e importância da estratégia. Na Figura 2.2, o cruzamento entre pontos fracos e ameaças corresponde ao quadrante da sobrevivência (FrA), enquanto o cruzamento entre pontos fortes e oportunidades (FoO) é entendido como o quadrante do crescimento.

Na Figura 2.2, o ponto forte *imagem institucional* do <u>eixo ponto forte</u>, aliado à <u>oportunidade</u> *crescimento do mercado potencial por causa do aumento da renda do público-alvo*, permite à empresa o lançamento de novos produtos ao mesmo tempo que o produto atual é incentivado. Da mesma forma, o cruzamento do <u>ponto fraco</u> *fornecimento de matérias-primas está concentrado em poucos fornecedores*, com a <u>ameaça</u> de *entrada de novos concorrentes externos pela abertura do mercado*, indica que uma ação necessária seria o *desenvolvimento de novos fornecedores*.

7. Os **projetos (Orçamentos de capital)** correspondem aos investimentos propostos, analisados e decididos em decorrência das estratégias da organização. A ausência desse elemento inviabiliza a avaliação da adequação financeira global das estratégias decididas pelos gestores, tanto no que se refere aos resultados (lucro ou prejuízo), como à própria capacidade de financiamento e risco desejados. A carteira de projetos deve ser analisada e decidida de maneira a otimizar o momento adequado do investimento e deve ser suportada

por métodos de avaliação consistentes com o processo de acompanhamento. Tal carteira corresponde ao "berçário" dos projetos de investimento que a entidade queira dispor por um dado horizonte de planejamento (denominado capital *budget*, o orçamento de capital para longo prazo). Vários podem ser os incentivos para a identificação da necessidade de dispor dos projetos (estratégias de longo prazo, carências percebidas etc.), mas é importante que sejam preservadas:

- a análise da aderência estratégica de cada projeto, que consiste na percepção de que o projeto tenha sinergia, apoie, dê sustentação às ações que foram ou serão implementadas a partir das estratégias decididas. Significa dizer que investir em um projeto não relacionado às estratégias da empresa corresponde a não otimizar os recursos financeiros na sustentação das decisões tomadas, o que é incoerente. Levando-se em conta que os recursos são escassos e os projetos concorrem entre si, aqueles com maior grau de aderência estratégica deveriam ser preferidos no consumo de recursos financeiros, pois, caso contrário, a empresa corre o risco de não desenvolver suas estratégias;

- a análise financeira dos projetos, pois a visão estratégica não prescinde da ideia de retorno. Dessa maneira, dizer que um dado projeto é significativo no sentido estratégico implica dizer que ele traz retorno em algum momento da vida da empresa. Os vários métodos de avaliação de investimento podem ser utilizados isoladamente ou em conjunto: valor presente líquido do fluxo de caixa, taxa interna de retorno, taxa interna de retorno modificada, *pay back* simples, *pay back* ajustado e lucro residual;

- independentemente do fluxo de desenvolvimento e do benefício de cada projeto, eles devem ser planejados para que os gestores possam decidir não só pelo investimento, mas tabém pelo melhor momento e mesmo antecipações e postergações dos mesmos em decorrência da conveniência da entidade;

- a análise global da carteira de projetos em termos de risco e de retorno a fim de que seja percebido o perfil planejado da entidade;

- a avaliação da capacidade de financiamento no horizonte de longo prazo para que a entidade possa avaliar o seu potencial real de investimento.

8. Os **planos de longo prazo** (também denominados planos operacionais de longo prazo) complementam o modelo apresentado pela Figura 2.1 em termos de elementos do plano estratégico da entidade, a ser implementado a partir do plano tático (o orçamento) e acompanhado pelo controle orçamentário.

    Independentemente de sua abrangência devem conter a avaliação financeira de todo o plano estratégico traduzida pela apresentação da demonstração de resultados, balanços e fluxos de caixa para o período de longo prazo (3, 5, 10 anos). O benefício desses elementos corresponde à percepção do resultado financeiro possível para o horizonte de tempo planejado; com isso a análise e aprovação do orçamento passam a ter um referencial para alinhamento.

Quando a entidade prefere não dispor desse elemento, gastando suas energias apenas nos demais elementos (visão, missão, objetivos de longo prazo, cenários e estratégias), a percepção de adequação financeira só será feita no orçamento, o que pode ser o momento menos adequado para isso. A montagem dos planos de longo prazo proporcionam os seguintes benefícios em termos de identificações:

- o retorno previsto para o longo prazo, ano a ano, o que proporciona resposta fundamental para os acionistas e gestores;
- a análise da distribuição de resultados e sua capitalização, o que proporciona condições de melhoria da análise de financiamentos;
- a necessidade de recursos para financiar operações, permitindo decisões sobre diferentes formas de captações;
- o aperfeiçoamento do acompanhamento do orçamento, que disporá de parâmetro de relacionamento com o plano estratégico.

Desenvolver tais instrumentos sem todo um aparato técnico que permita monitorar os resultados provoca imensa frustração nos gestores. A questão é que o sistema de informações que permita capturar e dimensionar as informações reais corresponde à parte visível do instrumento, o qual só se completa com a análise, divulgação, entendimento e ações corretivas.

A análise desses elementos proporcionará a oportunidade de entender e avaliar o negócio e eliminar perda de energia e foco das ações, ao mesmo tempo que deve trazer prioridades, percepção de recursos disponíveis e faltantes, alargamento de horizonte temporal e despertar novos interesses.

2.2 *Balanced scorecard*

A utilização do *balanced scorecard* é uma visão alternativa à utilização e amplitude dos objetivos dentro do processo de planejamento como um todo. A sua utilidade surge em decorrência da dificuldade em tratar de maneira consistente o alinhamento entre o instrumento de longo prazo, o plano estratégico da empresa, com o seu plano tático. Quanto mais complexas forem as operações, mais essa dificuldade vai ser manifestada e pode afetar desfavoravelmente o potencial do processo de planejamento. As tentativas para minimizar esse impacto podem seguir diferentes direções, tanto no que se refere à forma, como a maneira, tempo de desenvolvimento etc. Dentre elas, o *balanced scorecard* se oferece como uma das possibilidades.

O *balanced scorecard* é um artefato[2] do controle gerencial que pode ser utilizado como alinhador estratégico da organização. No seu bojo, a definição de indicadores para as várias dimensões faz com que as mesmas tenham metas específicas para dado período. Não se propõe a substituir o processo de planejamento como um todo, mas dele faz parte, como alternativa e/ou complementando o processo. Kaplan e Norton consideram que pode ser utilizado como sistema de gestão da estratégia da entidade ou como alinhador da mesma. Para os objetivos deste livro, a segunda abordagem vai ser considerada, sem nenhum prejuízo para o entendimento do processo como um todo.

Alguns aspectos podem ser mencionados sobre o *balanced scorecard:*

A. Antecedentes

O *Tableau de Bord* é considerado o antecessor ao *balanced scorecard e* surgiu durante os anos 60 na França, onde se utilizava a ferramenta, uma tabela que incorporava diversos rateios para o controle financeiro da empresa e que, com o passar do tempo, passou a incorporar também indicadores não financeiros, que permitiam controlar os diferentes processos de negócios. Nos Estados Unidos, a General Eletric desenvolveu um instrumento de controle para gerenciar os processos de negócios da empresa, a partir de oito áreas-chave de resultado, que incluíam temas como: rentabilidade, quota de mercado, formação e responsabilidade social. A General Eletric definia indicadores para acompanhar suas atividades, controlando aquelas que estavam ligadas aos objetivos de curto e de longo prazos.

O conceito do *balanced scorecard* começou a ser desenvolvido em 1983, sendo relacionado a Kaplan e Norton, que consideraram que havia um novo desafio para a pesquisa na área de contabilidade gerencial, de forma a permitir que as empresas norte-americanas retomassem a liderança perdida. O novo desafio era estabelecer novas medidas de desempenho e, consequentemente, novos processos de produção.

Entendendo que as tradicionais medidas contábeis e financeiras não mais traziam benefícios à gestão de valor nas empresas e tornavam difícil para a empresa criar valor econômico para o futuro, David Norton, sob a consultoria de Robert Kaplan, realizou um estudo em várias empresas com o objetivo de desenvolver um novo modelo de medidas de desempenho. O ponto de partida foi o modelo utilizado pela Analog Devices para medir o índice de progresso em atividades de melhoria contínua e o seu *scorecard,* que continha as medidas tradicionais financeiras e outras operacionais. O estudo foi direcionado para chegar-se a um *scorecard* multidimensional. Posteriormente, para indicar a característica de equilíbrio (balanceamento) entre medidas de

---

[2] O termo *artefato* tem sido utilizado para compreender uma série de elementos utilizados nas organizações, tais como ferramentas (relatórios gerenciais), sistemas (de informação, por exemplo), conceitos (EVA), que possam proporcionar entendimentos variados.

curto e longo prazo, entre as medidas financeiras e as não financeiras, entre os indicadores de tendência (*leading*) e os de ocorrência (*lagging*) e entre as perspectivas interna e externa de desempenho, esse *scorecard* multidimensional passou a ser referido como *balanced scorecard*.

B. Utilização inicial e evolução

As experiências com algumas empresas mostraram que um conjunto de medidas associado a quatro perspectivas definidas no *balanced scorecard* comunicava e ajudava a implementar uma estratégia consistente. Essas experiências demonstraram a importância de se montar um conjunto de medidas que descrevesse a trajetória estratégica da empresa e ajudaram a refinar o sistema. A prática mostrou que os gestores podiam utilizar o sistema não só para comunicar a estratégia, mas também para gerenciá-la. Kaplan (1994, p. 18) registrou que o sistema de mensuração havia se transformado em sistema de comunicação e alinhamento estratégico e estava começando a ser explorado como um sistema de gerenciamento de estratégia. Posteriormente, em 1996, o *balanced scorecard* passou a ser apresentado como um *sistema gerencial* essencial.

O modelo pressupõe que as medidas financeiras, como o retorno sobre o patrimônio líquido ou mesmo o lucro residual (EVA), refletem transações que já ocorreram. Elas constituem-se, portanto, em indicadores de ocorrências (*lagging*) e o ambiente competitivo, de rápidas mudanças; no entanto, impõem aos gestores a necessidade não só de avaliar o desempenho em decorrência de atividades passadas que vão ser economicamente captadas por alguma medida financeira, mas também de saber se eles estão criando valor no futuro. A criação de valores futuros exige a exploração de valores intangíveis, o que requer indicadores de tendências (*leading*), já que não existe uma medida única sumariando as metas que precisam ser alcançadas com a finalidade de criação de valor futuro.

O *balanced scorecard* original tinha o objetivo de aumentar a abrangência das medidas de desempenho da empresa sem inundá-la de indicadores. O gestor deve poder contar com um conjunto sucinto de medidas relevantes, para a análise de desempenho de várias áreas. O *balanced scorecard* trazia a novidade de reunir em apenas um relatório as medidas que indicavam o alcance daquelas metas necessárias para a criação de valor futuro, combinando a diversidade de elementos típicos de uma empresa com agenda competitiva com a pretensão de tornar-se orientada para seus clientes, ser capaz de dar rápidas respostas, qualificar a equipe de trabalho, reduzir o tempo de lançamento de novos produtos e gerir o negócio com foco no longo prazo.

O objetivo consiste em dispor de um conjunto de medidas balanceadas (em equilíbrio), sem desconsiderar as medidas financeiras tradicionais, mas as complementa com medidas operacionais que podem ser vistas como direcionadores da geração de valor no futuro. A ferramenta requer que sejam estabelecidas medidas que efetivamente indiquem se a estratégia delineada pela organização está sendo implementada e executada satisfatoriamente.

Não há um conjunto de medidas de desempenho genérico adequado. Cada empresa tem uma missão, uma visão, uma estratégia e, portanto, um conjunto de medidas adequado. A proposta é identificar esse conjunto de indicadores de acordo com a missão da empresa, sua estratégia, tecnologia, ambiente de negócios e cultura.

Os objetivos de curto prazo oriundos do *balanced scorecard* refletem a melhor expectativa dos gestores quanto à magnitude e velocidade de resposta entre mudanças nos direcionadores de desempenho futuro e mudanças a elas associadas em uma ou mais medidas de resultado (de esforço despendido no passado).

C. As perspectivas

As metas específicas de curto prazo e as medidas de desempenho devem ser divididas em, pelo menos, quatro perspectivas. Elas se relacionam às frentes de atuação ou tipos de agentes que devem ser considerados. São elas (KAPLAN; NORTON, 1997): financeira, clientes, processos internos; e aprendizado e crescimento. Cada perspectiva deve ser construída levando em conta objetivos, medidas de desempenho e iniciativas. As iniciativas são as ações que devem dar sustentação às atividades da entidade.

Na **perspectiva financeira**, as medidas financeiras indicam se e quanto de êxito a empresa está obtendo em decorrência das estratégias definidas, implementadas e executadas. Em geral, esse êxito é medido pela sua lucratividade, pelo seu crescimento e pelo incremento do valor para o acionista. Kaplan e Norton (1997) mencionam três diferentes estágios do negócio, para os quais devem ser definidos conjuntos diferentes de medidas, pois os objetivos são também diferentes: rápido crescimento (*rapid growth*); sustentação (*sustain*); e colheita (*harvest*).

No estágio de rápido crescimento (*rapid growth*), os objetivos enfatizarão o crescimento das vendas, os novos mercados e novos consumidores, os novos produtos e novos canais de marketing, vendas e distribuição, mantendo um nível adequado de gastos com desenvolvimento de produtos e processos.

No estágio de sustentação (*sustain*), os objetivos enfatizarão as medidas financeiras tradicionais, tais como retorno sobre o capital investido, lucro operacional e margem bruta. Os investimentos em projetos nesse estágio serão avaliados por análises de padrões, fluxo de caixa descontado e orçamento de capital. Alguns podem incorporar o valor econômico agregado (EVA) e o incremento de valor para o acionista (*shareholder value*).

No estágio de colheita (*harvest*), a priorização será sobre o fluxo de caixa. Qualquer investimento deverá prover retorno em caixa (*cash payback*) com baixa incerteza e curto prazo, pois o objetivo de minimização de risco tem prioridade. Os gastos com pesquisa e desenvolvimento escasseiam, pois o ciclo de vida do negócio está em estágio final. Nesse caso, variáveis que possam comprometer o desfecho planejado do negócio (uma venda, uma liquidação, por exemplo) devem ser monitoradas.

A perspectiva dos **clientes** deve ser estruturada visando aos seguintes pontos--chave: participação de mercado, retenção, captação, satisfação e lucratividade dos clientes.

Da perspectiva dos **processos internos**, os gestores identificam aqueles que são críticos e nos quais a empresa deve alcançar a excelência. Em cada empresa, podem ser encontrados conjuntos específicos de processos destinados a criar valor para os clientes e produzir resultados financeiros; entretanto, uma cadeia de valor genérica serve de modelo para que as empresas possam construir e adaptar as perspectivas de processo interno. Esses processos permitem que a entidade ofereça as propostas de valor capazes de atrair e reter clientes em segmentos-alvo de mercado e satisfaça às expectativas que os acionistas têm de excelentes retornos financeiros. Genericamente, os três processos principais são a inovação, a operação e o pós-venda.

O **aprendizado** e o **crescimento** da organização vêm de três principais fontes: as pessoas, os sistemas e os procedimentos organizacionais. As medidas mais comumente encontradas nesta perspectiva são: satisfação do funcionário, retenção, treinamento e habilidades e direcionadores específicos dessas medidas.

O sistema de mensuração deve fazer as ligações (hipóteses) explícitas entre os objetivos (e medidas) nas várias perspectivas, de tal sorte que possam ser geridas e validadas.

A Figura 2.3 mostra como se dá a integração entre as perspectivas.

Figura 2.3 – Tradução da visão e estratégia – quatro perspectivas

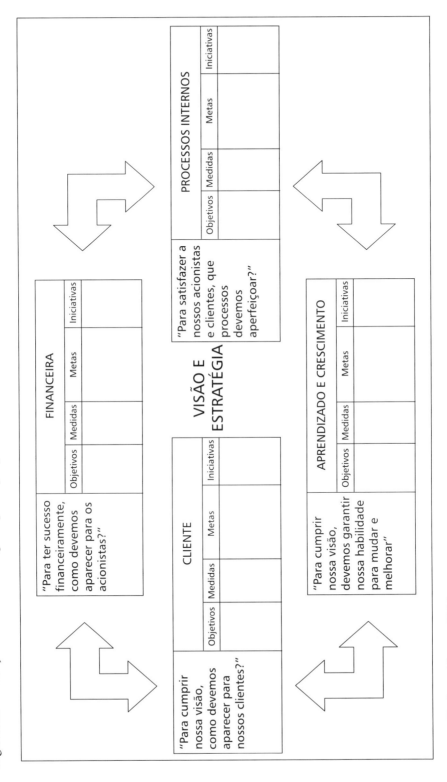

Fonte: Kaplan e Norton, 1996.

2.3 Ciclo do processo de planejamento

Supondo a existência de processo estruturado de planejamento, ele pode ser conduzido de diferentes maneiras em termos de momento e amplitude.

O ciclo de revisão e montagem do processo de planejamento no sentido de ser mais comumente encontrado é aquele em que se inicia com a revisão do plano estratégico (Figura 2.4), o que normalmente é desenvolvido no início do ano ou imediatamente antes do início da montagem do orçamento para o próximo ano. Tal revisão, normalmente feita a partir de um período móvel, seja de 3, 5 ou 10 anos, leva em conta os fatores necessários para esse horizonte. Posteriormente, depois de aprovada a revisão dessa etapa, a montagem do orçamento é iniciada. O período de planejamento a ser considerado nesse caso deve incluir tanto o período remanescente do ano em curso, como o período considerado no orçamento do ano. Isso se faz necessário em função de garantir consistência entre os pontos de partida e o período planejado.

Posteriormente, já vivendo o exercício anual planejado, as revisões do orçamento devem ser tratadas ao longo da sequência dos meses. A periodicidade de tais revisões pode ser mensal, trimestral, semestral etc., dependendo da volatilidade do ambiente, do nível de aceitação das variações por parte dos gestores, das variações observadas, dos instrumentos disponíveis etc.

Figura 2.4 – *Horizontes de planejamento*

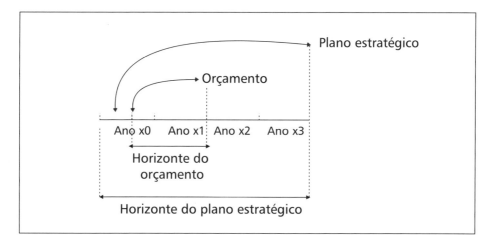

O *rolling forecast* é uma abordagem utilizada para a montagem do orçamento de maneira contínua. Essa abordagem, um mês, à medida que vai sendo transcorrido, faz com que outro mês (ou mesmo um trimestre ou semestre) seja agregado ao plano anual de um período futuro à medida que o tempo vai passando. Os estudiosos consideram que tal abordagem torna o processo tático de planejamento menos esporádico e proporciona maior continuidade ao mesmo. No lugar de existir um momento de planejamento, os gestores estão continuamente sendo envolvidos no processo. Pode também reduzir surpresas no processo de planejamento. Em contrapartida, pode banalizar o processo no sentido de que o "ritual" necessário deixe de ser desenvolvido. Vide item 7.6.

2.4 Críticas e limitações

Levando-se em conta que, no planejamento estratégico, a perspectiva básica referente às informações relevantes surge em decorrência das questões externas à entidade, muitas vezes, essa perspectiva acaba sendo a única que a empresa considera, sem incluir as informações internas da organização.

O planejamento estratégico foi associado com a obtenção de lucratividade superior e, em função desse aspecto, tem sido, desde o final da década de 1960, empregado pelas empresas que buscam obter melhor desempenho (PEARCE II et al., 1987, p. 658). No entanto, diversas pesquisas têm constatado resultados divergentes quando analisam o relacionamento entre planejamento estratégico e desempenho (ARMSTRONG, 1982; GLAISTER e FALSHAW, 1999; ANDERSEN, 2000; ROGERS e BAMFORD, 2002). Brock e Barry (2003, p. 544) destacam que, para alguns autores, a divergência desses resultados decorre, dentre outros, da inconsistência na operacionalização do significado de planejamento, técnicas inválidas de mensuração e desconsideração de influências contextuais; para outros autores, tal divergência decorre da fraqueza dos dados contábeis. Peel e Bridge (1998, p. 853) estão entre os que afirmam ser, a utilização de medidas de resultado oriundas dos dados contábeis, uma razão potencial para a referida divergência. Tal fato decorre, como observam Bracker e Pearson (1986, p. 505), de duas desvantagens das medidas de desempenho baseadas na contabilidade: (1) a falta de homogeneidade dos dados; e (2) a não disponibilidade de dados para pequenas firmas.

Uma consequência dos resultados divergentes, em especial dos resultados que não apresentam associação positiva entre planejamento estratégico e desempenho, é que "tem havido uma tendência de não enfatizar o papel do planejamento estratégico [...]" (ANDERSEN, 2000, p. 184). Em outras palavras, quer seja por ausência de informações ou pela inadequação, ou ainda má utilização, a contabilidade gerencial pode estar contribuindo para o enfraquecimento do planejamento estratégico das empresas. De acordo com Ansoff et al. (1976, p. 1-2), a redução de ênfase na utilização do planejamento estratégico decorre de suas limitações, que são:

- enfatiza o problema das ligações externas, supondo que a configuração interna da organização permanecerá essencialmente estável;

- interessa-se, principalmente, pela solução de problemas, determinando as novas ligações preferidas com o ambiente, supondo que a implementação e controle seguirão como atividades secundárias;
- as variáveis incluídas na análise são, exclusivamente, tecnológicas, econômicas e baseadas na informação. As dinâmicas sociais e políticas, tanto dentro quanto fora da organização, são assumidas como sendo irrelevantes e sem efeitos;
- [...] É ESSENCIALMENTE CARTESIANO EM SUA ABORDAGEM, O QUE SIGNIFICA QUE AQUILO QUE SE PLANEJA ESPERA-SE QUE OCORRA.

Em síntese, o fluxo de informações emerge como um elemento importante no processo de formação de estratégias, em especial no processo de planejamento estratégico e, por consequência, no desempenho de uma empresa (STEINER, 1979, p. 20; ANSOFF, 1997, p. 23).

É curioso que uma das críticas mais severas de Mintzberg (1994, p. 254-255) quanto aos planejadores estratégicos refere-se ao seu distanciamento dos detalhes do dia a dia no processo de formulação de estratégias, com a certeza de que podem ser informados formalmente, ou seja, pelos sistemas de informações factuais. Essa crítica é tão mais valiosa quanto a entidade deixar de disponibilizar aos gestores informações sobre o dia a dia de que só a contabilidade gerencial pode dispor.

Oliveira (1985), por sua vez, divide as principais falhas mais comuns do planejamento estratégico da seguinte forma: (1) antes do início da elaboração; (2) durante a elaboração; e (3) durante a implementação. Dentre as falhas no início da elaboração, destaca-se a "não preparação do terreno para o planejamento estratégico na empresa", mais especificamente a "não esquematização do sistema de controle e avaliação do planejamento estratégico": "[...] é fundamental que o gestor estabeleça os critérios e parâmetros, bem como o sistema de informações necessárias para o adequado controle e avaliação do planejamento estratégico" (OLIVEIRA, 1985, p. 35). Levando em conta o comentário do autor, o sucesso do planejamento estratégico depende do controle e da avaliação que ocorrem a partir da existência das ferramentas da contabilidade gerencial, no caso referindo-se ao orçamento e ao controle orçamentário. É nesse sentido que a adequação da contabilidade gerencial proporcionaria apoio necessário ao processo de planejamento como um todo.

2.5 Orientação para a parte prática

Os leitores que pretendem utilizar os casos como forma de aprofundar a discussão sobre o tema tratado nesta seção devem começar pelos casos tradicionais, que apresentam um conjunto de conteúdos e contextos:

CASO DE ENSINO 1 – "...COISA DE DESOCUPADO".

CASO DE ENSINO 2 – O *BALANCED SCORECARD*

A solução de cada caso tradicional contém dois ingredientes de análise: ROTEIRO DE SOLUÇÃO e QUESTÕES DE ESTÍMULO À REFLEXÃO. O roteiro de solução pretende orientar a solução do caso no sentido genérico e conceitual, sendo igual para todos os casos. Por sua vez, as questões de estímulo à reflexão, específicas em cada um dos casos, trazem elementos relevantes para a solução de cada um deles.

Os casos de ensino contextuais, inseridos na abordagem PBL (*Problem Based Learning*), podem ser resolvidos a partir do contexto de uma organização de profissionais.

CASO DE ENSINO 1 – Relacionamento entre orçamento e instrumento estratégico da organização.

Os leitores que pretendem utilizar o exercício de simulação como forma de aprofundar a discussão sobre o tema tratado nesta seção devem começar pelo EXERCÍCIO DE SIMULAÇÃO – APRESENTAÇÃO e EXERCÍCIO DE SIMULAÇÃO – ETAPA 1.

3

ORÇAMENTO EMPRESARIAL

Objetivos de aprendizagem

1. Conceituar o orçamento.
2. Identificar princípios de planejamento.
3. Apresentar as etapas de estruturação do orçamento.
4. Apresentar, em termos gerais, os componentes da etapa operacional e da etapa financeira.
5. Apresentar as atividades da "lição de casa" necessárias ao desenvolvimento do orçamento.

Questões provocativas

1. No que consiste o artefato denominado orçamento empresarial?
2. Por que os princípios de planejamento são importantes no andamento do processo?
3. Existiria uma sequência preferencial na estruturação do orçamento?
4. Quais seriam as etapas do orçamento?
5. O que deveria ser feito para compatibilizar as decisões de longo prazo com as de médio e curto?
6. O que ocorre quando o plano estratégico não precede a montagem do orçamento?
7. Como obter informações externas para a montagem das premissas financeiras?
8. O que é necessário para o bom desenvolvimento do pré-planejamento e para evitar que ele seja um orçamento forçado (números que se harmonizam com o passado em vez de números que decorrem de ações decididas)?

3.1 Conceitos gerais e elementos

O orçamento é o plano financeiro para implementar a estratégia da empresa para determinado exercício. É mais do que uma simples estimativa, pois deve estar baseado no compromisso dos gestores em termos de metas a serem alcançadas. Contém as prioridades e a direção da entidade para um período e proporciona condições de avaliação do desempenho da entidade, suas áreas internas e seus gestores.

O orçamento depende do planejamento estratégico e a ele está subordinado.

Em termos gerais, é considerado um dos pilares da gestão e uma das ferramentas fundamentais para que o *accountability,* a obrigação dos gestores de prestar contas de suas atividades, possa ser encontrado. Isso ocorre devido ao fato de que os compromissos dos gestores, quando não especificados e definidos no plano estratégico, acabam sendo firmados no momento da montagem do orçamento. Dessa maneira, ao planejar e acompanhar tais resultados, ele se constitui no instrumento que permite que o *accountability* exista na organização, de maneira estruturada e, espera-se, negociada e justa.

Dependendo do tipo de organização, pode ser desenvolvido de várias maneiras quanto à participação nas definições estruturais: *top-down,* ou seja, de cima para baixo, *bottom-up,* ou fluindo de baixo para cima da pirâmide organizacional ou mistura dessas abordagens. A formatação mais frequente é *top-down,* inclusive por questões de praticidade e tempo envolvido.

A revisão do instrumento tático é algo a ser considerado. Revisão faz parte do processo de planejamento e proporciona condições de tornar suportável uma estratégica agressiva que se perceba inadequada durante o transcorrer de um exercício. Por exemplo sua amplitude pode ser variável, sendo que em algumas organizações o resultado final da demonstração de resultados não pode ser alterado e as revisões se detêm, basicamente, em maneiras diferentes de atingir tal resultado. Dessa maneira, dependendo do grau de tolerância permitida pelo relacionamento entre os acionistas e gestores, tais revisões terão diferentes graus de profundidade e utilidade. Em ambiente de alto patamar de inflação, por exemplo, a revisão mensal da inflação era considerada compulsória para proporcionar credibilidade ao instrumento. Em momentos de maior estabilidade macroeconômica e previsibilidade das projeções, revisões menos frequentes podem ser esperadas. O *trade-off* entre gastar tempo e recursos ao fazer a revisão e a alternativa de não fazê-la é decidido pela percepção dos gestores em relação ao grau adicional de segurança proporcionado pela mesma.

O orçamento de uma empresa industrial[1] deve ser elaborado levando-se em conta a seguinte sequência de etapas:

- lição de casa preparatória para o orçamento: princípios gerais de planejamento, diretrizes dos cenários, premissas e pré-planejamento;
- plano de marketing;
- plano de suprimentos, produção e estocagem (PSPE);

---

[1] Uma empresa comercial não terá plano de produção e estoques de produtos em processo e insumos. Uma empresa de serviços não terá plano de produção e estoques. Uma empresa financeira, além de não ter produção, suprimento e estoque, terá no seu plano de marketing o detalhamento de operações passivas, ativas e serviços.

- plano de investimentos nos ativos de longo prazo;
- plano de recursos humanos;
- plano financeiro.

O orçamento surge como sequência à montagem do plano estratégico, permitindo focar e identificar, num horizonte menor, de um exercício fiscal, as suas ações mais importantes. O orçamento existe para implementar as decisões do plano estratégico. Dessa forma, quando as decisões não forem tomadas no plano estratégico, e muitas vezes isso vai acontecer, algum impacto no gerenciamento dos elementos internos da empresa deve ocorrer. Nesse sentido, uma vez tendo feito um adequado trabalho na montagem do plano estratégico, o orçamento tem muita chance de ser elaborado com coerência e consistência. A Figura 3.1 ilustra a composição e a sequência dos vários planos.

Figura 3.1 – *Planos contidos no orçamento e sua sequência*

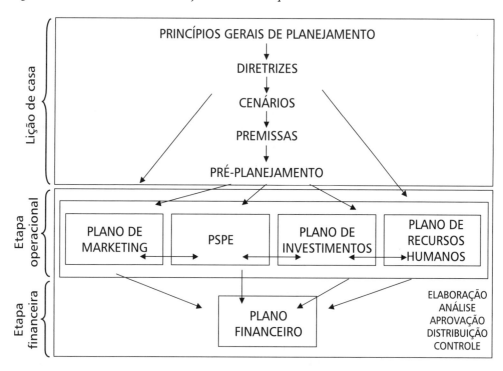

3.2 Princípios gerais de planejamento

Correspondem aos princípios clássicos apresentados por Welsch (1994, p. 50-61), que levam em conta a necessidade estrutural e servem de *checklist* para o adequado desenvolvimento do orçamento. A sua utilidade está relacionada com a possibilidade de se corrigirem vulnerabilidades antes do início dos trabalhos, o que corresponde a importante ingrediente em termos da eficiência do processo. Na verdade, caso tais princípios não estejam sendo verificados, o processo de gerenciamento da organização pode ser negativamente afetado. São eles:

Envolvimento administrativo

Consiste em a administração (especialmente o topo da pirâmide) compreender o papel do planejamento nos negócios, estando convencida do benefício que ele traz à organização, e dedicar recursos ao seu desenvolvimento, apoiando o instrumento nas suas várias etapas e cobrando resultados. Viabilizar a participação das várias áreas da organização faz parte desse princípio. Entender as limitações inerentes ao processo constitui-se em demonstração de maturidade na sua vivência. Este princípio é fundamental. Caso não esteja presente como ingrediente dos gestores, todo o processo é afetado de maneira significativamente desfavorável. A cobrança por parte dos gestores é de grande importância.

Adaptação organizacional

As responsabilidades organizacionais devem estar claras, ou seja, *quem faz o que* é algo definido, e o organograma formalizado pela organização deve corresponder à estrutura que realmente existe. Este princípio é fundamental para que os gestores saibam quem deve ser chamado para discutir o plano e, posteriormente, ser cobrado. Sobreposições de funções devem ser evitadas, assim como a ausência de definição de responsabilidades.

Contabilidade por área de responsabilidade

Unidades de negócios, centros de lucros, centros de custos e centros de responsabilidades devem estar claramente definidos na contabilidade e devem ser considerados na geração de informações. O plano de contas deve refletir adequadamente as operações existentes e/ou previstas.

Orientação por objetivos

Os objetivos da organização são refletidos nas várias áreas. Por sua vez, os indivíduos devem ser responsáveis pelos objetivos da sua área de atuação. Devem ser evitados objetivos conflitantes entre a organização e as suas várias áreas, assim como objetivos existentes na organização que não apareçam em alguma área da empresa ou mesmo nos objetivos individuais. Uma amarração adequada dos objetivos permite coerência entre as ações, priorização, avaliação e mesmo política de remuneração adequada. O estabelecimento de objetivos permite dispor de padrões para serem medidos e traz à tona a preocupação fundamental com a avaliação do nível de eficiência atingido pelo todo e pelas partes. Quando esses objetivos são definidos levando em conta indivíduo, área, empresa, a amarração permite evitar a dubiedade no atingir metas da organização. O *balanced scorecard* proporciona benefício na gestão de tais elementos.

Comunicação integral

Comunicação e participação são duas vertentes da mesma moeda. A comunicação no planejamento empresarial é algo que ocorre a partir do momento em que a instituição decide que a participação deve ocorrer e em que grau e nível. A cultura e a tradição da empresa têm muito a ver com o grau e a intensidade da comunicação das pessoas no seu dia a dia e no processo de elaboração do plano. Quanto mais clara e apoiada for a comunicação no processo de planejamento, mais facilmente os problemas serão tratados por todos.

Expectativas realísticas

Devem ser evitados tanto o plano acomodado, ou seja, sem desafios, como também o plano agressivo em demasia, mas com baixa probabilidade de se converter em realidade. Os dois extremos são nocivos à organização e nem sempre é fácil entender e avaliar o grau de realidade de um plano. A maneira considerada mais adequada requer a análise de cada parte da sua montagem para poder julgar se o todo é realista ou não. Isso se verifica porque, normalmente, as várias etapas podem ter características distintas. A organização pode ter um plano de vendas que contém volume extremamente agressivo, mas o seu preço é relativamente conservador. Como conclusão, o seu plano de marketing é agressivo ou conservador? Só é possível responder a essa pergunta analisando o caso particular, de maneira segmentada. De qualquer maneira, a perspectiva de que ele seja exequível é fundamental para a credibilidade do processo e do instrumento.

Oportunidade

A oportunidade está ligada ao momento mais adequado de dispor das informações para a sua utilização. Nesse sentido, um plano anual deve estar montado, analisado, aprovado e divulgado antes de o período por ele compreendido começar. Para isso, um minucioso cronograma de elaboração deve ser elaborado para viabilizar a montagem no tempo disponível. Analogamente, o relatório de controle orçamentário deve estar à disposição dos executivos o mais rápido possível, para que possa ter utilidade. Se o relatório referente ao mês de janeiro só está disponível no mês de maio, certamente a sua serventia será muito pequena, em face da defasagem entre a ocorrência do fato e a sua divulgação/explicação.

Aplicação flexível

"O plano não deve dominar a organização." Significa que o processo de planejamento é um instrumento a serviço dos executivos e não uma camisa de força que impeça ações que, por algum motivo, não foram percebidas ou consideradas no plano. Por outro lado, é fundamental evitar situação em que o processo de planejamento seja solenemente ignorado e qualquer tipo de mudança seja incorporada sem critério. Na verdade, além da justificativa, do argumento adequado, existe o momento adequado para tais incorporações serem feitas.

Acompanhamento

O planejamento só se consuma se for monitorado, acompanhado e controlado. Significa que, além de se identificar as variações, ações corretivas ou de manutenção/disseminação (no caso de variações favoráveis) devem ser planejadas e executadas. Consequentemente, o processo de planejamento deve passar por revisão que incorpore as variações já decorridas. Na verdade, o grande benefício do acompanhamento é a percepção do que deve ser feito no futuro, ou seja, o replanejamento.

Reconhecimento do esforço individual e do grupo

Não apenas o desempenho negativo deve ser evidenciado. A ênfase sobre o desempenho negativo cria a percepção de que o orçamento só existe para punir os executivos. Quando a organização identifica as variações favoráveis e desfavoráveis, relacionando tal desempenho a uma área e a um indivíduo e proporcionando consequências na remuneração, ela proporciona condições de aprendizado e de motivação adequada às pessoas. As características do reconhecimento individual não são necessariamente fáceis de ser atingidas. Em muitos casos, a composição do acompanhamento é uma barreira significativa, já que ele deve direcionar-se para uma abordagem justa, compreensiva e precisa. Este último princípio contém questões conceituais fundamentais, apontando para o envolvimento filosófico e das crenças e valores da instituição.

3.3 "Lição de casa" antecedente à montagem do orçamento

Além da revisão e análise do estágio de aderência aos princípios de planejamento, os elementos que devem ser tratados antes do início da montagem do orçamento são os seguintes:

Diretrizes

Correspondem ao *briefing* da alta administração, direcionando as ações para os vários segmentos. Em situações em que a estabilidade do ambiente macro é grande, isso já foi feito no momento de elaborar o plano estratégico. É a tradução daquilo que foi decidido no planejamento estratégico e deve ocorrer no intervalo de tempo a ser considerado pelo orçamento.

Cenários

O cenário deve considerar, dentre outros elementos, o cenário político, o cenário econômico, o cenário mercadológico (clientes, fornecedores, concorrência etc.).

Analogamente às diretrizes, em situações de normalidade, a análise de cenários desenvolvida por ocasião da montagem do plano estratégico pode ser utilizada, de maneira mais detalhada, simplesmente sendo atualizada. A organização pode dispor de cenários tanto por elaboração externa de especialistas como por montagem doméstica, a partir do desenvolvimento da sua equipe interna.

Tanto o cenário como as premissas são basilares na elaboração do orçamento, devendo estar definidos antes do início da montagem do instrumento propriamente dito, já que contêm informações indispensáveis à sua montagem. Uma vez definido o cenário, as premissas podem ser estruturadas.

Premissas

São também denominadas de pressupostos, uma vez que são definidas por alguém na empresa antes de o processo de planejamento ser iniciado. Devem ser, de alguma forma, resultado de algum nível de consenso entre os gestores.

De qualquer maneira, as premissas utilizadas pela organização, independentemente de quem as concebeu, são premissas de gestores, devendo ser por eles assumidas. Mesmo que terceiros tenham desenvolvido e fornecido tais premissas, elas se tornam premissas da empresa quando utilizadas no orçamento. Isso é importante porque elas têm impacto muito importante sobre os resultados, tornando o plano exequível, confiável ou não, dependendo do patamar estabelecido. Podem ser separadas em premissas operacionais, de estruturação e econômico-financeiras.

a. Operacionais

Referem-se às atividades propriamente ditas. Entre as várias premissas existentes, destacam-se:

- fatores de consumo de materiais e mão de obra, no caso do orçamento de uma entidade manufatureira, por exemplo;
- hierarquia de produtos para o período futuro;
- estrutura organizacional do ponto de partida no início do período compreendida pelo orçamento;
- relação dos centros de custos e unidades de negócios a detalhar no plano de contas;
- tendência de obtenção de insumos (importados ou adquiridos localmente);

48 ORÇAMENTO EMPRESARIAL · **Frezatti**

- pontos de partida (saldos de balanço, preços dos produtos a comercializar, salários, preços dos insumos a comprar etc.);
- etc.

b. De estruturação

Correspondem aos critérios considerados, tais como moeda de decisão utilizada, período de planejamento (janeiro a dezembro, julho a junho, por exemplo).

c. Econômico-financeiras

Trata-se das premissas mais conhecidas. Correspondem a inflação, juros, variação dos preços dos insumos, variação cambial etc. Devem apresentar consistência com o cenário econômico adotado.

Pré-planejamento

O pré-planejamento pode ser feito e consiste em exercício que permite antever as principais tendências esperadas pela alta administração. Consiste na montagem da demonstração de resultados a partir da sensibilidade dos executivos. Tal exercício não consiste, por si só, em montagem de um orçamento, mas em uma forma de direcionar as ações para racionalizar, facilitar o processo de montagem do instrumento.

3.4 Etapas da montagem do orçamento

Por uma questão didática, a montagem propriamente dita do orçamento pode ser dividida em dois blocos: etapa operacional e etapa financeira (Figura 3.1). A etapa operacional consiste nos planos que proporcionam condições de estruturação das atividades da organização, de maneira a integrar as atividades, as operações. Por sua vez, a etapa financeira corresponde à tradução de todas as atividades para uma mesma linguagem comum, no caso a monetária. A caracterização da etapa financeira é a existência dos demonstrativos contábeis, ou seja, o balanço, a demonstração de resultados e o fluxo de caixa. Os Capítulos 4 e 5 têm por missão detalhar as duas etapas do processo. A etapa operacional deve ser caracterizada pelo tipo de atividade da empresa, seja industrial, seja de serviços ou comercial. Tal caracterização terá implicações em termos dos planos necessários para atender a tal demanda. Uma empresa comercial, por exemplo, demandará um grande esforço no plano de estocagem dos produtos acabados, enquanto que uma empresa de serviços não terá tal plano.

A etapa operacional, para os efeitos deste trabalho, será exemplificada como entidade produtora de bens tangíveis, dada a maior complexidade que esse tipo de organização requer, e potencial de explorar suas potencialidades. Tem, portanto, planos de marketing, plano de suprimentos, produção e estocagem, plano de investimentos no ativo permanente e plano de recursos humanos.

Plano de marketing

Indica a atividade comercial da organização, no que se refere a volume físico de venda, por período, por área, por preço etc. Deve definir política de descontos, prazos, gastos com comunicação e despesas comerciais previstas. Deve conter as decisões verificadas no plano estratégico, destinadas ao período compreendido pelo orçamento. Em condições normais, a área comercial da entidade se mobiliza para desenvolver este plano, levando em conta as necessidades internas, coordenando atividades quanto a demandas para lançamento de novos produtos, por exemplo.

Plano de suprimentos, produção e estocagem (PSPE)

Trata os estoques de produtos acabados, produtos em processo e matérias-primas, produção própria e/ou terceirizada, suprimentos de materiais e necessidade de mão de obra da organização. A área de operações deve estar estruturada para coordenar as atividades de planejamento dos processos de suprimentos, produção e de estocagem.

Plano de investimentos nos ativos de longo prazo

Explicita os gastos que serão efetuados em movimentações (aquisições, vendas e baixas) referentes a ativos de longo prazo da organização. Envolve todos os tipos de investimento do antigo ativo permanente (ativos de longo prazo), tais como imobilizado, diferido e investimento em outras entidades.

Plano de recursos humanos

Deve tratar os elementos referentes aos recursos humanos na organização, desde estrutura organizacional, preenchimento dessa estrutura, movimentações de funcionários, remuneração, treinamento, admissões e desligamentos, consultorias na área etc.

Plano financeiro

Corresponde à etapa do plano em que as demonstrações financeiras são disponibilizadas e a análise global é viabilizada. A função do plano financeiro consiste em permitir que todas as decisões tomadas nos vários subplanos sejam transformadas em um único denominador, no caso, o monetário. Deve conter o fluxo de caixa, a demonstração de resultados e o balanço patrimonial para o intervalo de tempo planejado.

3.5 Sistema de informações gerenciais

Consiste na espinha dorsal do controle gerencial. Poder-se-ia dizer que a facilidade atual da disponibilidade das informações geradas pelos sistemas viabilizou uma abordagem mais enfática e agressiva em termos de controle gerencial. Discussões sobre tipos de equipamentos e *softwares*, pela sua própria rápida obsolescência, não fazem parte das preocupações desta obra. Contudo, alguns aspectos estruturais se fazem muito importantes. A Figura 3.2 considera as bases de dados que interagem na organização. Significa que as informações contábeis devem estar disponibilizadas e proporcionam suportes para respostas às questões demandadas. O processo de montagem do próprio orçamento é suportado pelas informações contábeis apuradas, que, por sua vez, serão obtidas para acompanhamento orçamentário. Por outro lado, a mesma base de dados deve gerar as informações fiscais, as destinadas a atender à legislação tributária e societária.

Figura 3.2 – *Relacionamento entre a contabilidade e o planejamento*

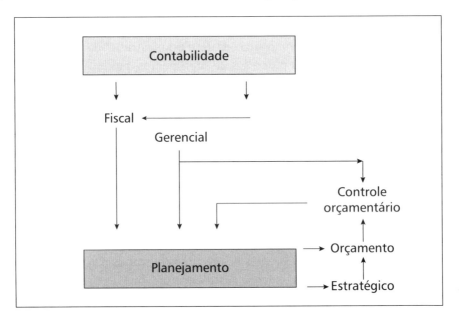

Alguns conflitos importantes surgem quando se fala sobre relatórios gerenciais. Muitas vezes, algumas dimensões podem ser encontradas e outras não, no grau desejado. Dentre aquelas mais comumente citadas, encontram-se: (1) dimensão da seleção da informação – inclui as características qualitativas da relevância, confiabilidade e materialidade; (2) dimensão da apresentação da informação – inclui as características qualitativas da comparabilidade e compreensibilidade (esta última também denominada abrangência); e (3) restrição para uma informação confiável e relevante

– inclui a tempestividade e a relação custo × benefício. Destacando os atributos mais citados, consideram-se:

- confiabilidade. Significa dizer que a informação representa o que pretendia representar, sem viés ou erro;
- abrangência. As informações gerenciais devem permitir uma ideia ampla da situação econômico-financeira da empresa, fazendo uso, em determinadas situações, de comentários adicionais;
- tempestividade. Corresponde a dizer que a informação chega no momento necessário para a tomada de decisão.

Ao disponibilizar um sistema de informações, surge a preocupação de adequar os elementos acima. Evidentemente, todos deveriam estar presentes, já que representam a essência do que se necessita para administrar uma organização. Contudo, numa situação de priorização, deveria ser escolhido primeiro a credibilidade. Relatórios que não mereçam crédito são inúteis e isso não é algo que se consiga com facilidade, mormente em situações em que a contabilidade ainda esteja em processo de maturação para geração de informações gerenciais. Num segundo momento, tanto a abrangência como a rapidez podem ser perseguidas. Dependendo do perfil de equipamentos e do desempenho de *softwares*, ambas podem ser obtidas de maneira não mutuamente excludente em termos de preferência ou prioridade.

Muito se fala sobre os benefícios proporcionados pela integração entre os sistemas de informações das organizações. Sem dúvida, comparativamente falando, os sistemas se tornam tão mais úteis quanto mais forem integrados. Essa percepção, tem consequências práticas em termos de qualidade de informações e diminuição de erros. A Figura 3.3 apresenta uma exemplificação da interação entre os vários módulos de sistemas de informações de uma empresa. O fato de uma informação ter uma única entrada dentro do sistema afeta favoravelmente o compartilhamento de dados e mesmo o potencial de rapidez no trato da informação, essenciais à qualidade do seu gerenciamento.

Figura 3.3 – *Sistema de informações e relacionamento entre a contabilidade e o planejamento*

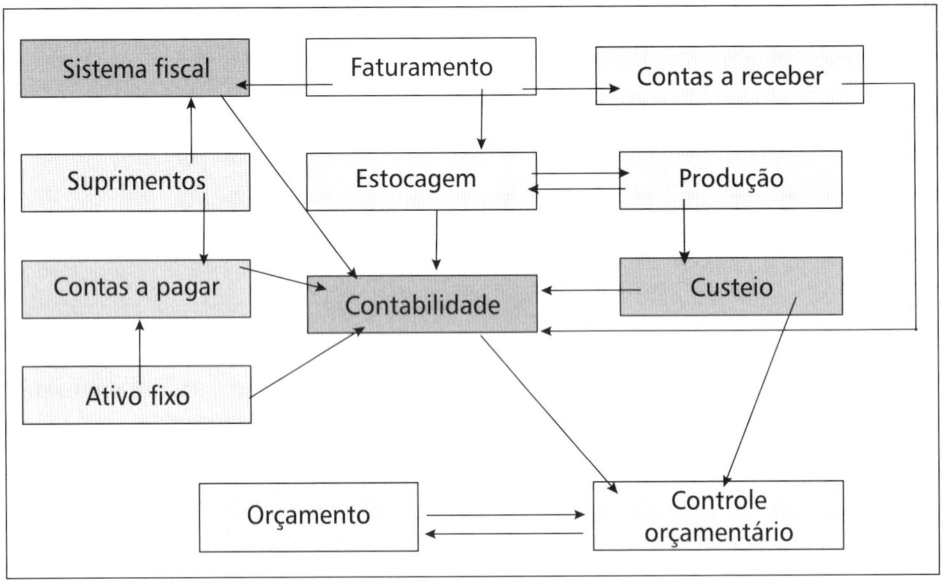

```
┌──────────────────────────────────────────────────────────────────────────┐
│  ┌──────────────┐    ┌──────────────┐    ┌──────────────────┐              │
│  │ Sistema fiscal│◄──│ Faturamento  │──►│ Contas a receber │              │
│  └──────────────┘    └──────────────┘    └──────────────────┘              │
│  ┌──────────────┐    ┌──────────────┐    ┌──────────────────┐              │
│  │ Suprimentos  │    │  Estocagem   │◄──►│    Produção      │              │
│  └──────────────┘    └──────────────┘    └──────────────────┘              │
│  ┌──────────────┐    ┌──────────────┐    ┌──────────────────┐              │
│  │Contas a pagar│    │ Contabilidade│◄──│     Custeio      │              │
│  └──────────────┘    └──────────────┘    └──────────────────┘              │
│  ┌──────────────┐                                                          │
│  │  Ativo fixo  │                                                          │
│  └──────────────┘                                                          │
│         ┌──────────────┐              ┌──────────────────┐                 │
│         │  Orçamento   │◄────────────►│     Controle     │                 │
│         └──────────────┘              │   orçamentário   │                 │
│                                       └──────────────────┘                 │
└──────────────────────────────────────────────────────────────────────────┘
```

3.6   Orientação para a parte prática

Os leitores que pretendem utilizar os casos de ensino tradicionais como forma de aprofundar a discussão sobre o tema tratado nesta seção devem resolver:

CASO DE ENSINO 3 – "É FÁCIL FALAR. QUE TAL VOCÊ FAZER?"

Os leitores que pretendem utilizar o exercício de simulação como forma de aprofundar a discussão sobre o tema tratado nesta seção devem resolver:

EXERCÍCIO DE SIMULAÇÃO – ETAPA 2.

4

ETAPA OPERACIONAL

Objetivos de aprendizagem

1. Identificar os planos que compõem a etapa operacional.
2. Detalhar os planos que compõem a etapa operacional.
3. Explicitar uma ideia de sequência de atividades.
4. Apresentar conceitos que valorizam a utilização de indicadores na estruturação do plano de produção, suprimentos e estocagem.

Questões provocativas

1. Por que começar a etapa operacional pelo plano de marketing?
2. Quais as consequências de uma subestimação de metas de vendas para o orçamento?
3. Por que é necessário dispor de indicadores na montagem do plano de produção, estocagem e suprimentos?
4. Que tipos de problemas a não definição do plano de investimento nos ativos de longo prazo gera para a estrutura do orçamento?
5. Seria necessário projetar contratações e demissões de funcionários no orçamento?

A Etapa operacional é iniciada com o plano de marketing, a partir do que a entidade direciona os esforços para o seu mundo externo, pelo plano de produção, suprimento e estocagem (no caso de uma entidade que tenha geração de um produto tangível), plano de investimento no ativo permanente e plano de recursos humanos.

4.1 Plano de marketing

A etapa que cuida da definição do *output* da organização é conhecida como *plano de marketing*.[1] Normalmente, o orçamento inicia-se nas organizações por essa etapa; contudo, algumas empresas, situadas em setores específicos, podem fazê-lo começando

---

[1] Welsch e outros autores utilizaram no passado a expressão *plano de vendas* para representar o plano comercial das organizações; por questão de melhor expressão, no momento atual, o plano

por outras etapas: no caso das minas de ouro e diamante, por exemplo, o plano pode ser iniciado pelo plano de produção, já que, por definição, toda produção gerada é comercializada, não se constituindo a venda em gargalo ou limitação. Os gestores desejam atuar de maneira a minimizar erros nas projeções do plano, mas algumas variáveis são especialmente críticas nesse sentido. Estimativas superdimensionadas em termos de quantidades a vender trazem consequências desastrosas sobre o capital de giro, com variação desfavorável nos estoques e endividamento. Por outro lado, projeções subestimadas provocam a perda da oportunidade de venda e, o que é pior, possibilitam avanço da concorrência, consequência que nem sempre é possível avaliar e mensurar. Dessa maneira, o foco de análise sobre o plano de marketing atrai o interesse não apenas dos profissionais diretamente envolvidos, mas de toda a entidade.

Fazendo uma analogia com a construção de uma casa, elaborar o orçamento, na sua etapa de desenvolvimento do plano de marketing, significaria a montagem das suas fundações. Se elas estiverem sólidas, a construção será preservada; caso contrário, a casa poderá ruir. Erros na estrutura básica (fundações) são graves para o processo de planejamento, impactando todos os demais planos; erros na pintura da casa, por exemplo, podem ser sanados sem muitos problemas. O plano de marketing é composto por três subplanos, que são:

A. Plano de vendas ou prestação de serviços

Corresponde à projeção do *output* da organização. Se ela é uma empresa industrial que elabora e comercializa um produto, é aqui que se define a quantidade a ser vendida, por região, por grupo de produto, por família etc. A quantidade do produto por grama, unidade, litro ou outra unidade de medida deve ser detalhada dentro do horizonte temporal significativo para a organização.

Paralelamente, é nessa fase que devem ser definidos preços brutos, prazos, como e se usar as taxas de juros, impostos incidentes e patamares de descontos. Isso significa que, ao terminar essa etapa, o faturamento (bruto e líquido) da organização está definido.

O plano de vendas deve levar em conta:

- **Relação com o plano estratégico**

  O plano estratégico deve ter sido previamente elaborado, aprovado e comunicado para poder ser utilizado de maneira coerente na elaboração do orçamento. As diretrizes em termos de volume de vendas, preços, *market share* etc., decididas no plano estratégico, devem ser coerentemente implementadas no orçamento. A coerência e a consistência entre o plano estratégico e o orçamento são de fundamental importância para o sucesso do processo de planejamento.

---

de vendas se torna parte do plano de marketing, da mesma forma que o plano de propaganda e publicidade e o plano de despesas comerciais.

- **Participação da equipe de vendas**

  A participação da equipe gerencial no processo de elaboração de todo o orçamento é de vital importância. Contudo, nessa etapa, o comprometimento das metas por parte da equipe de vendas pode revelar-se decisivo. Nesse sentido, a geração das metas de vendas decorre do direcionamento gerencial, cuja decisão cabe aos executivos de marketing que levam em conta oportunidades, potencial de mercado, disponibilidade de novos produtos, esforço de concorrência etc.

- **Definição de metas**

  As metas de vendas podem ser definidas com base na abordagem quantitativa (**estatística**), ou seja, aquela que utiliza base de dados passados para projetar o futuro, bem como apoiadas na consideração do **julgamento**, ou seja, a incorporação do *feeling* da equipe comercial. Isso significa que dados históricos são disponibilizados e utilizados no sentido de relacionar os desempenhos passado e presente com aquele que se pretende para o futuro. Dessa maneira os dados históricos servem como ponto de partida para sua projeção.

B. Plano de comunicação com o mercado

Comumente definido na montagem do orçamento como um percentual sobre as receitas geradas, tem por finalidade suportar a imagem da organização e/ou produto no mercado e contém ações nas áreas de propaganda e publicidade relacionadas tanto com a imagem institucional quanto com a imagem do produto ou serviço. Deve ser desenvolvido com base em perfil de produtos, volume e preços especificados.

C. Plano de despesas comerciais

Nesse plano, encontram-se os gastos relacionados com a estrutura da atividade comercial da empresa, tais como salários e encargos dos profissionais da área de vendas, marketing, pesquisa de mercado, administração de vendas etc.

Uma vez definido o plano de marketing, ele deve ser validado. Validação, nesse caso, significa que as decisões referentes ao *output* da empresa podem ser utilizadas, desde que compatíveis com outras etapas até então não tratadas. Não significa que esteja aprovado, já que a sua aprovação depende da possibilidade de desenvolvimento de outras etapas, que exigem a montagem e definição do plano de marketing como pré-requisito, tais como plano de produção, estocagem, RH etc.

4.2 Plano de produção, suprimentos e estocagem

Levando em conta o tipo de entidade que opera com produto tangível, com processo de fabricação, o plano de produção, suprimentos e estocagem consiste na etapa que deve disponibilizar os produtos que serão comercializados. Além da produção, incorpora todos os processos de logística. A seguinte sequência é recomendada:

A. Definição dos dias de estoques de produtos acabados

A definição dos dias de estoques depende de vários elementos, dos quais se destacam:

- **Demanda**

  O grau de certeza quanto à demanda, sua vulnerabilidade e mesmo sazonalidade afeta o perfil de entrega e, consequentemente, os dias de estoque requeridos para que a organização não perca vendas em demasia e, por outro lado, não tenha excesso de estoques.

Figura 4.1 – *Plano de suprimentos, produção e estoques (PSPE)*

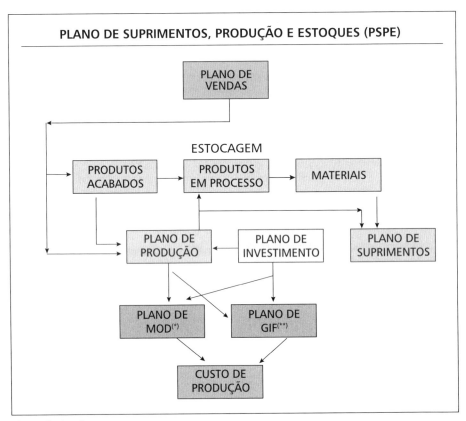

(*) Mão de obra direta.
(**) Gastos indiretos de fabricação.

- **Prazo de produção**

  Se um produto requer 20 dias para ser elaborado, por exemplo, ter menos do que isso em estoque de produto cuja venda dependa de sua disponibilidade na prateleira implica aceitar o risco de perder vendas.

- **Natureza do produto**

  A natureza do produto acabado pode ser entendida em termos de natureza física (deteriorável, em decorrência do tempo), natureza tecnológica, ou mesmo moda. Significa que manter estoque de 30 dias, por exemplo, para um produto que tenha vida útil de 10 dias implica em certeza de aumento de perdas na organização.

- **Benefício da escala de produção**

  Em certos casos, é mais adequada a produção no seu lote econômico com consequente excesso de estoque do que a produção em nível inferior ao da escala otimizada. Trata-se de decisão pela redução do custo unitário de produção *versus* aumento do custo de carregamento dos estoques.

- **Tipo de produção**

  Toda essa discussão anterior só faz sentido quando a produção a ser desenvolvida é para estoque e não para atender a pedidos especiais.

- **Custo de carregamento de estoques**

  O alto custo do dinheiro afeta o nível de risco que a organização tolera no seu processo de planejamento. Nesse sentido, a avaliação do custo-benefício deve considerar o custo de oportunidade da empresa ao investir em estoque *versus* benefícios da não perda de vendas ao definir o nível de dias de estoques.

A rigor, os dias de estoques deveriam ser definidos em função das saídas futuras; entretanto, por questões ligadas à incerteza, comumente pode ser encontrado o cálculo feito com base na movimentação passada. Exemplo:

	Descrição da movimentação	Qtde.	Dias de estoque
	+ Saldo inicial 0 – real	100	
Período 1	+ Entradas 1 – real	500	
	– Saídas 1 – real	400	
	= Saldo final 1 – real	200	15/40
Período 2	+ Entradas 2 – projetado	100	
	– Saídas 2 – projetado	150	
	= Saldo final 2 – projetado	150	

Entendendo que o período 1 é conhecido (real) e o período 2 é o período futuro (sendo projetado), podem-se calcular os dias de estoque para o saldo final 1. Basicamente, os 15 dias[2] representam os dias de estoque para a saída passada. Por sua vez, quando comparado o nível de estoque (saldo final 1) com a saída 2, os dias obtidos (40) correspondem ao desempenho futuro (projetado).

B. Análise do nível da capacidade instalada e necessidade de novos investimentos para atender a demanda

A movimentação de estoques de produtos acabados deve seguir o seguinte racional:

Movimentação	Qtde.
+ Saldo final	a
− Saldo inicial	b
+ Saídas	c
= Produção	d
Capacidade	y
Ociosidade/falta de capacidade	w = y − d
Dias de estoque de produtos acabados	(Saldo final)/Saída × Dias do Período

A análise do potencial de terceirização da produção, bem como a adequação desse tipo de direcionamento na obtenção de produtos, deve ser considerada de maneira cuidadosa na definição do nível de eficiência da logística. A terceirização deve ser tratada como uma ação de longo prazo e não apenas como uma oportunidade especulativa momentânea. Nesse sentido, a análise não deve voltar-se exclusivamente para a rentabilidade da operação no horizonte de curto prazo, mas também ocupar-se de avaliar as consequências sobre o resultado a longo prazo.

C. Produtos em processo

Analogamente aos produtos acabados, deveriam ser definidos os dias de consumo, os quais são influenciados pela racionalidade do *layout* da planta, distanciamento entre as várias fontes de produção, complexidade do processo etc. A fórmula de cálculo é exatamente a mesma utilizada nos produtos acabados.

---

[2] 200/400 × 30 dias = 15 dias.

200/150 × 30 dias = 40 dias.

Movimentação	Qtde.
+ Saldo final	a
− Saldo inicial	b
+ Saídas	c
= Produção	d
Capacidade	y
Ociosidade/falta de capacidade	$w = y - d$
Dias de estoque de produtos acabados	(Saldo final)/Saída × Dias do Período

D. Insumos (matérias-primas, componentes e embalagens)

Depois do ajuste da capacidade por redução de produção ou aquisição de equipamentos (na verdade, deveria ser decidido no momento em que o plano estratégico foi revisado), os insumos devem ser tratados de maneira análoga aos produtos acabados, ou seja, **definição dos dias de estoques de materiais** por cada tipo de insumo. Nesse momento, devem ser explicitadas questões relacionadas com a política de estocagem de insumos, levando em conta escassez, volume de recursos envolvidos e mesmo o quão crítica se constitui esse insumo para as metas de produção. Os estoques de insumos são definidos com base em variáveis, tais como:

- **Tempo de espera**

  Decorre do intervalo de tempo requerido para que a organização faça o pedido e receba o insumo. Quanto maior esse intervalo, maior o risco de perda de produção em caso de não disponibilidade de materiais para manter o estoque de segurança e garantir a continuidade do fluxo de produção.

- **Fornecedores**

  Em certos casos, o poder de negociação da organização é pequeno e ela não consegue gerenciar o patamar de estoques que desejaria, sujeitando-se ao poder do fornecedor. É o exemplo da indústria moveleira, quando compra um caminhão cheio de madeiras, mesmo que não precise de toda a carga naquele momento. Esse tipo de influência impacta o desempenho nos estoques.

- **Reposição de pedido**

  Em certos momentos, o atendimento do pedido é bastante diferente do solicitado, o que aumenta o nível de incerteza quanto ao fluxo de produção. Nesse caso, ao considerar tal efeito, o nível de estoque de segurança tende a aumentar para evitar desabastecimento.

E. Consumo de materiais

A partir da premissa de consumo de cada insumo, são calculados os consumos por tipo (no caso prático desenvolvido neste livro, por tecido, linha, pena e embalagem). Posteriormente, a movimentação dos estoques deve ser percebida:

Movimentação	Qtde.
+ Saldo final	a
– Saldo inicial	b
+ Consumo	c
= Compras	d

F. Compras projetadas

Uma vez definida a quantidade a ser comprada de cada insumo, a valorização de tais compras permite a obtenção dos valores que irão alimentar a conta de fornecedores, bem como a apuração dos impostos (ICMS e IPI, quando for o caso).

G. Horas trabalhadas

A última etapa dessa fase consiste no cálculo do número de funcionários que produzirão as quantidades definidas de produtos. De maneira simplificada, com base nas premissas de consumo de tempo de mão de obra, as horas produtivas são calculadas e, a partir do indicador hora produtiva/hora trabalhada, identifica-se o número de pessoas necessárias para atender ao nível de produção.

4.3   Plano de investimentos nos ativos de longo prazo

Consiste na etapa em que são consolidadas as decisões de investimentos da organização através dos projetos do seu orçamento de capital, também conhecido como plano de investimentos nos ativos de longo prazo. Decorre da etapa de montagem do plano estratégico, pois, caso o plano estratégico tenha sido desenvolvido de maneira estruturada, frequentemente, além das definições de missão, objetivos e estratégias, os planos de longo prazo, também deveriam ser definidos os investimentos decorrentes de projetos de longo prazo. O orçamento de capital (*capital budget*) contempla os projetos identificados, analisados e escolhidos dentre as várias opções de propostas de investimentos da entidade. Em outras palavras, a análise de adequação financeira deve ter sido feita no planejamento estratégico para que o momento do orçamento sirva apenas para a implementação de uma decisão já tomada.

Essas propostas de projetos, além de um racional para defender sua necessidade, análise financeira demonstrando o seu retorno, devem ser estruturadas e agrupadas sendo demandadas, dentre outros, pelos seguintes motivos:

- *projetos requeridos pelas operações*, essenciais às mesmas para que os objetivos sejam atingidos. São os projetos realmente significativos para a entidade do ponto de vista de atingir seus objetivos estratégicos, e isso deve ser evidenciado, tanto do ponto de vista quantitativo como qualitativo. Podem se classificar em expansão, qualidade, por exemplo.

- *projetos requeridos por questões legais, para segurança, meio ambiente ou outros.* O fato de serem compulsórios não significa que não devam ser tratados como outros projetos, expressando seus gastos e o impacto sobre criação ou destruição de valor. Na verdade, em muitos casos, dispor de um projeto para limitar e controlar gastos é o que se pode fazer para minimizar as consequências de um investimento feito em decorrência de uma imposição externa;

- *projetos não essenciais para operação*, mas geradores de resultados financeiros. Trata-se de oportunidades em que a aderência estratégica não parece ser grande, mas, por deliberação e com consciência disso, os gestores decidem investir em decorrência da sua visão de oportunidade e de evolução de negócios;

- *melhorias opcionais das condições da empresa.* São os projetos entendidos como dotação para renovar ativos existentes que, em decorrência de evolução tecnológica ou mesmo degradação física, necessitam ser repostos, sendo relevantes seus montantes. A sua característica principal pode ser a flexibilidade do momento de implementação, que pode ser postergado ou antecipado em decorrência de melhores condições financeiras ou de mercado;

- outros projetos de portes não destacados.

Num sentido prático, é fundamental que os projetos aceitos para serem implementados no horizonte de planejamento do orçamento *tenham alta aderência estratégica*, significando, portanto, que decorrem predominantemente das opções estratégicas escolhidas para a entidade.

Dadas as suas características, os projetos de pesquisa e desenvolvimento se constituem em casos particulares de investimentos. São gastos necessários para que novos produtos e serviços sejam gerados e o valor futuro da entidade seja aumentado. São constituídos por salários, energia, depreciação de equipamentos, insumos etc. Apresentam como característica o fato de que são investimentos feitos de maneira paulatina e a resultante desse investimento pode ou não gerar produto que venha a aumentar as receitas e o lucro, ou seja, o seu nível de incerteza pode ser grande. Uma vez lançado o produto, parcelas de tais gastos são apropriadas ao custo das vendas dos produtos gerados, em um horizonte de longo prazo. Nessas condições, uma avaliação de seu potencial de geração de riqueza deve ser feita para evitar que o seu tratamento contábil, registrando tais gastos no ativo, seja distorcido.

4.4 Plano de recursos humanos

Consiste no plano que deve tratar de maneira integrada a questão dos recursos humanos na entidade. Muito mais do que uma etapa burocrática, deve ser fruto de reflexão profunda, durante a montagem do planejamento estratégico, sobre as demandas dos recursos humanos no horizonte de planejamento.

Um dos produtos da análise dos recursos humanos é a estrutura organizacional futura da empresa. Ela é a forma como a autoridade e a responsabilidade pelo processo de tomada de decisões ocorrem na organização, servindo para implementar as estratégias da entidade. Comumente, considera-se que a estrutura segue a estratégia em termos de momento de implementação. A afirmativa de que a estrutura segue a estratégia faz com que essa análise, na melhor das hipóteses, seja feita concomitantemente com a definição da estratégia da entidade. Partindo de uma análise do *status quo* no momento da análise, o plano de RH deve se preocupar com o tipo de demanda que existirá no horizonte de planejamento, tendo como consequência adições, transferências, reposições de pessoal, bem como o seu desenvolvimento e remuneração. Deve proporcionar como consequência uma visão de estrutura organizacional a orientar o processo como um todo. O não tratamento desse tema no planejamento estratégico vai gerar na montagem do orçamento um nível de pressão desnecessário e significativamente importante, desviando a atenção do que seria primordial nessa fase.

Na sequência ao desenvolvimento qualitativo desse plano, a definição de número de funcionários por área, evolução de gastos ligados a salários, encargos, treinamento etc. permite a evolução da montagem do plano. Dependendo do grau de desenvolvimento e aprofundamento com que a análise interna for desenvolvida, a montagem do orçamento pode ser algo relativamente simplificada ou uma etapa com grandes desafios em termos de desenvolvimento.

De maneira resumida, portanto, no orçamento devem ser implementadas, dentre outras, as seguintes decisões:

- estrutura organizacional inicial, movimentações ao longo do período e sua configuração ao final;
- como decorrência, as áreas internas, sejam unidades de negócios, centros de custos, lucros etc., devem ser especificadas em termos de estrutura;
- perfil de funcionários estabelecido, levando em conta sua remuneração (salários, encargos, benefícios espontâneos etc.), gastos com desenvolvimento (treinamento, viagens específicas etc.), consultorias da área etc.;
- admissões e desligamentos e suas consequências em termos de gastos;
- gastos com incentivos existentes para o horizonte de planejamento.

4.5 Orientação para a parte prática

Os leitores que pretendem utilizar os casos tradicionais como forma de aprofundar a discussão sobre o tema tratado nesta seção devem resolver:

CASO DE ENSINO 4 – "O CLIENTE É O SENHOR..."

CASO DE ENSINO 5 – PRESTAÇÃO DE SERVIÇOS

CASO DE ENSINO 6 – PLANO DE INVESTIMENTOS NOS ATIVOS DE LONGO PRAZO

CASO DE ENSINO 7 – PLANO DE RECURSOS HUMANOS

Além dos casos tradicionais, podem ser desenvolvidos os casos contextuais:

CASO DE ENSINO 2 – PROJEÇÃO DE CENÁRIOS E PREMISSAS

CASO DE ENSINO 3 – PLANO DE MARKETING

CASO DE ENSINO 4 – PLANO DE SUPRIMENTOS, PRODUÇÃO E ESTOCAGEM

CASO DE ENSINO 5 – PLANO DE INVESTIMENTOS EM ATIVOS DE LONGO PRAZO

CASO DE ENSINO 8 – PLANO FINANCEIRO

Os leitores que pretendem utilizar o exercício de simulação como forma de aprofundar a discussão sobre o tema tratado nesta seção devem resolver:

EXERCÍCIO DE SIMULAÇÃO – ETAPA 3

EXERCÍCIO DE SIMULAÇÃO – ETAPA 4

EXERCÍCIO DE SIMULAÇÃO – ETAPA 5

EXERCÍCIO DE SIMULAÇÃO – ETAPA 6

5

ETAPA FINANCEIRA

Objetivos de aprendizagem

1. Inserir o conceito de gastos, custos, despesas e investimentos na análise do orçamento.
2. Explicitar a importância de dispor de conceitos claros sobre apuração de custos.
3. Realçar a importância de projetar os demonstrativos contábeis no planejamento: balanço patrimonial, demonstração de resultados e fluxo de caixa.
4. Destacar a importância de dispor de indicadores financeiros para analisar o resultado financeiro do orçamento.

Questões provocativas

1. Uma empresa pode ter o seu risco aumentado se não separar adequadamente custos de despesas?
2. O que uma empresa perde se não projetar as três demonstrações contábeis?
3. Em que momento deveria ser clara a hierarquia entre os indicadores financeiros utilizados na análise do orçamento?
4. O que ocorre se a entidade dispuser apenas de indicadores financeiros para analisar a aceitação do orçamento?

5.1 Conceitos gerais e componentes

A etapa financeira, também denominada demonstrativos contábeis projetados, é o momento de consolidar o orçamento propriamente dito. Decorre de todos os outros planos e deles depende para poder ser elaborada. Tem por finalidade transformar em uma única linguagem (monetária) as decisões de implementação de todo o processo do orçamento. Em algumas empresas, falar sobre o orçamento significa tratar, EXCLUSIVAMENTE, esta etapa, o que gera consequências não desejáveis, pois, ao tentar entender as causas de não atingir metas específicas, as respostas não são facilmente encontradas. Na verdade, o resultado financeiro decorre de todos os demais resultados planejados ou verificados na entidade.

Para a montagem da etapa financeira, o desenvolvimento da fase operacional do orçamento exige que as decisões sejam transformadas em consequências monetárias, significando, por exemplo, que a especificação no plano de vendas de quanto vender por período seja acompanhada de seu correspondente valor, em termos de preço unitário, faturamento líquido e bruto etc. Analogamente, ao identificar a necessidade e a decisão da contratação de novos funcionários, os gastos necessários para tal implementação devem estar refletidos nas projeções.

Como decorrência da necessidade acima, alguns conceitos e definições necessitam ser dimensionados no orçamento:

- demonstrativos contábeis projetados que proporcionam condições da consolidação das decisões;
- indicadores financeiros que permitem a análise de vários fatores dos resultados projetados;
- conceitos de gastos, investimentos, custos, despesas e perdas para que os demonstrativos possam ser elaborados;
- tratamento dos custos em termos de sistemas de acumulação, sistema de custeio e métodos de custeio para que seja possível projetar e acompanhar os custos dos produtos;
- centros de responsabilidade.

Os conceitos e os critérios identificados não apenas devem ser utilizados no orçamento, mas também devem ser aqueles que a entidade decide utilizar no seu dia a dia para que a coerência e a consistência possam ser observadas.

5.2 Demonstrações contábeis projetadas

As demonstrações contábeis permitem a análise global do processo de planejamento. Nos casos em que as entidades, na etapa de montagem/revisão do plano estratégico, projetam as demonstrações, existe a disponibilidade de informações comparativas no sentido do que esperar do resultado, do que esperar da situação patrimonial, do caixa etc. Quando isso não se verifica, todo o peso da análise financeira acaba sobrecarregando o orçamento, pois as demonstrações financeiras projetadas indicam a adequação financeira de todas as decisões planejadas. Ora, se tais demonstrações não foram viabilizadas quando o plano estratégico foi desenvolvido, o orçamento é o primeiro momento em que essa informação vai aflorar, o que é tardio sob qualquer perspectiva de gerenciamento de negócio como um todo.

De qualquer maneira, recomenda-se a projeção da demonstração de resultados, do balanço patrimonial e do fluxo de caixa. As razões para que as entidades não se limitem à projeção da demonstração de resultados são as seguintes:

- separação e identificação do **resultado econômico** proporcionado pela demonstração de resultados do **resultado financeiro** proporcionado pelo fluxo de caixa. São visões complementares gerenciadas por áreas/pessoas diferentes na organização e devem receber o foco necessário. A posição de saldos proporcionada pelo balanço patrimonial permite analisar uma parte das ocorrências e seu sequenciamento;
- integridade de informações proporcionada pela projeção de um valor e ele não deixar de ser considerado (Figura 5.1). Caso uma receita seja projetada (Demonstração de Resultados) e não recebida, poderá ser encontrada no contas a receber (Balanço Patrimonial). Caso seja recebida no mesmo período, entrará no fluxo de caixa projetado. Idem ao que refere a juros que, sem a projeção do balanço, não podem ser calculados de forma apropriada.
- condições de gerenciamento, pois as consequências das ações podem ser apresentadas tanto como resultado quanto como investimento/fonte de recursos e podem ser atribuídas a um gestor. Essa é a base do *accountability* esperado pelas organizações.

É comum que o plano de contas das demonstrações contábeis projetadas seja mais sumarizado do que aquele que é utilizado para demonstrações das informações históricas, mas esse grau de sumarização decorre da necessidade e da complexidade de operações da entidade.

Figura 5.1 – *Integração entre os demonstrativos contábeis projetados*

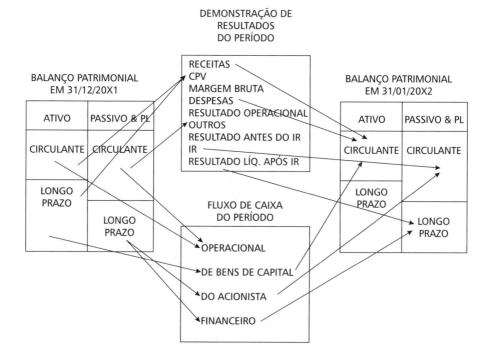

5.3 Gastos, investimentos, custos, despesas e perdas

Esta etapa tem por objetivo consolidar as informações referentes aos gastos projetados para o exercício a controlar. Tanto os custos como as despesas são projetados levando-se em conta a sua adequação aos centros de custos requeridos para o gerenciamento da organização. Na verdade, com base no conceito genérico de gasto, ou seja, sacrifício de valores que a entidade arca para obter receitas, podem-se especificar os vários elementos (Figura 5.2): investimentos, custos, despesas e perdas. Os investimentos são os gastos que trarão benefícios futuros para mais de um período. A compra de uma máquina, por exemplo, constitui-se em gasto, que se constitui em investimento, dado que a máquina deve trazer benefício para a organização por um horizonte de longo prazo. Por sua vez, todo ativo tem vida útil. Se um investimento será utilizado por um período de longo prazo, que pode ser de 5, 10, 25 anos, ao reconhecer que as atividades irão consumir recursos, ao apropriar uma parcela periódica (comumente mensal) desse investimento ao resultado (no caso, a sua depreciação), a organização a reconhece como custo, já que a máquina está ligada à geração do produto.

As despesas, por sua vez, são gastos ligados não à geração do produto ou serviço, mas à estrutura administrativa e comercial de que a entidade dispõe para desenvolver suas atividades. O gasto referente ao salário do vendedor constitui-se em despesa do período. Nessa abordagem, significa dizer que o que interessa do ponto de vista de tratamento de gastos para fins gerenciais é o seu relacionamento com os tipos de atividades, aqui dimensionadas em "relacionadas com a geração do produto ou serviço" e atividades "relacionadas com as estruturas administrativas e comerciais" da organização. Assim, enquanto o salário do vendedor é um tipo de despesa, ou seja, está relacionado com a atividade comercial da entidade, o salário do operário ligado à produção é um custo do produto, pois se relaciona com a geração do produto.

Por sua vez, a perda é o gasto em relação ao qual não existe benefício da receita. Pode ser dividida em perda operacional e de gerenciamento. Como exemplo de perda operacional pode ser citada, por exemplo, aquela ocorrida pela evaporação dos ingredientes utilizados na preparação de um bolo. Finalmente, um produto que tenha que ser descartado, jogado fora, por ter ultrapassado sua vida útil implica em uma perda que pode ser classificada como de gerenciamento, pois sua ocorrência pode ter sido causada por uma superestimação das vendas, não gerenciamento de prazos etc. Embora, para fins didáticos, a perda tenha sido segregada do custo, normalmente ela não é demonstrada dessa maneira, sendo parte do custo do produto contabilmente informado.

Figura 5.2 – *Projeção de gastos: investimentos, despesas, custos e perdas*

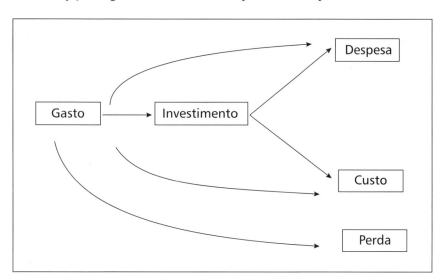

Nessa etapa, um problema a ser adequadamente tratado pela área que coordena o orçamento é a análise das informações no sentido de evitar tanto as "gorduras" indevidas das várias áreas da empresa, como as projeções incompletas. Essa análise passa tanto pela comparação dos gastos projetados com o passado quanto pelo questionamento (os porquês) dos gastos atuais. Sem dúvida nenhuma, a experiência com as peculiaridades da organização corresponde a um elemento primordial para o sucesso dessa atividade, devendo ser envolvidos os responsáveis por todas as áreas que têm impacto sobre os gastos incorridos.

Nas situações em que alterações possam ocorrer, tanto quanto os centros de custos, centros de resultados e unidades de negócios, o plano de contas deve estar ajustado para contemplar as alterações previstas.

Quanto ao custeio dos produtos, devem ser definidos três quesitos importantes na estruturação do sistema de custos da organização:

- sistema de custeio e avaliação de estoques;
- sistema de acumulação de custos; e
- métodos de custeio.

5.4 Custeio de produtos e serviços

O sistema de custeio e avaliação de estoques considera os custos no sentido gerencial (custos projetados, predeterminados) ou histórico (custo apurado a partir do encerramento real). A consequência de uma ou outra abordagem é que a organização deixa de ter um instrumento para a gestão dos negócios no caso de não optar pelo predeterminado, o que provoca importante lacuna no seu processo decisorial.[1] Evidentemente, ao comparar o custo de um produto com base em um sistema histórico com outro produzido com base em um sistema predeterminado, devemos estar atentos às potenciais diferenças advindas dos valores considerados, da existência ou não de variações apropriadas etc.

Figura 5.3 – *Sistemas de custeio e avaliação de estoques*

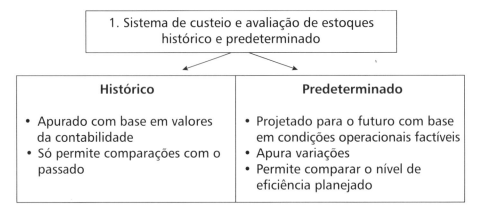

No que se refere aos sistemas de acumulação de custos, correspondem à forma como os custos serão acumulados e podem ser por ordem de produção e processo. Significa que os custos são acumulados por ordem de produção quando ela for o referencial de controle com base nesse acúmulo, devendo fluir para os produtos individualmente. Analogamente, quando os custos forem controlados por departamentos que, por meio das suas atividades, gerem os produtos, estaremos referindo-nos ao sistema de acumulação por processo. Recomenda-se que tal definição esteja coerente e consistente com a forma como a produção é controlada na organização.

Figura 5.4 – *Sistemas de acumulação de custos*

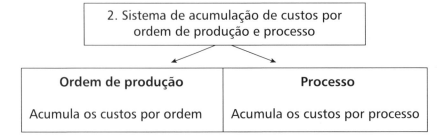

---

[1] O tema pode ser aprofundado por meio de consulta ao livro *Contabilidade de custos*, de Eliseu Martins (2004).

Finalmente, o mais polêmico dos elementos corresponde aos vários métodos de custeio. Podem ser encontrados:

- **Absorção**

    Nesse caso, **todos os custos** são alocados por cada produto gerado. Todos os custos transitam pelos estoques antes de se constituírem em custos dos produtos vendidos. Perante a contabilidade fiscal, aquele que proporciona a base para o cálculo do Imposto de Renda é o único método aceito, o que faz, por uma questão de sinergia, com que seja a metodologia mais aceita gerencialmente. O grande desafio consiste em identificar critérios que minimizem distorções, já que os critérios podem não refletir as realidades econômicas relacionadas à geração dos produtos. Alocar a depreciação, por exemplo, pode provocar impactos inadequados em termos das distorções geradas. A abordagem do Custeio por Atividades (*Activity Based Costing*) pode contribuir para a redução das distorções provocadas pela figura de alguns tipos de rateios sem critérios com racionalidade econômica que proporcionem relacionamento entre os recursos consumidos e os produtos gerados.

- **Variável**

    São alocados por cada produto gerado somente **os custos variáveis**, ou seja, aqueles que variam na proporção direta à variação da produção e venda. Nesse caso, os demais custos são lançados para o período, não transitando pelos estoques.

- **Direto**

    São alocados por cada produto somente **os custos diretos**, ou seja, aqueles que se consomem na geração dos produtos, sejam fixos ou variáveis. Os demais custos são lançados para o período, não transitando pelos estoques.

Figura 5.5 – *Métodos de custeio*

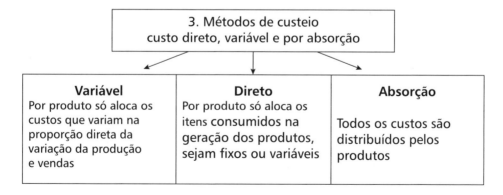

Do cruzamento desses três elementos, pode-se definir a formatação do controle de custos da organização. No desenvolvimento dos exercícios de simulação, devem ser considerados:

- **sistema de custeio e avaliação de estoques**: predeterminado (periodicamente revisado);
- **sistema de acumulação de custos**: por processo;
- **método de custeio**: absorção (levando em conta alguns critérios do custeio por atividades).[2]

A etapa financeira da montagem do orçamento é aquela que permite a análise global do instrumento. Isso ocorre porque todas as decisões tomadas durante o processo de elaboração do orçamento são traduzidas para a linguagem monetária, gerando demonstrações como o balanço patrimonial, a demonstração de resultados e o fluxo de caixa projetados. Com base nesses demonstrativos, indicadores são calculados com o objetivo de identificar a adequação financeira do orçamento. Significa que uma proposta de orçamento que não viabilize o objetivo financeiro de longo prazo implica revisões e alterações.

5.5 Indicadores financeiros e não financeiros

Uma vez estabelecidos no plano estratégico os indicadores que devem ser utilizados na análise do orçamento, eles devem ser calculados. No caso da existência do *balanced scorecard*, analogamente, os indicadores definidos devem ser proporcionados para que possam ser analisados e aprovados ou não. Dessa maneira, uma vez disponibilizados os demonstrativos, uma série de análises pode ser feita.

Os indicadores considerados financeiros devem ser considerados dentro das seguintes perspectivas:

- agente a ser privilegiado pelo indicador. Uma organização com fins lucrativos vai pretender focar o relacionamento entre a entidade e os seus acionistas;
- hierarquia entre eles. Uma vez estabelecido o agente, deve ser definido o indicador principal. Isso é fundamental, pois tal indicador deve direcionar preferencialmente os esforços da entidade para que seja atingido. Em condições de existência de vários indicadores, é comum que alguns não sejam atingidos. Quando a hierarquia está clara, uma vez tendo atingido o principal indicador, os demais são percebidos dentro do grau de importância que se pretende. Nesse sentido, vários indicadores são conhecidos, como o **Retorno sobre o patrimônio líquido**, o **EVA**, o **EBITDA** (*earnings before interest, tax, depreciation and amortization*) etc.;
- definição de amplitude de análise pretendida. A análise financeira deve ter a amplitude que permitir entender, analisar e decidir sobre o adequado grau de

---

[2] Para maiores detalhes, consultar Martins (2004).

eficiência financeira de várias de suas óticas. Para tanto, a análise financeira, normalmente, se divide em:

– crescimento: captura a evolução das linhas da demonstração de resultado *versus* os períodos anteriores. Ex.: porcentagem de crescimento da receita, do custo, da margem bruta, das despesas, do resultado operacional e do lucro líquido;

– lucratividade: corresponde à análise da eficiência da operação, relacionando as várias linhas de resultado sobre a receita líquida da entidade. Ex.: porcentagem do lucro bruto sobre receita líquida, do resultado operacional sobre receita líquida e do lucro líquido sobre a receita líquida, lucratividade por cliente etc.;

– retorno sobre o investimento: indica a eficiência do resultado sobre alguma base de investimento. Quando relacionado com o acionista, esse indicador é calculado a partir do lucro líquido do período dividido pelo patrimônio líquido, já que este é o investimento do sócio na entidade. Nos casos de acompanhamento de unidades de negócio, é muito comum o cálculo do retorno sobre o investimento, sendo considerado o resultado operacional dividido pelos ativos controlados pelos gestores da unidade de negócios;

– endividamento: indica o grau de endividamento que a entidade está planejando. Existem indicadores segmentando em:

  ✓ composição de endividamento a longo e curto prazos. Ex.: pode ser calculado dividindo-se os saldos de empréstimos de longo prazo pelo total de empréstimos de curto mais os de longo prazo;

  ✓ relação entre capital próprio e capital de terceiros oneroso. Ex.: pode ser calculado pela divisão do capital de terceiros oneroso pelo total de financiamentos de longo prazo, ou seja, empréstimos de longo prazo mais o patrimônio líquido;

– gestão do capital de giro: pode ser dimensionada pelos dias que representam os prazos do capital de giro. Ex.: prazo médio de contas a receber, de contas a pagar e dos estoques;

– investimento nos ativos de longo prazo: relaciona os investimentos divididos pelos financiamentos de longo prazo (capital de terceiros onerosos mais o patrimônio líquido);

– capacidade de geração de caixa: pode ser analisada tanto pelo caixa gerado no período (fluxo operacional ou o fluxo de caixa livre ou EBITDA).

Os indicadores não financeiros são aqueles que proporcionam condições de considerar outros quesitos e que permitem que a análise da adequação do orçamento seja equilibrada, não dependendo exclusivamente dos indicadores financeiros. A incorporação desses outros indicadores visa evitar viés financeiro que, sem outros contrapontos, tende a focar o curto prazo.

Dentre os indicadores não financeiros mais encontrados, levando em conta uma abordagem baseada no *balanced scorecard*, temos:

- indicadores de clientes, tais como *market share*, número de clientes, evolução do crescimento da base de clientes (novos clientes e clientes perdidos) etc. Podem ser divididos em: participação no mercado (evolução percentual do *marketing share*), retenção (porcentagem de clientes que continuam ativos, fazendo negócios), captação (novos clientes) e satisfação do cliente;
- indicadores de processo que podem ser segmentados em: inovação, operação e pós-venda;
- indicadores de aprendizado e crescimento, tais como *turnover* dos funcionários, períodos médios (idade, de permanência na entidade, de permanência no cargo etc.), análise qualitativa do desenvolvimento educacional, satisfação etc.

5.6 Centros de responsabilidades

Considerando-se condições normais de desenvolvimento, a rentabilidade das empresas passa a depender cada vez mais da eficiência operacional. Isso porque a redução de custos e adequação de investimentos permitem reduzir perdas durante os maus tempos e expandir lucros nos bons tempos. Nesse sentido, atendendo ao modelo de gestão da instituição, mediante as atividades sob responsabilidade de uma área, esta poderá ser cobrada de várias maneiras, sendo a mais simples aquela que é cobrada apenas em decorrência de gastos, e a mais complexa em relação ao retorno proporcionado. Dependendo da complexidade da empresa e porte das operações, a área pode ser cobrada por todos ou alguns dos elementos

Por conseguinte, uma das preocupações do modelo de planejamento é a alocação de responsabilidade, de forma que a visão de rentabilidade não seja restrita à dimensão da empresa como um todo, uma vez que isso depende da atuação das partes que a compõe. É denominada **Unidade Organizacional** um componente da estrutura organizacional formal (um departamento, por exemplo, é uma unidade organizacional), cujo responsável é dotado de autoridade e responsabilidades. Uma Unidade Organizacional é, portanto, um Centro de Responsabilidade, os quais são definidos com base nas expectativas da administração com relação às funções que se deseja avaliar e seu responsável responde por determinada parte das receitas, despesas, lucros e retorno sobre investimentos. Portanto, os centros de responsabilidade podem ser classificados em centros de custos, centros de resultado e centros de investimento:

- **Centros de custos e despesas:** são assim classificadas as unidades que respondem por uma parte identificada das despesas totais da instituição e o seu responsável tem autoridade na gestão desses recursos. Portanto, essa unidade tem o seu desempenho medido em termos de custos, e das despesas que estão sob seu controle. Os centros de custos podem ainda ser classificados em centros de custos operacionais (áreas como produção etc.) e centros de custos de suporte (áreas como manutenção e logística etc.).

- **Centros de resultados:** são assim classificadas as unidades que respondem tanto por uma parte identificada das receitas, quanto de uma parte identificada das despesas e custos da instituição, de forma que seu responsável administra uma parcela do resultado da instituição. Portanto, essa unidade tem o seu desempenho medido em termos de resultado. Exemplos: Regional de vendas Sul do Brasil, Regional de vendas clientes *small business* etc.

- **Centros de investimento:** são assim classificadas as unidades que respondem por uma parte identificada do resultado da instituição e também por uma determinada parte dos investimentos da instituição, cabendo ao seu responsável gerenciar o retorno de sua unidade. Como consequência, essa unidade tem o seu desempenho medido levando em conta sua atuação ao longo do tempo em termos de nível de investimento, ou seja, em termos de retorno sobre investimentos. Exemplos: Centro de investimentos de veículos de transportes populares, Centro de investimentos de alimentos etc. Dependendo do grau de autonomia, os centros de investimento são denominados unidades de negócios.

É relevante que a Unidade Organizacional tenha controle sobre todos ou parte relevante dos seus itens de custo e despesa. Em termos gerais, todo centro de responsabilidade controla recursos que são consumidos nas operações. Quanto maior for esse controle, maior a chance de compromisso do gestor, de atingir o resultado e, consequentemente, menor o risco da organização em se distanciar do que planejou. Alguns desses gastos, custos e despesas podem não ser completamente controláveis num dado nível hierárquico, mas podem sê-lo num nível acima. Como consequência do nível de controlabilidade relativo, as metas são definidas e, posteriormente, confrontando os resultados reais, a *accountability* é operacionalizada.

5.7 Estruturação dos gastos nas organizações

O plano de contas constitui um sistema que contém a estrutura a ser utilizada para o registro das transações (fatos contábeis) que afetam a situação econômica e financeira de uma instituição; portanto, a partir da aglutinação e separação de contas, os gestores e consumidores podem analisar e entender os seus resultados. As contas por meio das quais os fatos contábeis são registrados por natureza e acumulados classificam-se em contas patrimoniais (Ativo, Passivo e Patrimônio Líquido) e de resultado (receitas, custos, despesas, perdas e ganhos). O plano de contas é estruturado discriminando-se os níveis de agrupamento das contas (grupos e subgrupos), os códigos e a natureza do saldo de cada uma (credora/devedora).

A estruturação do plano de contas da organização tem que gerar condições de proporcionar possibilidade de fornecer aos gestores respostas sobre as operações da entidade. No entanto, para uma análise mais específica, é necessário que as contas sejam agrupadas pela sua **natureza,** ou seja, uma abordagem que agregue e faça sentido para a gestão. As projeções de gastos, ou seja, dos investimentos em ativos, correspondem às estimativas das aquisições de recursos que irão aumentar os ativos de longo prazo da empresa e essas projeções decorrem de projetos que podem ser agrupados em:

- **Infraetrutura – de organização**
  Trata-se de investimentos em outras entidades e novas organizações planejadas.

- **Infraestrutura – geral**
  As projeções de investimentos em móveis, utensílios, edificações, instalações em imóveis de terceiros, reformas e adaptações em imóveis, máquinas e equipamentos, meios de transporte são aqui localizados.

- **Infraestrutura – comunicações e tecnologia de informação**
  As projeções referem-se a desenvolvimento de sistemas, *hardwares* e *softwares*, equipamentos de rede bem como equipamentos de comunicação.

A projeção das despesas e custos pode ser agrupada com base nos fatores estruturais que permitem entender o nível de controlabilidade a que correspondem. A segmentação da estrutura de recursos é a seguinte:

- **Organizacional relacionados às pessoas**
  A existência das pessoas na organização demanda que ela pague por elementos que permitam o desenvolvimento das atividades. Neste grupo, dentre outros, são incluídos os salários, encargos obrigatórios, benefícios, transporte e treinamento.

- **Físicos relacionados à ocupação, localização e transporte**
  Relacionados com a estrutura física disponível, aqui podem ser considerados, aluguéis de espaços e veículos, depreciação (de edifícios, instalações, veículos e móveis), arrendamentos, IPTU, manutenção, jardinagem e paisagismo, luz, seguros, serviço de limpeza, saneamento, higiene e limpeza etc.

- **Físicos relacionados à tecnologia e equipamentos**
  Relacionados à estrutura de tecnologia, como comunicações e informação. As contas mais comuns são: depreciação de equipamentos e computadores, amortização de *softwares*, manutenção de licenças, gastos com atualização de *softwares*, aluguéis de canais de teleprocessamento etc.

- **Operacionais relacionados às atividades-fim**
  Correspondem a gastos ligados às atividades-fim, gastos dos vendedores com transporte e visita a clientes, feiras, porém são mais caracterizados.

- **Abastecimento de insumos, recursos e serviços comprados junto a terceiros**

  Trata os elementos que são demandados pelo centro de responsabilidade, fornecidos por terceiros, não relacionados com os fatores de estrutura anteriores. Os exemplos mais comumente encontrados são: SERASA, auditoria, consultorias (organizacional, jurídica etc.) publicações, materiais de comunicação visual, transporte de valores, hotéis, assinatura de jornais e revistas, emolumentos e cartórios, fretes e carretos, xerox e assemelhados, transporte de malotes e despesas com condução e transportes.

Muito embora a segmentação leve os gestores a imaginar que se trata de elementos independentes, eles se relacionam e podem se influenciar mutuamente. Por exemplo, se numa área de vendas de uma organização estiver planejada a manutenção da estrutura organizacional em termos de capacidade de força de trabalho, o custo futuro será decorrente apenas de uma variação de "preço" dos recursos (dissídio coletivo, revisão de cargos e salários, promoções). Contudo, se estiver planejado uma expansão da capacidade operativa a qual demandará um aumento de pessoas, primeiro deve-se projetar a nova estrutura organizacional (quantidade e qualificação dos recursos humanos), área a ser ocupada pode ser alterada com consequências sobre aluguéis ou nova aquisição, móveis, gastos com telecomunicações, novos equipamentos, gastos com viagens etc.

É importante notar que a despesa passada é um bom ponto de partida para a projeção da despesa futura, sempre que se consiga decompor a formação do valor dessa despesa considerando o volume físico representativo da variável que explica o comportamento dessa despesa ao longo do tempo e os preços relativos do recurso. Contudo, isso nem sempre é possível, de forma que a projeção passa a ser realizada de uma forma mais simplificada. Existem situações em que o valor da despesa passada não é representativa para projeção da despesa futura. Por exemplo, quando no planejamento estiver prevista a troca de certa tecnologia, o nível de despesa passado deve ser abandonado, pois ele reflete o uso de uma tecnologia que não mais será utilizada. Nesse sentido, será necessário um esforço para entender quais são as despesas associadas com a nova tecnologia (*trade-offs* de despesas). Por exemplo, com a nova tecnologia, uma parte do processo será automatizado, de forma que haverá economias de custos pela redução da necessidade de recursos humanos e demais economias decorrentes desse fato, mas por outro lado, haverá um aumento de custos de processamento de dados e dos níveis de investimento.

De forma similar, uma decisão no planejamento que envolve a terceirização de um processo interno irá provocar mudanças na estrutura de custos e despesas atual, alterando o nível de consumo de recursos humanos, espaço, bens móveis, insumos etc. Haverá portanto um *trade-off* entre as despesas incorridas com o processo atual e a despesa decorrente do pagamento ao fornecedor pelos serviços prestados.

Um ponto de destaque na análise do impacto dos planos e projeções nos resultados da instituição é o reconhecimento de que a infraestrutura física demandada para manter a capacidade operativa, considerando o grande conjunto de produtos e serviços ofertados ao mercado, requer um nível de investimento relevante e esses recursos estão comprometidos a médio e longo prazos, resultando em despesas eminentemente fixas. Assim, normalmente, são muito poucos os recursos flexíveis (que podem ser obtidos ou descartados no curto prazo) que resultam em despesas variáveis em relação ao volume dos produtos e serviços entregues aos clientes.

5.8 Técnicas de projeção de gastos

Técnica de projeção consiste na maneira de tratar (obter, analisar e projetar) os dados nas projeções referentes a um dado centro de responsabilidade. Não se trata de adivinhar valores, mas projetá-los de maneira que sejam adequados, exequíveis e, com eles, possível serem explicadas as variações. Deve-se mencionar que são relevantes: (i) a informação histórica é importante como ponto de partida para a projeção e não necessariamente corresponde ao valor a perseguir no futuro; (ii) embora seja relevante o montante total projetado para o ano, a sua segmentação por período deve ser enfatizada.

Não existe uma maneira única de se efetuar projeções. O conceito mais relevante quando temos que levar em conta ao projetar uma conta diz respeito a identificar um método que proporcione condições de relacionar o uso do recurso e sua projeção. Em termos gerais, é possível identificar algumas abordagens que podem ser utilizadas de maneira mais consistente para uma dada conta de receita ou despesa. Contudo, frequentemente, uma mesma conta de despesa pode ser projetada de uma forma adequada para um determinado centro de custos, mas essa mesma forma de projeção, em outro, pode não ser adequada, demandando o emprego de outra abordagem. Um exemplo disso é a despesa de materiais de consumo, cuja conta é comum a diversas unidades das empresas, mas pode requerer diferentes formas de projetar, pois pode ser específica de cada unidade em razão de seus processos serem diferentes e demandarem materiais diferentes ou quantidades diferentes de materiais.

Portanto, deve-se selecionar o método ou abordagem pela qual será construída a projeção que melhor capturar a representação do uso do recurso, considerando sua natureza e comportamento. Muitas vezes, um método mais sofisticado não necessariamente proporciona um resultado melhor. Com isso, a análise da adequação do método de projeção utilizado requer um aprofundamento do conhecimento sobre a conta de despesa e dos recursos cujo consumo ela representa.

Adicionalmente, antes de se iniciar a projeção de uma despesa, os seguintes aspectos devem ser esclarecidos:

- **Propósito básico da projeção**

    Diz respeito a entender o que será feito com a informação em termos de utilização no processo orçamentário, do compromisso, do prévio entendimento da sua exequibilidade e, nos casos de demanda cruzada, ou seja, perspectiva de envolvimento de gestor e usuário, o entendimento global da referida projeção.

- **Decomposição das necessidades por área específica**

  A definição de projeção por parte da área gestora e/ou consumidora faz com que cada linha do plano de contas seja projetada. Algumas contas devem ser projetadas apenas por um dos dois (gestor e consumidor) e outras devem ter contribuições de ambos para ser completada.

- **Horizonte temporal da previsão e o nível de detalhe requerido**

  O horizonte temporal da previsão para efeito da montagem do orçamento, normalmente, é de um ano, numa base mensal. Posteriormente à aprovação e ocorrência, deverá ser acompanhado na mesma base temporal.

- **Avaliação da qualidade e da quantidade de dados disponíveis**

  É muito relevante entender a qualidade (confiabilidade, disponibilidade, possibilidade de detalhamento e frequência) dos dados requeridos para entendimento do comportamento da conta no período passado, a fim de proporcionar projeção para o período futuro.

- **Custo-benefício dos métodos de projeção e grau de acurácia esperado**

  Custo-benefício da informação obtida leva em conta a possibilidade de melhoria da acurácia (nível de acerto de uma projeção). A sofisticação dos métodos é oferecida como alternativa para que a empresa possa prever suas despesas de maneira mais efetiva. Entretanto, a complexidade proporcionada pela sofisticação pode não proporcionar melhoria na qualidade dos dados tratados, ou o tempo requerido para a obtenção ou o entendimento não serem adequados. Deve ser levado em conta que a escolha de método de projeção pode ser mutável ao longo do tempo, pois, com o passar do tempo, comportamentos de consumo de recursos podem ser alterados.

Dentre os métodos mais utilizados, foram considerados os seguintes:

1. Verba definida.
2. Amortização e depreciação.
3. Inflacionamento de um valor-base.
4. Relação causal com comportamento definido.
5. Relação temporal – médias móveis.
6. Relação temporal – regressão linear.

No andamento da apresentação dos métodos e exemplificação, serão considerados: (i) **ano anterior**, que corresponde a um período que antecede o momento em que se desenvolve a projeção; esse período deve proporcionar dados históricos para todo o exercício, o que proporciona um referencial do passado ao gestor que desenvolve a projeção, (ii) **ano-base**, que é o momento em que a projeção é feita e que, em condições normais, tem uma parte já realizada e uma parte ainda projetada; essas informações permitem ao gestor ajustar a sua expectativa de projeção, e (iii) **ano projetado**, que corresponde ao período que é objeto do esforço de planejamento.

De maneira detalhada, podemos considerar:

- **VERBA DEFINIDA**

Características: valor definido a partir de uma necessidade especificada ou como valor-limite decidido pela entidade. No segundo caso pode ser uma despesa que a diretoria decide que não deve passar de $ "x" e os executivos se aplicam para especificar como e onde esse gasto deve ocorrer.

Normalmente, as verbas definidas para esses itens de despesa são fixadas em cotas anuais, as quais podem ou não ser negociadas entre o gestor responsável pela unidade com os níveis hierárquicos superiores. A comparabilidade da projeção com o passado pode ser baixa em termos de não repetir tendência já ocorrida.

Quando usar: quando não existe um racional de causa e efeito a ser considerado.

Mecânica de utilização: uma vez definido o valor, deve ser identificado no período em que deve ocorrer.

Exemplos possíveis:

- Alguns dispêndios com treinamento que não devem ultrapassar certo valor. Os gestores devem proporcionar uma lógica para a montagem desse valor, a partir de necessidades das áreas e algum racional de limite para o período.
- Despesas com consultoria que decorram da necessidade que a área tem para o período em questão, sendo comparadas com os gastos do ano anterior.
- Despesas com publicidade e propaganda, jornais e revistas, promoções e eventos, patrocínios.

- **AMORTIZAÇÃO/DEPRECIAÇÃO**

Características: amortização e/ou depreciação de valores contidos nos ativos da entidade e/ou que serão obtidos no futuro. As despesas de depreciação e amortização de uma unidade dependem dos ativos de uso dedicados ou disponíveis a essa unidade. No caso de existirem novas aquisições, devem ser consideradas antes de se calcular a depreciação/amortização do período. Na medida em que os ativos de uso tiverem sua vida útil fixada em unidades de tempo (5 anos, 10 anos etc.), o valor contabilizado dessas despesas será fixo, independentemente do volume de atividades da unidade e, portanto, dependentes apenas das decisões de investimentos. A amortização permite adequar o sentido econômico aos gastos no regime de competência.

Cumpre destacar a necessidade de prever também a redução dos ativos, por conta de substituições ou de alienação ou em razão de sua vida útil ter chegado ao fim, de forma que ele estará totalmente depreciado.

Quando usar: em situação em que exista ativo com valor a amortizar e/ou a depreciar.

Mecânica de utilização: uma vez obtido o valor, aplica-se a taxa de depreciação ou amortização que decorre da expectativa de vida útil definida para o respectivo ativo. A incerteza poderá estar associada apenas quanto à quantidade de ativos em uso nos meses futuros, o qual dependerá do planejamento operacional da área e da programação de novas aquisições, por exemplo.

Exemplos:

- Despesa de depreciação de um determinado tipo de equipamento pode ser projetada para o próximo período a partir da taxa de depreciação (anual ou mensal) multiplicada pelo valor contábil (custo de aquisição) dos referidos equipamentos.

- Despesas de amortização de *software*, uma vez que a despesa será consequência da aplicação de um dado percentual decorrente da expectativa de prazo em que os benefícios do ativo serão auferidos ou da expectativa de vida útil do investimento (gastos com desenvolvimento de um sistema, por exemplo).

- **INFLACIONAMENTO DE UM VALOR-BASE**

Características: método de projeção em que é necessário fixar um valor-base representativo do consumo de um determinado recurso que sofre o efeito de alguma variação de preços. A variação de preços pode ser de um índice geral de preços ou taxa contratual de reajuste de preço do recurso, quando houver. Assim, a projeção para os períodos seguintes será consequência da multiplicação do valor-base pelo fator de crescimento.

Algumas análises prévias são necessárias, pois a adequação do valor projetado dependerá de fatores tais como sazonalidades, eventos não recorrentes que ocorreram no passado ou ainda eventos que estão programados para o próximo exercício, de tal forma que o simples inflacionamento de um valor-base fixado a partir de dados históricos não irá refletir o montante do recurso que será demandado em algum momento do exercício que se está orçando.

Antes da aplicação desse método de projeção, deve-se certificar que o valor-base fixado é representativo dos eventos futuros planejados, ainda que seja fixado a partir de dados históricos, como ponto de partida. Isso implica dizer que em muitos casos, o valor-base é fixado em uma base unitária, ou seja, o valor-base de aluguel para cada imóvel ou o valor-base de salário médio para cada centro de responsabilidade. A partir de um valor-base unitário, o valor projetado para um dado mês do ano dependerá da multiplicação do valor-base pelo volume demandado ou programado desse recurso para o período de referência, para em seguida multiplicar esse valor pela taxa de inflacionamento.

Quando usar: situações em que alteração de preços é a regra de alteração de valor só gasto.

Exemplos:
- A conta salários pode ser projetada a partir da aplicação do percentual de aumento anual de salários. Entretanto, antes de aplicar tal percentual, deve ser ajustado o valor-base, por meio da identificação de aumentos e diminuições de funcionários.
- A partir do reajuste anual previsto em contrato, o valor do aluguel para cada um dos meses do próximo exercício pode ser projetado a partir da aplicação da taxa contratual de reajuste. Contudo, se está planejada uma expansão de agências para o próximo ano, o simples inflacionamento não será adequado para se projetar a despesa de aluguel, uma vez que nos meses em que se planeja abrir novas agências, haverá um aumento no número de imóveis alugados.

- **RELAÇÃO CAUSAL COM COMPORTAMENTO DEFINIDO**

Característica: variável projetada a partir de percentual sobre outra variável. Isso é possível porque a relação matemática entre a variável a ser projetada e a outra variável é conhecida previamente, ou seja, uma variável (a explicativa) necessariamente implicará em outra (a explicada).

Quando usar: método útil quando o relacionamento existente com outra variável é determinável (normalmente operacionalizado por um fator aplicado sobre a variável de relacionamento).

Exemplos:
- Encargos trabalhistas devem ser projetados a partir da aplicação de um dado percentual sobre a folha de pagamento.
- Algum tipo de comissão que corresponda a um percentual sobre valor auferido.
- Provisão para devedores duvidosos a partir de um percentual sobre o saldo de valores a receber em atraso.

- **RELAÇÃO TEMPORAL – MÉDIAS MÓVEIS**

Característica: a variável a ser projetada decorre do avanço do tempo e não de uma relação determinável com base em outra variável (despesa ou volume). A projeção leva em conta o efeito do tempo como variável explicativa, normalmente decompondo os estimadores da relação em tendência e sazonalidade.

Quando usar: projeções de variáveis de interesse que estão mais fortemente influenciadas pelo tempo do que por outras variáveis, ou quando não se conhece quais são as variáveis que influenciam o comportamento da variável de interesse. O método de decomposição por médias móveis é mais apropriado quando se tem uma série temporal cujo componente sazonal varia com o tempo (nos intervalos internos de um ano). A grande vantagem de se utilizar a média móvel nas projeções de despesas e volumes é a simplicidade em relação a outros métodos estatísticos, apesar de também exigir uma base de dados históricos. Quando se sabe que uma série não apresenta componentes sazonais, pode-se utilizar a própria média móvel calculada para a projeção do valor para o próximo período futuro.

Exemplos:

- Projeção de despesas com insumos e serviços para operações cuja demanda é sazonal ou ainda a projeção do comportamento de determinados preços ou indicadores econômicos.
- Projeção de volumes (atividades, insumos, serviços etc.) demandados pelas unidades ou clientes e cujo comportamento é fortemente influenciado pelo tempo (com ou sem sazonalidade), tais como materiais de consumo.

- **RELAÇÃO TEMPORAL – REGRESSÃO (LINEAR OU MÚLTIPLA)**

Característica: são as mesmas da relação temporal por média móvel, ou seja, o comportamento da variável a ser projetada é fortemente influenciado pelo tempo. A projeção considera o efeito do tempo como variável explicativa, normalmente decompondo os estimadores da relação em tendência e sazonalidade. A decomposição por regressão linear também é simples, em relação a outros métodos estatísticos, mas requer o conhecimento prévio da análise de regressão para que os dados possam ser interpretados e utilizados para fins de projeção do valor para o próximo período futuro e também exige um certo volume de dados históricos.

Quando usar: a decomposição por regressão, da mesma forma que por média móvel, é mais apropriado quando se tem uma série temporal cujo componente sazonal varia com o tempo (de um ano para outro).

5.9 Orientação para a parte prática

Os leitores que pretendem utilizar os casos de ensino tradicionais como forma de aprofundar a discussão sobre o tema tratado nesta seção devem resolver:

CASO DE ENSINO 8 – DESPESAS DEPARTAMENTAIS
CASO DE ENSINO 9 – "E AÍ? SIM OU NÃO?"

Além dos casos de ensino tradicionais, podem ser desenvolvidos os casos contextuais:

CASO DE ENSINO 7 – PROJEÇÃO DE GASTOS
CASO DE ENSINO 8 – PLANO FINANCEIRO

Os leitores que pretendem utilizar o exercício de simulação como forma de aprofundar a discussão sobre o tema tratado nesta seção devem simular:

EXERCÍCIO DE SIMULAÇÃO – ETAPA 7
EXERCÍCIO DE SIMULAÇÃO – ETAPA 8

6

CONTROLE ORÇAMENTÁRIO

Objetivos de aprendizagem

1. Especificar os objetivos do controle orçamentário dentro da visão de planejamento e controle.
2. Inserir os conceitos sobre os tipos de variações possíveis entre o previsto e o realizado.
3. Relacionar ao tema controle orçamentário o potencial de controle por parte do gestor.
4. Apresentar argumentos para que o leitor caracterize a relevância ao tratar as variações.

Questões provocativas

1. Quais os objetivos do controle orçamentário?
2. Quais os tipos de variações possíveis de encontrar entre o previsto e o realizado?
3. O que é uma variação relevante?
4. Que tipo de ações é esperado em termos de variações relevantes?

6.1 Conceitos gerais

Controle orçamentário é um instrumento da contabilidade gerencial que deve permitir à organização identificar quão próximos estão seus resultados em relação ao que planejou para dado período. O gestor deve **identificar suas metas, os resultados alcançados, as variações numéricas entre eles, analisar, entender as causas da variação e decidir ações que ajustem as metas no futuro ou que permitam manter aquelas que foram decididas**. Deve proporcionar condições de acompanhamento não só de variáveis monetárias, mas também daquelas não monetárias.

Nessa abordagem, é importante definir e acompanhar o todo (a entidade como um todo) e as partes (unidades de negócio, centros de lucros etc.). Em outras palavras, significa que as metas da empresa podem ou não ter sido atingidas (retorno sobre o patrimônio líquido, lucro residual, EBITDA, lucro líquido contábil, geração de caixa, distribuição de dividendos etc.). Tais metas são entendidas como macro no sentido de que dependem do desempenho de todas as áreas da organização. Por outro lado, é fundamental entender **como** foram atingidas, o que só se pode entender com detalhamento de indicadores específicos de cada área da organização. A realimentação do sistema de planejamento corresponde a uma etapa importante, já que o entendimento das variações permite aprimorar o processo de planejamento. Tomar conhecimento sem desenvolver ação corretiva, quando necessário, é pura perda de tempo e energia.

Figura 6.1 – *Planejamento e controle orçamentário*

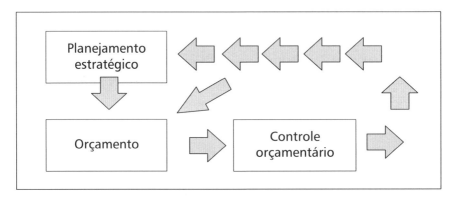

As organizações pretendem controlar resultados projetados obtidos por ações, por meio de pessoas. Se, por um lado, existem vários tipos de planejamento (estratégico, operacional e administrativo), o controle orçamentário é um instrumento único, já que o controle acompanha a figura do realizado (Figura 6.1).

Anthony (1970, p. 380) já se preocupava com a controlabilidade dos custos no sentido de que as informações fossem agrupadas em centros de responsabilidade, distinguindo os gastos que seriam controláveis daqueles que não o seriam pelos responsáveis pelos centros. Além do detalhamento por centro de responsabilidade, a entidade deve especificar o plano de contas de que a organização dispõe.

Na visão clássica de avaliação de desempenho, eficiência e eficácia devem ser enfatizadas, já que podem caminhar independentemente, embora alguns autores considerem que o termo *eficácia* possa (e deva) incluir o conceito de eficiência. Eficiência é o grau em que os insumos são consumidos em relação a um nível de produção. Eficácia, por sua vez, indica o grau em que um objetivo é alcançado. Seria o mesmo que dizer que eficácia sem eficiência seria possível por mero acaso ou sorte, nada garantindo que possa se repetir no futuro. Gestor eficiente é o que minimiza o consumo de recursos, ou gera a maior quantidade de produtos/serviços, uma vez definidos os recursos. Dessa maneira, um colaborador pode desempenhar com grande eficiência e não contribuir para que o objetivo da organização seja atingido.

Figura 6.2 – *Que significa controle na sua organização?*

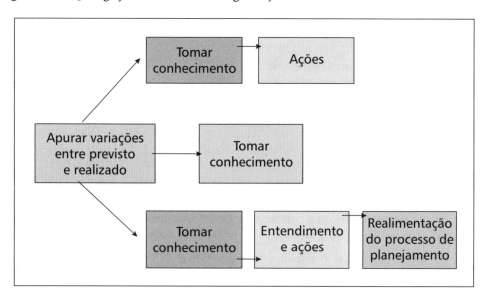

As formas de esse controle ocorrer dependem de várias coisas, tais como disponibilidade de sistemas de informação, estrutura conceitual disponível, importância dada pelos principais gestores, momento vivido pela empresa etc. Em algumas organizações, as informações são disponibilizadas pelo sistema de informações da empresa e o próprio gestor se encarrega de estruturar os relatórios de que necessita para a sua autoavaliação. No momento seguinte, os gestores, uma vez entendido o nível de desempenho incorrido, identificam ações corretivas e ajustes ao orçamento no sentido de preservar os objetivos do período, qualitativa e quantitativamente.

6.2 Elementos de controle

Três elementos referentes ao controle orçamentário serão tratados e, por uma questão de estratégia didática, serão apresentados por meio de perguntas:

1. **Quais os principais focos do controle orçamentário?**

    Atividades operacionais significativas para que os objetivos sejam atingidos, tais como vendas, suprimentos, produção e prestação de serviços, gastos nas atividades de apoio etc. A rigor, todos os processos deveriam ser analisados e identificadas as suas variações em relação ao orçado. Em algumas organizações, o foco de atenção acaba sendo aquilo que o gestor controla. Esse enfoque apresenta alguns problemas, pois, em muitos casos, processos ficam sem ser identificados, planejados e mesmo acompanhados. Deve ficar claro que pode existir o acompanhamento de uma área (um centro de custo, por exemplo) em situação na qual a controlabilidade dos elementos seja não muito significativa, mas os gestores queiram saber quanto ela custa. Por outro lado, em decorrência da necessidade de estimular e estruturar o *accountability*, em algumas organizações o acompanhamento foca, exclusivamente, os elementos controláveis pelos gestores responsáveis pela área. Deve ficar claro que acompanhar o desempenho de um indivíduo ou área e plano de remuneração podem ser coisas distintas.

2. **Como definir relevância no processo?**

   Existem várias maneiras de discutir e definir relevância de uma variação. Uma possível abordagem leva em conta que a organização tenha um referencial absoluto de **valor** que faça sentido para ela, bem como um **percentual** acima do qual queira alocar esforços no sentido de entender as causas dessa variação. De qualquer forma, tais referenciais (valor absoluto e percentual) podem ser negociados entre os gestores.

3. **Como realimentar o sistema orçamentário?**

   Além da identificação das variações relevantes, área responsável e causas, é significativo que comunicação e providências corretivas (em casos de desempenho desfavorável) sejam implementadas. Nesse sentido, a revisão do plano faz parte dos procedimentos que permitem uma adequada visão da realidade na organização. Por outro lado, a identificação das variações relevantes favoráveis é de extrema importância para o crescimento da organização, podendo ser fonte de significativas mudanças. Caso elas sejam identificadas e discutidas com a perspectiva de que possam ser perpetuadas e/ou implementadas em outras áreas, a organização tende a ganhar muito com isso. Trata-se de gerenciar o capital intelectual da empresa, fonte inesgotável de melhorias e oportunidades.

6.3 Especificações sobre as variações

O que fazer com as variações orçamentárias identificadas? Em primeiro lugar, é importante entender o que realmente ocorreu na organização. Muito mais do que simplesmente identificar e classificar tais variações, é importante interpretar o que significam, o que provocou a sua existência e o nível de controlabilidade e responsabilidade dos gestores. Nesse sentido, as variações podem ser classificadas, na visão de Welsch (1994, p. 318), nas seguintes alternativas:

- **Variações não significativas**

  As variações consideradas não significativas dependem do critério de aceitação. Embora existam inúmeros critérios que possam estabelecer o que é significativo ou não, recomenda-se que tanto um percentual como um valor absoluto sejam definidos para que as variações possam ser tratadas de maneira não arbitrária. Como exemplificação, no caso de uma organização estabelecer que os referenciais sejam o percentual de 10% e o valor absoluto $ 1.000, as variações a seguir seriam não significativas:

+   15%   e $ 550
+   8%   e $ 800
+   27%   e $ 100

Por sua vez, as seguintes variações seriam significativas:

+   11%   e $ 5.500
−   20%   e   − $ 1.200

- **Variações significativas – por causa de erros de informações**

  Situação em que a variação só ocorreu porque as informações reais foram inadequadamente elaboradas, tanto quanto os valores previstos podem ter sido projetados inadequadamente. O importante nesse caso é que os erros sejam sanados e as distorções contaminem o mínimo possível os futuros relatórios.

- **Variações significativas – por causa de decisões administrativas**

  Podem ocorrer quando o responsável por um centro de resultado ou mesmo uma unidade de negócios é afetado por uma decisão tomada por um órgão externo em relação ao qual ele nada pode fazer. Por exemplo, uma festa de final de ano, decidida pelo presidente da empresa, que seja apropriada ao resultado de vários centros de custo da produção. O importante nesse caso é que a responsabilidade seja compreendida dentro de todas as consequências do gerenciamento de resultados.

- **Variações significativas – decisões não controláveis, embora identificadas**

  Ocorrem sempre que alguma variação é identificada e, embora se saiba a causa e o porquê da variação, não existem alternativas que possam evitar as variações negativas. Um setor que esteja vivendo um momento difícil em função de questões referentes à variação cambial provoca menor compra por parte dos clientes, porque seus estoques podem estar excepcionalmente altos. Esse fenômeno, embora identificado e entendido, não necessariamente pode ser gerenciado a curto prazo.

- **Variações significativas – cujas causas precisas não tenham sido estabelecidas**

  Idealmente, deveriam ser aquelas pouco representativas e não numerosas. Se isso não for verdade, algo de muito estranho está ocorrendo na organização, já que não se sabe o porquê da variação, indicando baixo controle sobre o fenômeno.

Uma vez identificada a variação, o tratamento a ser dado na revisão do processo de planejamento é uma definição que depende da forma como a organização entende o mesmo. Dessa maneira, filosoficamente falando, o orçamento pode ser encarado de maneiras distintas, o que será explicado a partir da identificação de vários tipos de empresas. Imagina-se que os três tipos extremos de empresas sejam (Figura 6.3):

Figura 6.3 – *Filosofias na gestão de orçamento*

Tolerância na variação	Tipo rígido	Tipo Swat	Tipo flexível
Receitas líquidas	Não tolera variação desfavorável	Tolera qualquer variação	Tolera variação até certo limite %
Custo dos produtos vendidos	Não tolera variação desfavorável	Tolera qualquer variação	Tolera variação até certo limite %
Margem bruta	Não tolera variação desfavorável	Tolera qualquer variação	Tolera variação até certo limite %
Despesas comerciais e administrativas	Não tolera variação desfavorável	Tolera qualquer variação	Tolera variação até certo limite %
Resultado operacional	Não tolera variação desfavorável	Tolera qualquer variação	Tolera variação até certo limite %
Juros	Não tolera variação desfavorável	Tolera qualquer variação	Tolera variação até certo limite %
Outros	Não tolera variação desfavorável	Tolera qualquer variação	Tolera variação até certo limite %
Imposto de Renda	Não tolera variação desfavorável	Tolera qualquer variação	Tolera variação até certo limite %
Resultado líquido	Não tolera variação desfavorável	Não tolera variação desfavorável	Não tolera variação desfavorável

- **Tipo rígido**. Considera que o seu orçamento anual é o compromisso com os acionistas, tendo que ser atingido em todas as suas linhas. Esse tipo, em extremo, é apenas teórico. Ter desempenho positivo nesse caso implica que todas as linhas de resultado sejam atingidas, o que, em termos práticos, é de difícil verificação, não só a longo prazo, mas também a curto prazo. Numa situação em que uma empresa tenha essa visão, é de se esperar que os gestores tenham a tendência de elaborar planos com flexibilidade de reservas ("gorduras") ou com poucos desafios para poderem ser atingidos globalmente. A prática da alocação de reservas significativas é nociva à organização por deturpar o patamar de resultado que traria desafio e estimularia os gestores a perseguir resultados cada vez mais significativos. Por outro lado, é muito comum que a organização perca o seu nível razoável de desafio, simplesmente estendendo a curva como se a linha reta fosse permanente.

- **Tipo SWAT (ou ultraflexível)**. É aquele de quem se cobra o resultado da última linha, do lucro, enquanto as demais linhas podem ser ajustadas, dependendo do bom-senso do gestor. Permite que a melhor perspectiva de receita, **automaticamente**, libere maiores gastos, por exemplo. Esse modelo tem o inconveniente de privilegiar o curto prazo em detrimento do longo prazo. Um exemplo desse tipo de aplicação pode ser encontrado em uma empresa com grande tradição no mercado, num momento de baixa na carteira de pedidos, sob pressão de sua matriz, que tinha duas alternativas: não atingir o resultado negociado ou buscar alternativas que, embora criassem distorções em outras áreas, garantissem o resultado financeiro do ano. Analisando suas alternativas, a empresa percebeu que a única forma de colocar maior volume de produtos para melhorar o seu resultado seria uma drástica alteração em sua distribuição de produtos. Durante muitos anos, ela tinha desenvolvido uma rede exclusiva de clientes, os quais necessitam de contínuo investimento e tratamento diferenciado. Embora a controlabilidade seja grande, a maturação do relacionamento não é algo que permita obter resultados a curto prazo. Em função da pressão, a alta administração da empresa concordou em alterar a distribuição, alocando significativo volume de produtos no atacado, canal que tem por característica o giro rápido, a depreciação dos preços e nenhuma preocupação com a imagem propriamente dita do produto e do fabricante. A empresa, nessas condições, conseguiu colocar no mercado o volume de produtos que pretendia e obteve o resultado do ano no patamar comprometido; contudo, destruiu totalmente a rede exclusiva, incapaz de concorrer com a estrutura de negócios e os custos do atacado. O que se aprendeu foi que o resultado do curto prazo foi atingido e o resultado do longo prazo foi fortemente afetado, não só no sentido monetário, mas também qualitativo. De qualquer forma, essa filosofia proporciona abordagem de ajuste nas crises de curto prazo e exige grande autonomia para os exercícios.

- **Tipo misto**. É o que melhor dosagem apresenta para ambos os horizontes (curto e longo prazos). Para tanto, as variações são permitidas e consideradas dentro de faixas de variações, dependendo do nível de controlabilidade de cada uma delas. Significa, por exemplo, que a tolerância em termos de variação das receitas corresponde tanto a um percentual relacionado ao volume (o que garante compromissos de longo prazo com o *market share* e, consequentemente, na escala de produção e seu custo fixo) como a um percentual sobre os preços praticados. Aparentemente, essa abordagem é a que tem menos contraindicações.

De acordo com a abordagem, a consequência em termos de incorporação das variações à revisão do orçamento pode implicar alterações em todas as linhas de resultado ou alterações apenas nas próprias linhas ou mesmo nenhuma alteração no plano total em função do que se espera do compromisso total.

6.4   Por que a empresa precisa do acompanhamento?

É comum encontrar a empresa que compara o seu resultado total e percebe que a variação em relação ao que planejara é pequena. Como consequência, considera desnecessário dedicar recursos num processo que pode não proporcionar valor. Nessas condições, ela se limita a dispor do resultado pelo total da empresa, sem analisar por área e por atividade.

O exemplo abaixo descrito a partir da Figura 6.4 foi incluído neste capítulo para permitir aos leitores o entendimento do custo/benefício desse processo. Trata-se de uma empresa fabricante de um produto tangível que analisa a sua margem bruta, a partir da receita e dos custos dos produtos vendidos. Ao apurar a margem bruta, percebe-se uma variação entre as linhas que se compensam e produzem impacto igual a zero. Esse resultado tende a se repetir e é dado como alta previsibilidade dos gestores e a pergunta que surge é: seria necessário investir e gastar recursos num processo que detalha e acompanha todas as linhas de resultado das várias áreas? Valeria a pena utilizar um sistema de estrutura e controle orçamentário?

Figura 6.4 – *Margem bruta – orçado e realizado*

	Orçado	Realizado	Variação
Receitas	2.500	2.517	17
Custo dos produtos vendidos	1.870	1.887	17
Margem	630	630	0
Porcentagem sobre a receita	25,2%	25,0%	– 0,2%

A primeira coisa a fazer é detalhar a variação das receitas, levando em conta que a empresa tem um único produto que é vendido em duas regiões distintas (Norte e Sul), gerenciadas por dois diferentes profissionais. A Figura 6.5 detalha os preços, quantidades e faturamento e permite identificar variações, separando quantidade e preço unitário. A partir daí, percebe-se que uma das regiões teve desempenho superior ao previsto e outra inferior. As causas desses desempenhos ficam claras: na região Norte, o desempenho superior do volume de vendas não compensou o menor preço e o faturamento foi inferior ao previsto. Por sua vez, a região Sul, a partir de um preço superior ao previsto, embora com volume de vendas menor, teve o faturamento maior e foi o determinador do desempenho favorável do período.

Figura 6.5 – *Receita líquida – orçado e realizado*

	Orçado			Realizado			Variação		
	Norte	Sul	Total	Norte	Sul	Total	Norte	Sul	Total
Preço	20,00	25,00	22,73	17,00	27,45	22,27	– 3,00	2,45	– 0,46
Qtde.	50	60	110	56	57	113	6	– 3	3
Total receita	1.000	1.500	2.500	952	1.565	2.517	– 48	65	17

	Realizado		
	Norte	Sul	Total
Variação total	– 48	65	17
Variação de volume	120	– 75	45
Variação de preço	– 168	140	– 28
	NA	NA	NA

(Qtde. real – Qtde. orc.) * Preço orc.

(Preço real – Preço orc.) * Qtde. real

Essas informações permitem identificar quem foi melhor, em quê, e questionar se a variação será compensada ou não no futuro. O simples fato de as pessoas saberem que serão avaliadas provoca importante impacto no comportamento de cada uma delas, tanto no sentido de manter o desempenho como no de evitar que o desempenho negativo seja repetido.

A Figura 6.6 detalha os custos de produção da mesma empresa e é possível perceber que foi verificada uma combinação de variações desfavoráveis (materiais e mão de obra) e uma de variações favoráveis (gastos indiretos de fabricação).

Figura 6.6 – *Custo dos produtos vendidos – orçado e realizado*

	Total				
	Orçado	**Realizado**	**Variação**		
Custo unitário	17,00	16,70	– 0,30	Var. custo	– 33
				Var. volume	51
Produção	110	113	3	Var. combinada	– 1
Custo de produção:				Var. total	17
Materiais	760	861	101		
MOD	205	235	30		
GIF	905	791	– 114		
Total	1.870	1.887	17		

Ao detalhar a linha referente ao custo de materiais, pode ser percebido que a quantidade produzida foi uma importante causa de variação adicional de materiais. Essa variação decorre de um fenômeno que terá consequências positivas, pois a maior produção decorre da maior expectativa de venda; o consumo unitário de materiais, por sua vez, foi a maior causa e pode ser relacionado aos gestores do departamento de produção, que deverão explicar as causas. Adicionalmente, percebe-se que o maior preço unitário da matéria-prima teve uma variação desfavorável significativa a ser cobrada da área de compras e não da área de produção. Essa informação é muito relevante para a gestão e a sua disponibilidade, no mínimo, evita desgastes internos.

Figura 6.7 – *Custo dos materiais consumidos – orçado e realizado*

	Total				
	Orçado	Realizado	Variação		
Produção	110	113	3	Var. custo	21
Consumo de				Var. produção	21
materiais	380	420	40	Var. consumo	
Consumo unitário	3,5	3,7	0,3	de materiais	59
Custo unitário					
do material	2,00	2,05	0,05	Var. total	101
Custo dos materiais					
consumidos	760	861	101		

ANÁLISE DAS VARIAÇÕES DE COMPRAS

	Total				
	Orçado	Realizado	Variação		
Preço unitário	2,00	2,05	0,05	Var. preço	25
Compras em				Var. volume	0
quantidade	500	500	0	Var. combinada	0
Total	1.000	1.025	25	Var. total	25

Ao analisar as variações referentes à mão de obra (MOD) direta, percebe-se que o volume de produção foi significativo (Figura 6.8). Além dessa causa, a menor eficiência no consumo de horas foi verificada e se constitui na variação mais relevante. Finalmente, o fator de remuneração das horas de trabalho foi superior ao previsto e não se trata normalmente de uma decisão do gestor da produção, e sim de outro nível gerencial. Em outras palavras, deveria ser cobrado de quem aprovou o aumento.

Figura 6.8 – *Custo dos materiais consumidos – orçado e realizado*

	Total				
	Orçado	Realizado	Variação		
Produção	110	113	3	Var. consumo de MOD	6
Horas produtivas	250	280	30	Var. volume de prod.	6
Horas requeridas por unidade	2,3	2,5	0,2	Var. horas requeridas/ unid.	19
Taxa de custo de MOD	0,82	0,84	0,02	Var. total	30
Gastos com MOD	205	235	30		

Por fim, os gastos indiretos de fabricação (GIF) devem ser analisados (Figura 6.9), pois mostram que a quantidade de horas trabalhadas, decorrente da necessidade de maior produção e venda, bem como o total de gastos, foram fatores que, junto com a menor eficiência (mais horas por unidade produzida), provocaram a variação. O responsável pela produção responde parcialmente por essas variações e isso deveria ser deixado claro.

Figura 6.9 – *Custo dos gastos indiretos de fabricação – orçado e realizado*

	Total				
	Orçado	Realizado	Variação		
Produção	110	113	3	Var. consumo de GIF	– 223
Horas-máquina	263	295	32	Var. produção	25
Horas requeridas por unidade	2,4	2,6	0,2	Var. consumo de horas	84
Taxa de custo de GIF	3,44	2,68	– 0,76	Var. total	– 114
Gastos c/ GIF	905	791	– 114		

Finalmente, ao ser necessário entender por que os gastos são diferentes do que foi orçado, é preciso detalhar os valores departamentais, neste caso restritos a um departamento de produção e um departamento indireto de manutenção. A Figura 6.10 mostra que o departamento de produção teve gastos superiores ao previsto porque teve um número maior de funcionários, pagos com um salário médio superior ao previsto. A linha de outros foi superior ao previsto e exige que seja investigada a sua identificação. Em condições normais, a conta Outros tende a se mostrar significativa em casos de mudanças de tecnologia e/ou estratégia.

Os gastos do departamento de manutenção, referentes aos gastos indiretos de fabricação, mostram-se inferiores ao previsto, sendo destacado o menor gasto com funcionários, tanto em salários como em encargos e outros. Por sua vez, o gasto referente a manutenção de máquinas teve desempenho desfavorável com gasto superior ao previsto.

Figura 6.10 – *Despesas departamentais, MOD e GIF – orçado e realizado*

ANÁLISE DAS VARIAÇÕES DOS GASTOS COM MOD

	Total		
	Orçado	Realizado	Variação
Número de funcionários	11,00	13,00	2,00
Salário & encargos/funcionário	18,64	18,09	– 0,54
Salários	80	84	4
Encargos	56	59	3
Benefícios	20	20	0
Outros	49	72	23
Gastos com MOD	205	235	30

ANÁLISE DAS VARIAÇÕES DOS GASTOS COM GIF

	Total		
	Orçado	Realizado	Variação
Número de funcionários	15,00	13,00	– 2,00
Salário & encargos/funcionário	60,33	60,84	0,51
Salários	138	84	– 54
Encargos	97	59	– 38
Benefícios	20	20	0
Manutenção de máquinas	30	60	30
Depreciação	56	58	2
Outros	564	510	– 54
Gastos com GIF	905	791	– 114

Como se percebe, sem um instrumento que permita acompanhar certo nível de detalhes, não seria possível identificar desempenho favorável e desfavorável, bem como identificar quem teve o desempenho favorável e quem teve desempenho desfavorável.

6.5 Orientação para a parte prática

Os leitores que pretendem utilizar os casos de ensino tradicional como forma de aprofundar a discussão sobre o tema tratado nesta seção devem resolver:

CASO DE ENSINO 10 – "VOCÊ PRECISA DISTO?"

Além do caso de ensino tradicional, pode ser considerada abordagem de casos contextuais:

CASO DE ENSINO 9 – CONTROLE ORÇAMENTÁRIO

7

EVOLUÇÃO DO PROCESSO DE PLANEJAMENTO

Objetivos de aprendizagem

1. Inserir diferentes percepções sobre o planejamento.
2. Identificar usos alternativos para o orçamento.
3. Discutir limitações do processo.
4. Identificar problemas verificados com abordagem alternativa.
5. Entender o tema reserva orçamentária dentro do processo.

Questões provocativas

1. A visão de utilidade do processo de planejamento formal pode ser única?
2. Quando você deixa de ter um processo de planejamento estruturado, o que utiliza em seu lugar?
3. Seria possível evitar que o processo de planejamento se torne obsoleto?
4. Qual poderia ser a função do *forecast*?
5. O termo reserva orçamentária necessariamente tem conotação negativa?

7.1 Evolução e a reciclagem

A reciclagem de um conceito é algo que deve acontecer ao longo dos tempos. Significa dizer que um conceito, depois de algum tempo, precisa ser repensado, revisado, algumas vezes ampliado e, em alguns casos, esquecido. Num ambiente em que ocorrem mudanças com frequência, em que o esgotamento de modelos e conceitos é comum, resistir à mudança simplesmente por rejeitar algo novo é um tipo de atitude que deve ser autopoliciado pelo pesquisador.

Automaticamente, aderir aos modismos também parece ser uma forma pouco responsável de se posicionar. Na dimensão de suas especificidades, os instrumentos gerenciais compostos por vários conceitos evoluem. As tecnologias se sucedem e a demanda por novos instrumentos mais adequados se apresenta como forte elemento de pressão sobre os gestores no sentido de diminuir a incerteza (SCAPENS, 1994; OTLEY, 1994). Em alguns casos, isso acontece porque a proposta conceitual já não atende plenamente a determinada demanda.

Podem ser encontrados também exemplos de abordagens que foram apresentadas à comunidade e que, claramente, decorrem muito mais do refino de conceitos, métodos e modelos já existentes do que de uma ruptura significativa ou uma real novidade. São exemplos disso o *Economic Value Added* (EVA), o *Activity Based Management* (ABM) e o *Balanced Scorecard* (BSC). Quer dizer que mudanças significativas na gestão das atividades podem ser demandadas ou mesmo oferecidas a partir de mudanças nos recursos – particularmente de tecnologia de informação –, na forma de comportamento das pessoas nas organizações, e mesmo modelagens e ferramentas. Em muitos casos, trata-se de uma evolução significativa, com contribuições para o apoio aos gestores. Isso aconteceu com a área de gestão como um todo.

Podem ser encontrados modismos e verdadeiros projetos de marketing conceitual para proporcionar uma vertente financeiramente interessante aos negócios das consultorias, gerando nos gestores uma sensação estranha devido ao descompasso entre a pesquisa, a aplicação e a mensuração de resultados de maneira metodologicamente aceitável. Dessa forma, a convivência entre o ceticismo e, em alguns casos, a má vontade em termos de mudanças e novas visões colide com aquela encontrada pelo consumidor ávido que, com frequência, aceita instantaneamente as novidades sem questionar ou mesmo se perguntar se a relação custo-benefício é adequada. Ambas as posturas são igualmente perigosas para o progresso do conhecimento.

No campo da Gestão, as particularidades encontradas no planejamento empresarial, com seus desdobramentos, são evidentes, passando-se pela evolução do planejamento estratégico e da própria estratégia, por exemplo. Esses artefatos interagem e se complementam a partir de uma relação hierárquica. Nesse sentido, o processo orçamentário, claramente subordinado à elaboração da visão estratégica, durante muito tempo foi apresentado como algo extremamente objetivo e recomendado como fundamental ao controle da organização.

Welsch, Hilton e Gordon (1988, p. 50-52) discutem e defendem a possibilidade de dispor do orçamento de maneira formal – *versus* a informal –, e identificam razões para que ele seja formalizado e exista na empresa. Primeiro, o fato de que o processo de gestão não pode ser completamente desenvolvido de maneira aleatória e não coordenada, o que implica que o planejamento e o controle deveriam ser desenvolvidos de maneira lógica, consistente e sistemática; segundo, considerando que, ao existir um grande número de pessoas envolvidas no processo de gestão, o ambiente deve ser caracterizado com razoável nível de estabilidade e consistência para que as pessoas possam ter credibilidade na sua atuação; terceiro, objetivos, planos e metas não escritos em termos de prováveis resultados futuros impactam a empresa, frequentemente tornando vaga e de difícil comunicação os "meios pensamentos" ou rumores de um ou mais indivíduos; quarto, a efetiva comunicação e o entendimento mútuo exigem certo nível de formalização; quinto, a formalização exige o estabelecimento e a observância de cronograma para decisões, implementações e controles; e, sexto, a formalização provê a base lógica para o racional, o significativo e a consistente flexibilidade na implementação do planejamento e do controle. De qualquer maneira, formalização não deve significar rigidez.

Com o passar do tempo, algumas críticas foram apresentadas, e pôde-se perceber que representam distintos níveis e graus de complexidade. Dentre as críticas identificadas, foram privilegiados, ao longo deste livro, a menção de que o processo orçamentário é muito desgastante, muito custoso, adicionando pouco valor aos usuários; sua desconexão com o ambiente competitivo; e o fato de a informação econômica encorajar o comportamento disfuncional e não ético (HOPE; FRASER, 2003, p. 197).

Hope e Fraser (2003) reconhecem que os problemas por eles mencionados constituem problemas de execução e não de estratégia. Também aceitam que o orçamento pode ser desenvolvido em diferentes níveis de participação e entendem que o instrumento permite aos executivos manter o controle sobre as divisões e unidades de negócios. Contudo, mencionam que, em mãos erradas, os contratos proporcionam resultados indesejáveis e disfuncionais em todos os níveis da organização. Afirmam que nem toda a culpa pode ser atribuída ao processo orçamentário, mas ao seu uso. Entretanto, consideram que o processo orçamentário possui "semelhanças com um vírus, que trará consequências nocivas para a organização".

7.2 O processo de planejamento "tradicional"

Revisitar os clássicos para a revisão da literatura é um exercício precioso que pode restaurar crenças e gerar percepções inéditas numa segunda ou terceira leitura, dados os diferentes graus de maturidade do leitor. As abordagens possíveis são diversas, mas os elementos a considerar serão descritos de maneira a incluir diferentes perspectivas de forma complementar.

Welsch, Hilton e Gordon (1988) definem "planejamento e controle abrangente de resultados", também denominado por Steiner (1979) "plano de negócios" – denominação atualmente utilizada mais frequentemente para outra aplicação mais específica –, como sendo a abordagem sistemática e formalizada para desempenhar fases significativas das funções de planejamento e controle. Tal instrumento envolve o desenvolvimento e a aplicação de objetivos de longo prazo para a empresa, a especificação dos objetivos da empresa, um plano de longo prazo desenvolvido em termos gerais e um plano de curto prazo descrito com o objetivo de acompanhar as responsabilidades.

Esses autores consideram que a proposta básica do controle consiste em assegurar que os objetivos, as metas e os padrões da empresa sejam atingidos. Os planos de longo prazo proporcionam a visão financeira e numérica em relação à qual as estratégias possam afetar os resultados da organização. Nesse momento, surge o orçamento anual, que deve implementar as decisões tomadas no plano estratégico da organização. Em outras palavras, o orçamento cumpre um papel no processo de planejamento da organização ligado aos estilos de execução. O que está sendo proposto pelos autores é romper com o processo, eliminando a etapa do orçamento anual e, consequentemente, do controle orçamentário.

O relacionamento – que deve ser sequencial (STEINER, 1979) e harmônico (WELSCH; HILTON; GORDON, 1988) entre o planejamento estratégico e o orçamento – é um fenômeno estrutural do processo, tratado na literatura. Entretanto, o grau de intensidade dos esforços despendidos pela organização na etapa estratégica e na etapa tática depende da formatação do modelo decisório, moldado segundo as necessidades de cada organização.

Com o intuito de definir alguns termos utilizados neste livro, devem-se considerar acerca do orçamento e do *forecast*:

- Hope e Fraser (2003) entendem que o orçamento constitui muito mais um processo de desempenho gerencial do que de planejamento financeiro. Definem orçamento como sendo um plano expresso em termos financeiros que serve de base para o controle de desempenho, a alocação de recursos, o encaminhamento dos gastos e o compromisso com os resultados financeiros;

- *forecast* é definido por Hope e Fraser (2003) como sendo o resultado financeiro mais provável e os gastos relacionados ao negócio ou projeto por um período específico de tempo. A diferença em relação ao orçamento é a ausência do compromisso de atingir as metas, parte fundamental do conceito de orçamento;

- Hansen e Mowen (1996) mencionam que o orçamento constitui um plano financeiro abrangente para a organização e traz vários benefícios: força os gestores a planejar, proporciona recursos de informação que podem ser usados para aperfeiçoar o processo decisório, apoia o uso de recursos, definindo um padrão que será, na sequência, usado na avaliação de desempenho, e aperfeiçoa a comunicação e a coordenação;

- Steiner (1979) observa a questão do planejamento dizendo que nenhuma empresa lucrou algo fazendo planos, pois o lucro vem da implementação dos planos. Nesse sentido, referindo-se ao orçamento, diz que são métodos integrados para traduzir o plano estratégico em ações correntes, guiá-lo para a ação, definir padrões para a coordenação das ações e gerar a base para o controle de desempenho, que deve estar em conformidade com os planos, incluindo no processo: o planejamento, a coordenação e o controle. Para tanto, o sistema orçamentário tem que ser adaptado às peculiaridades de uma organização e deve ser desenvolvido para aperfeiçoar o processo de planejamento, já que força os gestores a focar suas atenções na formulação de objetivos e na forma como são implementados. Por outro lado, os orçamentos requerem especificações sobre o que significa atingi-los.

Com o objetivo de propiciar uma visão ampla e também pluralista do tema, relacionaram-se vários autores com diversas abordagens. Hansen, Otley e Van der Stede (2003) analisaram o orçamento da perspectiva da pesquisa e perceberam que as tendências podem ser agrupadas em abordagens mutuamente excludentes, originárias de uma mesma organização, o *Consortium for Advanced Manufacturing – International*

(CAM-I). A primeira abordagem está relacionada ao grupo que defende a melhoria do processo orçamentário. Esse grupo considera que o *activity-based budgeting* deve ser a ferramenta que pode proporcionar esse benefício necessário para revitalizar o processo, a partir de foco no plano operacional. A segunda abordagem está relacionada ao grupo que defende o abandono do orçamento e, como sequência, que seja desenvolvida uma radical descentralização da entidade. A abordagem desse grupo ficou conhecida como *beyond budgeting*.

No sentido de aperfeiçoar o processo, os autores recomendam que se desenvolvam algumas ações, como revisões mais frequentes do orçamento – inclusive utilizando o *rolling forecast*, incentivos à utilização do *activity-based budgeting* e foco na análise de desempenho mais voltado para os indicadores relativos e não os fixos. Welsch, Hilton e Gordon (1988) argumentam pelas limitações do orçamento e recomendam que seja formalizado e adotado pela empresa. Nesse caso as estimativas que serviram de base devem ser continuamente adaptadas às circunstâncias; a execução do orçamento não ocorre virtualmente e o plano não se refere aos gestores.

Hansen e Mowen (1996) reconhecem que o orçamento tem grande impacto sobre o desenvolvimento da carreira, premiações e promoções dos executivos. Dessa maneira, o orçamento pode ter impacto sobre o comportamento dos participantes, sendo considerado comportamento positivo quando os objetivos do indivíduo estão alinhados com os objetivos da organização, o que é denominado congruência de objetivos. Contudo, quando inadequadamente administrado, as reações podem ser negativas sob inúmeros aspectos, culminando num comportamento disfuncional, o que significa comportamento individual que conflita com a organização, levantando questões de ética. Os problemas mais críticos são as definições de metas muito altas ou muito baixas. Metas desafiadoras, mas exequíveis, são um desafio permanente e saudável para os gestores. Outra dificuldade é superestimar custos ou subestimar receitas, criando reservas no orçamento, o que torna a exigência por desempenho menos objetiva. Ainda temos o problema de uma pseudoparticipação, caracterizada pela superficialidade, que objetiva apenas ter a adesão formal dos subordinados às metas. Ademais, podemos encontrar ações que reduzem ou minimizam tais disfunções, como realimentação sobre o desempenho, incentivos monetários e não monetários, participação, padrões realísticos, controlabilidade de custos e múltiplas medidas de desempenho.

De acordo com Hope (2000), o orçamento tradicional possui algumas imperfeições, dentre as quais: a centralização por meio do sistema de orçamento, que passa pela ênfase na coerção e não pela coordenação relevantemente devida; o foco na redução de custos e não na criação de valor; restrição de iniciativas; manutenção do planejamento e sua execução separadas, em vez de próximas; problemas na alocação de custos, ditos como não negociáveis; e centralização por parte da média gerência.

Hope e Fraser (2003) complementam as críticas ao que denominam processo tradicional de orçamento ao enfatizarem que ele proporciona baixo valor, conduz as pessoas a apresentarem comportamentos disfuncionais, com pouca atenção às variáveis fundamentais da competitividade, pressupondo falta de confiança. Para Fisher (2002), os pontos frágeis do processo tradicional podem ser descritos como perda de tempo, já que as pessoas gastam tempo no acompanhamento orçamentário falando sobre o passado – o que aconteceu *versus* o planejado –, enquanto o mais importante é discutir o futuro. Evidentemente, Fisher (2003) desconsidera que o processo de acompanhamento orçamentário pretende exatamente o compromisso quanto ao futuro. Adicionalmente, o processo orçamentário não encoraja as pessoas ao desempenho, mas ao desempenho do orçamento, e, finalmente, a revisão do orçamento é demorada e as empresas não conseguem fazê-lo rapidamente.

Horngren, Foster e Datar (2000) destacam os aspectos citados anteriormente de inadequada utilização do instrumento, considerando que a sub e superestimação permitem dispor de metas relativamente mais fáceis de ser alcançadas. Alternativamente, oferecem a visão do *Kaizen budgeting*, que incorpora as melhorias contínuas verificadas durante o período de planejamento.

Portanto, temos críticas de várias ordens, tanto se referindo às limitações do instrumento quanto às distorções a ele atribuídas. Dessa forma, o aparecimento da abordagem *beyond budgeting* poderia ser considerado previsível, dado o largo intervalo de tempo em que os questionamentos não encontraram eco e respostas objetivas no ambiente acadêmico.

7.3 *Beyond Budgeting*

Hope e Fraser (2003) citam o caso de Jan Wallander, CEO da Svenska Handelsbanken, conhecida instituição europeia que havia abandonado há algum tempo o modelo dito "tradicional" de planejamento central. De acordo com os autores, a empresa abandonou o orçamento em 1972 devido aos descontentamentos com os efeitos indesejáveis por ele provocados. Outro exemplo é a empresa Rodhia, multinacional francesa que abandonou o orçamento em 1999, depois que a Borealis, uma empresa dinamarquesa, fizera o mesmo em 1995.

Wallander apresentou uma abordagem – reconhecida na literatura pela expressão *beyond budgeting* – que serve para caracterizar o processo de gestão flexível, sem a existência de um orçamento anual de resultados. Essa abordagem foi aplicada pelo banco escandinavo Svenska Handelsbanken, que obteve êxito gerenciando seus negócios por mais de 25 anos com resultados positivos, embora não superiores à concorrência (HOPE, 2000).

O esforço estruturado para trazer respostas à insatisfação em relação ao orçamento, considerado um instrumento rígido, teve seu início num grupo de executivos de organizações com atuações em empresas multinacionais, apoiados por consultores. As reuniões, realizadas a partir de 1997, geraram uma pesquisa realizada num grupo diversificado de empresas, em termos de setores e nacionalidade (HOPE; FRASER, 2003). O foco do estudo estava baseado nas seguintes questões: (a) existe alguma alternativa para o orçamento?; (b) existe algum modelo gerencial?; (c) que lições podem ser tiradas da implementação?

O encaminhamento dessa reunião culminou na abordagem conhecida hoje como *beyond budgeting*, que se propõe especificar a formatação de gestão sem a existência do orçamento anual nas organizações. A abordagem se baseia na ideia de que deva existir flexibilidade para os gestores, o que é obtido a partir de negociações, grande participação dos profissionais da "linha de frente", fazendo com que o planejamento e a execução sejam desenvolvidos pelos mesmos atores. A liderança de Hope e Fraser é percebida por meio de livros, artigos, de um *site*, e mesmo por meio de organizações empresariais que divulgam a *beyond budgeting*.

De acordo com esses autores, a abordagem *beyond budgeting* é um "grupo de processos alternativos que apoiam metas e reconhecimentos, um planejamento contínuo, a demanda de recursos, a coordenação dinâmica da empresa e um significativo grupo de controles nos vários níveis" (HOPE; FRASER, 2003, p. xix). Não exige um processo anual de negociação que culmine com uma meta fixa, e exige maior confiança entre os participantes, focando a relação entre os executivos seniores e a gerência da entidade.

Os ingredientes tratados nessa abordagem são os seguintes (HOPE; FRASER, 2003, p. 70):

- definição de metas levando em conta *benchmarking* externo à organização, numa perspectiva de médio prazo. Não existem metas fixas, mas variáveis, decorrentes do momento vivenciado pelos gestores. Pretende eliminar as metas anuais fixas para conviver com uma abordagem situacional;
- motivação e premiações baseadas nas metas externas avaliadas posteriormente, levando em conta o que deveria ser feito. O objetivo dessa visão é reduzir o que os autores chamam de "jogo orçamentário", no sentido de atingir metas fixas a todo custo, inclusive abrindo mão de princípios éticos;
- processo estratégico contínuo, descentralizado e até mesmo local, que deve ser incentivado considerando o nível de ambição e respostas rápidas;
- oferecimento de recursos quando demandados, o que reduz perdas, desperdícios e gastos desnecessários, eliminando-se questões do tipo: "tenho que gastar para não perder a verba no ano que vem";
- coordenação entendida como "um time" ou "todos no mesmo barco", encorajando a cooperação e a excelência dos serviços;
- circulação rápida de informações, que devem ser disponibilizadas para facilitar o aprendizado e encorajar o comportamento ético.

Alguns princípios são oferecidos no desenvolvimento da proposta (HOPE; FRASER, 2003, p. 70-92), cujos destaques são: a definição de metas práticas realizáveis relacionadas com melhorias, desconectadas da avaliação de desempenho e premiações; a avaliação do desempenho e as premiações baseadas em contratos de melhorias relativas, levando em conta o que deveria ser feito, diferentemente da visão tradicional, que estabelece *a priori* a meta e, posteriormente, a compara com o resultado real; a transformação do seu plano de ação numa sucessão de melhorias contínuas, inclusive os processos; a disponibilização dos recursos quando necessários; a coordenação de ações conjuntas na entidade de acordo com as demandas do cliente; os controles baseados na governança efetiva e nos indicadores de desempenho relativos.

Ao se excluir o orçamento anual, que efeitos se verificam na gestão das organizações? No Quadro 1, Hope e Fraser (2003, p. 27) indicam, de maneira comparativa, alguns elementos da gestão que permitem entender o que muda de acordo com a proposta.

Quadro 1 – *Comparativo de elementos na gestão das empresas*

Descrição	Orçamento tradicional	*Beyond budgeting*
Metas	As metas são fixadas anualmente.	As metas não são fixas, mas continuamente monitoradas contra um dado *benchmarking*, preferencialmente externo, negociado com o grupo de gestores.
Premiações e bonificações	Os executivos recebem desde que se enquadrem nos objetivos das metas.	Existe a confiança do recebimento da premiação a partir da avaliação do grupo de gestores que analisa o desempenho na abordagem "daquilo que deveria ser feito".
Planos	A figura das metas fixas (contratos fixos) está relacionada aos planos.	Existe a confiança de que qualquer ação possa ser exigida para atingir metas de médio prazo aceitas pelo grupo de gestão, dentro dos princípios de governança e parâmetros estratégicos da entidade.
Recursos	Os recursos cuja aceitação de disponibilidade para apoiar os orçamentos operacionais e de capital são colocados à disposição. Os recursos cuja necessidade é aceita para apoiar os orçamentos operacionais e de capital já são colocados à disposição.	Existe a confiança de prover os recursos quando forem necessários.
Coordenação	As atividades serão coordenadas com outros gestores de planos de acordo com plano aceito ou redirecionado por nível superior.	Existe a delegação de confiança para que o gestor coordene as atividades a partir de acordos periódicos e exigências de clientes.
Controles	O desempenho deve ser monitorado mensalmente e qualquer variação significativa deve ser revisada. *Forecast* demandado trimestralmente.	Existe confiança de que o *forecast* seja baseado na alternativa mais provável, de maneira que só existirá interferência se a tendência dos indicadores ficar fora de certos parâmetros.

A análise foi desenvolvida levando-se em conta as críticas que motivaram a proposta, a sua efetividade diante do processo de planejamento e os novos problemas provavelmente gerados pela abordagem *beyond budgeting*. As críticas podem ser segmentadas em três grupos: o papel do instrumento, a sua utilização inadequada e as limitações do instrumento.

O papel do orçamento dentro do tripé planejamento estratégico, controle gerencial e controle operacional tem mudado e o orçamento – no âmbito do controle gerencial – passou a ocupar espaço que antes não era devido nem cobrado. O crescimento do interesse em termos de manufatura e indicadores não monetários fez com que o instrumento fosse questionado e reposicionado nas empresas. Questionou-se a centralização e sugeriram-se estilos mais participativos.

Por fim, o próprio questionamento da utilidade do planejamento estratégico trouxe consequências ao orçamento. Este último tópico pode ser tratado a partir da abordagem que considera que um plano estratégico adequadamente elaborado proporciona melhores condições de estruturação de um bom orçamento, sendo o inverso também verdadeiro. Os aspectos mais relevantes são três.

O primeiro é o aspecto da separação entre o planejamento e a execução. Essa crítica está relacionada com situações em que o orçamento é definido por outrem, que não o gestor, que vai fazer com que as metas sejam atingidas. Em alguma dimensão isso não deveria acontecer pelo processo clássico, a partir da participação dos agentes. Aparentemente, uma discussão infindável é o grau de participação, fator customizado em cada empresa, área e momento.

O segundo aspecto é a falha ao tratar as variáveis fundamentais da competitividade. Essa crítica pode ser olhada de várias maneiras, dentre elas a que considera que os executivos devam perseguir metas com referências externas, ligadas à concorrência e ao mercado. Nesse sentido, o argumento não deveria ser válido, pois tanto a forma de estruturar as variáveis como a intensidade de desafio serão decisões dos gestores e não uma limitação ou um impedimento da ferramenta.

Finalmente, o terceiro aspecto é o pouco valor agregado à entidade, ou o fato de o orçamento ser ou não uma perda de tempo. Este ponto não foi tratado de maneira sistemática e metodológica pelos autores. O que pode significar não agregar valor? A inexistência de um instrumento pode provocar perda de negócios, dificuldades financeiras e não otimização de resultados. Um instrumento gerencial é, em si, uma ferramenta, um meio para que as ações sejam desenvolvidas. Se fosse possível viver sem eles, a gestão se tornaria mais fácil e menos custosa.

Utilização inadequada do instrumento

Sobre a utilização inadequada, Hope e Fraser levam em conta que os aspectos mencionados estão relacionados à forma como os gestores querem utilizar o instrumento. Os aspectos mais relevantes são mencionados a seguir.

Primeiramente, tanto o fato de superestimar quanto subestimar o instrumento está sempre presente na sua elaboração. Isso pode ocorrer tanto por interesse do agente em proteger-se como nas questões ligadas à incerteza ou mesmo à etapa do aprendizado. Os clássicos recomendam o *feedback* como uma das formas de, ao longo do tempo, se implementarem melhorias nesse tipo de distorção. A prática de revisões do orçamento anual também é uma das formas possíveis de tratar essa questão, muito embora tais revisões possam ser percebidas como "aberturas parciais" para mudanças.

Em segundo lugar, há o fenômeno da pseudoparticipação dos agentes. O interesse variável dos gestores em participar é algo que faz parte da mescla cultural da organização, constituindo um ingrediente compulsório para o desenvolvimento de qualquer tipo de instrumento gerencial. Existem organizações com dezenas de milhares de funcionários. Nesses casos, como assegurar a participação? Uma das respostas é discutir o sentido da palavra *participação* dentro de um contexto de maior flexibilidade. Nessa linha de raciocínio, ser chamado para discutir, para oferecer alternativas e receber informações são possibilidades de distintos graus de participação. Dessa maneira, o que se espera é um efetivo envolvimento, que pode ser obtido de várias formas, mesmo com uma meta anual estável. Qualquer que seja o modelo utilizado, o tom do agente decisório será fundamental para viabilizar a participação dos gestores. No fundo, o que é necessário é a definição de como os gestores querem tal participação.

Em terceiro lugar, há a questão do foco na redução de custos e não na criação de valores. Na verdade, trata-se de uma limitação da visão dos gestores com relação ao modelo. Este pode ser utilizado tanto para uma das visões como para as duas, à medida que direciona e proporciona uma visão de resultado. Uma meta não definida por ocasião do orçamento anual e posteriormente percebida como adequada deveria ser incorporada ao instrumento, e o inverso também deveria ser considerado. Ao menos essa é a perspectiva de Welsch, Hilton e Gordon (1988).

Em quarto lugar, podem se sufocar as iniciativas. Um instrumento gerencial sem uma perspectiva pode ter essa consequência, seja o orçamento tradicional, seja o *beyond budgeting*. Em outras palavras, o grau de abertura e envolvimento em momentos de revisão de metas é o que define o potencial de flexibilidade e criatividade permitido pela gestão do instrumento.

Em quinto lugar, há a questão da coordenação centralizada do processo de planejamento, em que se propõe uma descentralização, inclusive na implementação. Mas a descentralização implica diretrizes básicas desse processo de coordenação para que a otimização dos esforços ocorra no horizonte temporal contemplado. Em algumas empresas, o processo de planejamento não pode ser tão flexibilizado por conta de sua complexidade e de seu porte, ou seja, dentro da visão de cadeia de valor, não dá para uma área definir suas metas sem olhar as metas das outras áreas de maneira coordenada. Uma crítica feita ao orçamento denominado centralizado considera que os participantes não têm poder para definir suas metas. Essa visão é distorcida, pois a participação é um ingrediente previsto e importante para a organização. O estilo *top-down* pode ser praticado em alguma instância ou ser o estilo predominante, ocasionando alguns tipos de tensões.

Em relação ao sexto aspecto, há o problema do eventual comportamento disfuncional dos gestores. Os autores chegam a citar a Enron e a WorldCom como exemplos de situações provocadas pelo orçamento fixo, uma vez que as pessoas, tendo que atuar para obter resultados, podem adotar conduta antiética. Essa argumentação carece de maior estruturação e constatação empírica, pois, para ser válida, precisariam ser analisadas situações de empresas com problemas de ordem ética que foram gerenciadas de maneira extremamente flexível e participativa. A ética transcende o instrumento e sua utilização inadequada deve ser buscada no universo ético da gestão.

Finalmente, pressupõe-se a ausência de confiança, o que ocorre quando se definem metas de longo prazo. Existisse confiança, não seria necessário definir metas *a priori*. Essa afirmação é delicada e carece de maior profundidade de pesquisa. Ao contrário, pode-se afirmar que as pessoas nem pensariam em negociar e definir metas se não houvesse, previamente, algum nível de confiança entre os agentes. Por outro lado, a coordenação das atividades exige que os gestores coordenem as decisões, o que requer a definição *a priori*.

Limitação do instrumento

Dentre as limitações do instrumento, pode-se destacar que, primeiramente, trata-se de um instrumento custoso. O custo de um instrumento gerencial é algo relativamente fácil de apurar, podendo incorporar níveis variados de precisão e abrangência e critérios de abstração. Apesar disso, o benefício é menos tangível e pode ser analisado do ponto de vista tanto de quanto se ganha como da perspectiva de quanto custaria a inexistência do orçamento. Ambas as perspectivas foram ignoradas pelos autores que questionam o orçamento anual.

O segundo ponto é a questão da alocação de custos (considerados não negociáveis). A existência de critérios de alocação de gastos por áreas de negócios, centros de resultados e de custos faz parte da visão de controle e, como decorrência, os preços de transferência são apurados. Alguns estudiosos não se conformam com os resultados e o controle necessários em um dado tipo de procedimento. Esse problema vai existir qualquer que seja a forma de encarar o orçamento. Trata-se de uma questão filosófica de atribuir custos e de aplicar o controle.

O terceiro ponto é a questão de a média gerência insistir em controlar e comandar. Essa perspectiva é necessária, pois a abordagem de planejamento e controle faz parte de um todo em que o acompanhamento do desempenho das variáveis críticas é parte da abordagem que pretende assegurar o resultado pretendido. Alguém que não o próprio gestor tem que fazer isso. É muito difícil evitar tal comportamento num ambiente em que o autocontrole é exigido das áreas e pessoas, mas avança ainda muito lentamente.

O quarto ponto é em relação ao processo orçamentário, que não encoraja as pessoas ao desempenho, mas a executar o orçamento. Desde que seja flexível e revisado, encoraja a existência de um padrão que contemple os desafios e seja realista. Pode incentivar um senso de justiça nas pessoas envolvidas. Na verdade, o ponto não é o orçamento em si, mas como é utilizado. Sendo bem elaborado, encoraja o gestor ao desempenho, e é algo útil, pois elimina a ambiguidade, tornando claro o que se pretende. Muito do que se fala sobre esse aspecto diz respeito ao plano de remuneração estar ou não relacionado com o orçamento. Tal relacionamento apresenta vantagens e desvantagens, devendo ser objeto de análise por parte das empresas.

Finalmente, a revisão do orçamento toma tempo, e as empresas não conseguem fazê-la rapidamente. Essa é uma questão que não deixa de ser curiosa, pois o tempo e os recursos necessários para desenvolver o instrumento, dependendo da complexidade da organização, do modelo cultural do gestor e do tipo de mudanças verificadas, podem ser otimizados (o tempo e os recursos) se o planejamento e os compromissos forem definidos *a priori*. Ao mesmo tempo em que os autores se preocupam em mensurar quanto gastam, em termos de tempo, com o processo, deixam de apurar quanto economizam ao desenvolvê-lo, o que proporciona uma visão apenas parcial da questão.

7.4 As várias funções e usos do orçamento

O orçamento desempenha várias funções no desenvolvimento do controle gerencial das organizações (Figura 7.1). Decorrem da necessidade de implementar o que foi definido no planejamento estratégico e se relacionam com as pessoas na organização. Tais funções são:

Figura 7.1 – *As funções do orçamento na organização*

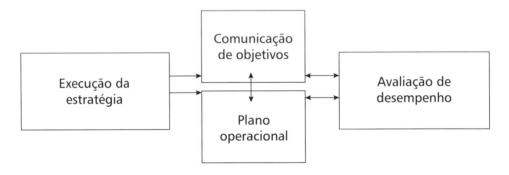

Fonte: Adaptada de Albernethy e Brownell, 1999; e Hansen e Van Der Stede, 2004.

- **Execução da estratégia**

    Está ligada à implementação das estratégias definidas no planejamento estratégico da organização. Dessa maneira, o orçamento é o mecanismo que permite trazer para a dimensão temporal de curto prazo as decisões sobre produto, mercado, tecnologia, por exemplo, que a organização pretende implementar num momento futuro. Em algumas organizações, onde o horizonte de longo prazo não é considerado, o orçamento acaba sendo o mecanismo que, além de executar a estratégia, também tem incluído em seu escopo momento para decisões estratégicas.

- **Plano operacional**

  Conter o plano operacional da entidade corresponde a deixar claro o que se pretende fazer dentro de um dado horizonte de tempo. Volume de vendas, tipo de insumo a comprar e quantos funcionários contratar são ações que fazem parte do conjunto que vai proporcionar um dado desempenho na organização e deve ser apresentado de maneira a ser percebida a confluência dos objetivos e seus resultados de maneira conjunta.

- **Comunicação dos objetivos**

  A formalização e comunicação dos objetivos e metas no orçamento devem proporcionar clareza do que se pretende atingir num dado período de tempo e é consequência de dispor de um plano operacional. Dessa maneira, para as pessoas fica claro quais são os objetivos e o patamar de metas a alcançar. Essa disponibilização proporciona a condição de diminuir/eliminar a ambiguidade e dúvida durante a trajetória dos gestores.

- **Avaliação de desempenho**

  Desde que os objetivos e metas forem priorizados e evidenciados, a atividade *ex post*, de acompanhamento dos resultados permite avaliar o desempenho, identificar responsabilidades e mesmo recompensar aqueles que se destacarem com desempenho positivo, assim como orientar, treinar e substituir aqueles que não alcançaram o desempenho planejado. A avaliação de desempenho não deve ser concebida apenas para premiar os vencedores, mas para o aprendizado organizacional, fator fundamental para o sucesso da otimização de resultados.

Para atender a essas funções, o orçamento deve proporcionar impactos na organização (COVALESKI, EVANS, LUFT e SHIELDS, 2003), no que se refere **ao processo decisório, processo de influenciar pessoas, processo de integração** e **processo de avaliação** das mesmas. As funções do orçamento podem ser entendidas de maneiras distintas quanto ao uso. O orçamento é um dos temas mais tratados no mundo no ambiente do controle gerencial (COVALESKI, EVANS, LUFT e SHIELDS, 2003), sendo que, de maneira geral, esse tratamento se refere a críticas sobre o seu alcance, influência negativa e mesmo oportunidade.

As críticas têm muito a ver com o que se espera, que, por sua vez, decorre do uso que a organização faz com a ferramenta. Existem várias formas de usar o orçamento e Mucci (2013) indica várias abordagens, destacando a perspectiva seminal de Adler e Borys (1996), onde são identificadas a abordagem **coercitiva,** que visa limitar a discrição e atuação dos funcionários, e os sistemas **facilitadores** cujo objetivo é mobilizar o conhecimento e experiência em apoio aos objetivos organizacionais. A abordagem coercitiva tem como característica ser rígida, focada no cumprimento do orçamento e tem como ponto favorável para a organização otimizar recursos. Não proporciona muitas oportunidades para pensar e o sucesso consiste em atingir o orçado. Por sua vez, a abordagem facilitadora usa o orçamento como uma fonte para buscar e implementar novas oportunidades. A criatividade das pessoas aparece mais facilmente nessa segunda abordagem.

Simons (1995) também apresenta o sistema orçamentário em termos de uso como sendo diagnóstico e interativo. De forma geral, podemos dizer que a perspectiva diagnóstica equivale ao coercitivo e o interativo ao facilitador. O sistema diagnóstico tem o seu foco no cumprimento do planejamento, aquilo que foi decidido e com isso garantir a eficiência da operação. Nessas condições, o fundamental é cumprir aquilo que foi previsto, identificar desvios, explicá-los e buscar alternativas para evitar novas surpresas. Por sua vez, o mesmo Simons (1995) reconhece a abordagem interativa, relevante para a gestão de longo prazo, entendimento e implementação das oportunidades não previstas.

Essas duas perspectivas foram aperfeiçoadas por Sponem e Lambert (2010), descrito e pesquisado por Mucci (2013), onde as perspectivas, mais do que a simples manifestação de vontade, devem ser escolhidas e implementadas em decorrência das peculiaridades das organizações. Se por um lado a abordagem diagnóstica é aquela que provoca maiores críticas internas por menor participação, olhar financeiro muito forte, normalmente relacionado com avaliação de desempenho individual, raras revisões e papel eminentemente administrativo do orçamento, o uso interativo demanda alta participação, olhar não apenas financeiro e chance frequente de revisões.

De qualquer forma, existem situações em que ambas as abordagens (diagnóstica e interativa) são utilizadas de maneira conjunta, o que demanda dos gestores flexibilidade para perceber e usar essas possibilidades, incluindo variações de enfoque em diferentes níveis hierárquicos da mesma entidade.

7.5 Reservas orçamentárias

O tema reserva orçamentária é um dos elementos mais questionados quando se trata do processo orçamentário das organizações. A reserva orçamentária pode ser apresentada e percebida: como um valor que serve para cobrir incertezas (THATEN, MAHLENDORF e SKIBA, 2010); como uma questão ética (HOBSON, MELLON e STEVENS, 2011); como fruto da pressão do sistema orçamentário sobre os gestores (MARGINSON e OGDEN, 2005); e como uma reação à política de remuneração da organização (LEAVINS, OMER e VILUTIS, 1995). Por apresentar a combinação de diferentes paradigmas (COVALESKI, EVANS, LUFT e SHIELDS, 2003), parte das críticas à constituição de reservas orçamentárias decorre dos diferentes entendimentos.

O maior foco dos críticos à existência de reservas orçamentárias, muitas vezes misturado com outros elementos, é a perda de referencial de desempenho que seja aceito como adequado no desempenho organizacional. Embora a reserva orçamentária possa ser definida de várias maneiras, em termos gerais, corresponde a valores de gastos maiores do que aqueles "adequados" e valores de receitas menores do que aqueles mais "adequados" ou esperados. Quando o sistema de avaliação de desempenho individual se relaciona com o orçamento, fica criada uma zona de conflito entre o interesse próprio e o interesse da organização.

Algumas alternativas de tratamento para as reservas são possíveis e uma delas consiste em tratar o tema com maior flexibilidade. Isso é possível mediante revisões do orçamento (HANSEN e VAN DER STEDE, 2004). Como consequência, resultados são alterados, metas podem ser ajustadas eventualmente e as expectativas que o sócio tinha podem ser muito alteradas. Ao fazer isso (FREZATTI, BECK e DA SILVA, 2013), o instrumento perde a sua estabilidade no relacionamento entre executivos e sócios no que se refere aos compromissos, o que representa um problema para o processo de agência. O sócio espera dos executivos o cumprimento de suas metas, ainda que o ambiente (interno e externo) seja volátil ou mesmo agressivo. Espera que o agente dedique o melhor de si nas atividades que lhe foram confiadas e gere os resultados prometidos.

O estudo desenvolvido por Yuen (2004) demonstrou que essas tensões levam os executivos a criar reservas orçamentárias para a sua proteção. São folgas que não permitem à organização estabelecer patamares de desempenho efetivamente desafiadores e, ao mesmo tempo, proporcionam proteção para que o executivo possa manter suas metas com mais gastos ou menos receitas. Podem ser feitas com ou sem o consentimento de níveis superiores e, no pior dos casos, existem sem que se saiba.

A literatura tem tratado o orçamento de várias maneiras, mas, em geral, os estudos são muito críticos em relação ao processo e questionam elementos que o compõem. Dentre esses elementos, a reserva orçamentária é uma das mais questionadas (HARTMANN e MAAS, 2010; DAVILA E WOUTERS, 2005; HEWEGE, 2012; MERCHANT e VAN DER STEDE, 2007). A maior parte dos trabalhos se preocupa em mostrar a folga e seus efeitos como indesejáveis sobre a gestão. A indicação de soluções para problemas gerados pelas reservas ainda é mais escassa (FREZATTI, RELVAS, JUNQUEIRA, NASCIMENTO e OYADOMARI, 2010).

Como se percebe, embora a definição de reserva possa ser algo relativamente simples, a sua materialização e o consequente tratamento podem ocorrer levando em conta diferentes perspectivas ou vertentes epistemológicas. Essas vertentes dependem de como os pesquisadores entendem o mundo em termos de realidade, o que torna o tema muito propício a críticas e pouco propenso a apresentar propostas de soluções. Como decorrência, apresenta-se uma dificuldade adicional, pois a literatura é muito fragmentada e nem sempre alinhada epistemologicamente para tratar o tema de forma consistente.

Partindo do modelo econômico, Mohamed (1973, p. 535) define reserva de recursos como "a diferença entre o total de recursos disponíveis para uma empresa e o total necessário para manter a coalizão da organização". Nesse aspecto, Merchant (1985) destaca como uma modalidade importante de reserva a reserva orçamentária que, na prática, é aquela que pode mais facilmente ser identificada. A compreensão acerca da definição dessa modalidade de reserva é acentuada pelo fato de que seu surgimento está diretamente relacionado ao processo organizacional de alocação de recursos, em específico, suas imperfeições (MOHAMED, 1973).

Quatro dimensões devem ser consideradas ao tratar as reservas (FREZATTI, BECK e DA SILVA, 2013):

- **A existência da reserva**: subestimar receitas e superestimar gastos;
- **Intencionalidade da ação**: foi gerada deliberadamente, independentemente de gerar benefícios;
- **Razões para a reserva ser criada**; e
- **Benefício da ação**: pode existir ou pode não existir.

As conclusões da pesquisa (FREZATTI, BECK e DA SILVA, 2013) corroboram vários estudos e trazem outros não evidenciados anteriormente. Com relação à existência de reservas, os discursos seguem duas direções: negação da reserva ou a justificativa para a sua existência. A negação decorre de uma lógica de legitimação da estrutura que valida as metas, de maneira tal que elas deixam de ser reservas, mas se tornam recursos necessários. Isso ocorre tanto a partir do discurso de que não existem reservas como do discurso de que elas são necessárias. Nesse sentido, o valor superestimado nos gastos (ou subestimado nas receitas) não é percebido como reserva, já que o argumento do risco vem em socorro do proponente.

A mesma pesquisa indica que o elo que permite aceitar que não existem reservas ou elas são necessárias, e mesmo benéficas para a organização, é a justificativa, a argumentação aceita, e que só é possível dada pelas condições estruturais, ou seja, uma forte discussão e definição **na formatação** *top-down* da estratégia, a existência de **sistema de informações** que diminua ou elimine a assimetria como elemento de fragilização do superior hierárquico em relação ao subordinado e ao envolvimento de vários níveis hierárquicos na validação das **metas orçamentárias estabelecidas pelos gerentes na abordagem** *bottom-up*.

7.6 Uso do *forecasting*

Tanto as palavras *budget* (orçamento) como *forecast* surgiram no ambiente empresarial brasileiro como contribuição da tradição de planejamento das empresas norte-americanas. As duas palavras andam juntas, pois apresentam conceitos complementares. O orçamento corresponde ao compromisso da entidade com os acionistas. Por sua vez, o *forecast* é a informação mais provável sobre o resultado da organização. A motivação básica da criação do *forecast* foi a necessidade de dispor de um mecanismo que pudesse proporcionar informações mais atualizadas e confiáveis do que aquelas estruturadas e contidas no orçamento anual. Essa demanda pode acontecer porque o cenário se alterou entre a data da elaboração e aprovação do orçamento e/ou porque novas oportunidades foram identificadas e devem ser incluídas no instrumento da instituição. Dessa forma, o *forecast* pode ser uma forma de manter a utilidade do orçamento ao longo do ano.

Em termos práticos, o *forecast* pode ter, pelo menos, duas abordagens:

- *Forecast* como atualização do orçamento

    Corresponde à atualização do orçamento em termos de informações reais e revisão das informações projetadas. Nesse caso os executivos:

    (i) colocam os resultados reais apurados nos lugares daqueles que estavam previstos pelo orçamento, tanto na demonstração de resultados como balanços patrimoniais. Podem substituir ou não as metas anteriormente colocadas no período remanescente.

    (ii) Na Tabela 7.1, a organização, tendo três meses reais, trocou as informações projetadas desses três meses pelas informações reais. Dado que as variações foram pequenas, alguém decidiu que, nas demais linhas de resultado, seriam mantidos os dados orçados para o período remanescente. Nessa abordagem o *forecast* sempre tem os 12 meses referente ao orçamento.

    A utilidade do *forecast* depende da maneira como os gestores queiram se comunicar com o conselho de administração ou outro órgão que coordene a gestão da entidade. Pode ser utilizado como substituto do orçamento original ou pode ser um instrumento paralelo, não afetando o que foi resolvido. De qualquer forma, espera-se dele que sirva para ter uma informação de planejamento que pode colaborar para que seja um instrumento complementar para os gestores.

Tabela 7.1 – *Dados do orçamento e do forecast*

Orçamento

Em R$	jan.	fev.	mar.	abr.	maio	jun.	jul.	ago.	set.	out.	nov.	dez.	Total
Receita	100	100	100	100	100	100	100	100	100	100	100	100	1.200
Custos dos produtos vendidos	50	50	50	50	50	50	50	50	50	50	50	50	600
Margem bruta	50	50	50	50	50	50	50	50	50	50	50	50	600
% de margem bruta sobre receitas	50%	50%	50%	50%	50%	50%	50%	50%	50%	50%	50%	50%	50%

Forecast

Em R$	Real jan.	Real fev.	Real mar.	abr.	maio	jun.	jul.	ago.	set.	out.	nov.	dez.	Total
Receita	98	110	95	100	100	100	100	100	100	100	100	100	1203
Custos dos produtos vendidos	48	52	50	50	50	50	50	50	50	50	50	50	600
Margem bruta	50	58	45	50	50	50	50	50	50	50	50	50	603
% margem bruta sobre receitas	51%	53%	47%	50%	50%	50%	50%	50%	50%	50%	50%	50%	50%

Variações

Em R$	jan.	fev.	mar.	abr.	maio	jun.	jul.	ago.	set.	out.	nov.	dez.	Total
Receita	– 2	10	– 5	0	0	0	0	0	0	0	0	0	3
Custos dos produtos vendidos	– 2	2	0	0	0	0	0	0	0	0	0	0	0
Margem bruta	0	8	– 5	0	0	0	0	0	0	0	0	0	3
% margem bruta sobre receitas	1%	3%	– 3%	0%	0%	0%	0%	0%	0%	0%	0%	0%	0%

- *Forecast* como prolongamento do orçamento

  O *forecast* surge como ferramenta para **incluir novos períodos** de planejamento. Diferentemente do exemplo anterior, o instrumento deixa de considerar os períodos que contêm as informações reais e agregam novos períodos com valores projetados. Nessa abordagem, o *forecast* sempre tem 12 meses (poderia ter 24) e, ao final de 12 meses, a organização já terá uma projeção para 12 novos meses, diferente do orçamento que os originou.

  Na Tabela 7.2, é apresentado o orçamento de um ano e o *forecast* no momento em que o mês de janeiro de x1 foi encerrado e proporcionou a inclusão de um novo mês, janeiro de x2. Como se percebe, nesse caso, ao contrário do exemplo anterior, as informações reais não são relevantes.

  Esse tipo de *forecast* tem pelo menos duas utilidades: (i) pode servir como "aquecimento" para o novo orçamento quando envolve os gestores na criação do novo mês, e (ii) situações em que a empresa precisa, ou por necessidade de projeção de contas do capital de giro ou orçamento de capital, um horizonte de planejamento maior do que 12 meses.

Tabela 7.2 – *Dados do orçamento e forecast*

Orçamento

Em R$	jan. X1	fev.	mar.	abr.	maio	jun.	jul.	ago.	set.	out.	nov.	dez. X1	Total
Receita	100	100	100	100	100	100	100	100	100	100	100	100	1.200
Custos dos produtos vendidos	50	50	50	50	50	50	50	50	50	50	50	50	600
Margem bruta	50	50	50	50	50	50	50	50	50	50	50	50	600
% de margem bruta sobre receitas	50%	50%	50%	50%	50%	50%	50%	50%	50%	50%	50%	50%	50%

Forecast

Em R$	fev. X1	mar.	abr.	maio	jun.	jul.	ago.	set.	out.	nov.	dez.	jan. X2	Total
Receita	100	100	100	100	100	100	100	100	100	100	100	100	1200
Custos dos produtos vendidos	50	50	50	50	50	50	50	50	50	50	50	50	600
Margem bruta	50	50	50	50	50	50	50	50	50	50	50	50	600
% margem bruta sobre receitas	50%	50%	50%	50%	50%	50%	50%	50%	50%	50%	50%	50%	50%

CASOS DE ENSINO TRADICIONAIS E CONTEXTUAIS

Objetivo de aprendizagem

Trazer uma "pitada" de praticidade para o ambiente de sala de aula. Principalmente para os MBAs, onde a troca de experiências é muito enfatizada. São oferecidos dois tipos de recursos: casos tradicionais e casos contextuais.

1. Relação de casos de ensino tradicionais

1. "...Coisa de Desocupado"
2. O *balanced scorecard*
3. "É Fácil Falar. Que Tal Você Fazer?"
4. "O Cliente É o Senhor..."
5. Prestação de Serviços
6. Plano de Investimentos nos Ativos de Longo Prazo
7. Plano de Recursos Humanos
8. Despesas Departamentais
9. "E Aí? Sim ou Não?"
10. "Você Precisa Disto?"

Apresentação

Os casos de ensino tradicionais têm como objetivo permitir a discussão de temas que são importantes para os vários tópicos do livro, tentando trazer a dimensão da classe para algum nível de realidade de uma organização. Foram construídos de maneira que cada um dos casos tenha como foco um dado ingrediente que possa ser entendido e discutido de maneira relativamente ampla. Os docentes encontrarão no *site* da Atlas recomendação sobre método para atribuir nota aos casos quando for necessário. Embora fictícia, a SA pode caracterizar o que ocorreu em qualquer organização.

Em outras palavras: a estrutura do enunciado do caso deve ser a mais simples possível. A solução é que deve abranger o nível de complexidade que o docente desejar.

A estrutura do caso leva em conta os objetivos de aprendizagem dos Capítulos 1-7. A partir dos dilemas, os casos devem ser analisados. Em alguns casos, ele é explicitamente apresentado e existirão consequências nos diferentes entendimentos por parte dos alunos. Essas diferentes visões são muito bem-vindas ao processo, pois torna a discussão rica e pluralista. Um caso nunca tem uma única solução adequada. Essa é a riqueza de abordagens, aliada ao aumento da participação do aluno no processo de aprendizagem. Isso torna o método atraente e com alto potencial de aumento da aprendizagem.

Nesse sentido, os casos podem ser aplicados após o desenvolvimento da parte conceitual isoladamente ou em conjunto com o exercício de simulação do orçamento, dependendo dos objetivos educacionais a que o aluno está sendo exposto. No conjunto, os casos correspondem a uma sequência a partir da abordagem conceitual, tratando da mesma empresa e personagens. Na sucessão dos casos os personagens irão se tornando familiares.

Cada caso, em termos de estrutura, contém:

resumo indicando o que ocorre e o que o caso pretende de maneira sumarizada;

- os diálogos apresentados têm por objetivo exteriorizar características que a abordagem descritiva teria maiores dificuldades para tratar;
- a descrição da situação a ser tratada, com personagens, situações e informações que permitam a discussão. Informações não disponíveis e que sejam consideradas úteis na solução devem ser assumidas pelos alunos;
- **roteiro de solução** que deve orientar a solução individual do caso, contendo os itens que devem ser considerados na análise do caso. O roteiro proporciona certa padronização na análise e apresentação dos trabalhos. Normalmente, os professores pedem aos alunos que preparem o roteiro previamente para discussão em sala de aula;
- **questões de estímulo à reflexão**, que consistem em perguntas que devem ampliar o potencial de customização entre teoria e prática. Normalmente, não se pede que sejam entregues respostas, mas elas apoiam o processo de estruturação da solução.

A solução dos casos deve ocorrer após a leitura dos capítulos onde os casos são identificados.

CASO DE ENSINO 1
"...COISA DE DESOCUPADO"

Resumo

O caso apresenta uma discussão interna de uma empresa de serviços sobre o seu plano estratégico, refletindo as diferenças em termos de percepções e interesses entre os vários executivos da empresa. O dilema consiste **em despender o tempo necessário no planejamento de longo prazo ou dedicar menor atenção a ele e, em compensação, oferecer maior atenção às ações voltadas para o curto prazo propriamente ditas**.

CASO

"Planejamento estratégico é coisa de desocupado! O que realmente conta é ação. Gastar tempo discutindo o que vamos fazer daqui a cinco anos é perda de tempo. Afinal de contas, temos tantas coisas para fazer hoje." Enquanto pensava, Paulo rabiscava o material enviado referente a **missão, objetivos e principais estratégias** da empresa. Por sua vez, o economista chefe preparava o canhão de multimídia para apresentar um dos cenários possíveis para o horizonte de longo prazo da entidade. A organização em questão, a SA, é uma empresa que desenvolve e comercializa soluções na área de tecnologia da informação, *softwares* para pequenas e médias empresas. Tendo sensibilidade para as oportunidades, foi expandindo as suas atividades no mercado nacional de maneira consistente e qualitativamente adequada. A concorrência existente no mercado nacional, na sua área, apresenta a seguinte distribuição:

% de participação no mercado nacional de soluções para empresas pequenas e médias	Anos					
	– 5	– 4	– 3	– 2	– 1	(*) Ano base
Softwarenada	40	30	25	12	15	15
Resolvotudo	30	38	35	38	35	28
Ligapramimbem	3	5	8	12	13	14
SouomelhorMEESMO	10	12	14	13	12	14
SA	3	10	15	17	10	15
Outros	14	5	3	8	15	15

(*) Estimativa.

A reunião estava começando e o diálogo abaixo descreve o que ocorreu:

Ricardo, o presidente da empresa: *"Bem, estamos aqui para discutir algumas diretrizes da nossa revisão estratégica. Vocês receberam os Anexos 1, 2 e 3 que contêm o material básico para a reunião. Para dar sequência, teremos uma apresentação de estudo de cenário mais provável."*

Henrique, o economista chefe: *"O cenário mais provável para a economia do país em termos de crescimento é otimista a médio prazo e decorre das ações e declarações do Presidente da República. Contudo, a curto prazo temos uma crise de confiança localizada em alguns segmentos do nosso negócio, pois os donos das pequenas e médias empresas são muito sensíveis, em termos de humor, quando se fala de mudanças no mercado e eles não têm muita clareza em termos da importância de um software sobre o negócio. Pelas pesquisas mais recentes, teremos grandes mudanças na economia, depois das reformas esperadas, e a pressão social continuará muito forte no sentido da redução da taxa de juros. Por sua vez, o ambiente externo deve ser pouco sensível a isso e, para atrairmos mais recursos, o país deve manter a taxa de juros num patamar ainda alto. Significa dizer que vai ser mais baixa do que aquela que hoje vivenciamos, mas ainda alta para os padrões internacionais, inibindo tanto o investimento como o crédito para o consumo de todos os tipos de produto. Para a sociedade, isso é terrível, dado que o nível de desemprego deveria atrair mais atenção e ser reduzido. Ter cerca de 15% da massa trabalhadora em situação de desemprego é muito crítico para um país como o nosso. Finalmente, em termos de taxa de câmbio, salvo em momentos de crise muito pontuais, não deverá ser o grande problema da nossa economia, oscilando próxima da inflação no horizonte de cinco anos."*

Sérgio, o diretor da área de marketing: *"Esse conjunto de pontos é muito interessante mas... o que eu faço com isso? Podemos contar com crescimento da carteira de clientes? As migrações dos clientes que, no passado, optaram por produtos da concorrência vão continuar? Os novos entrantes, aqueles que dispunham de soluções de tecnologia de informação vão crescer o suficiente para consumir nossos produtos? Quais minhas chances de sucesso em termos de crescimento da clientela? O que pode incentivar o seu crescimento? Estou cansado de gastar tempo montando números e, depois, revendo esses números com mais detalhes. É muito tempo para nada!"*

Márcia, a responsável por produtos: *"Vocês não estão sentindo falta de uma dimensão temporal nessa discussão? Quando e em que áreas esses impactos podem ocorrer?"*

Henrique: *"Eu projetei um cenário para o horizonte de cinco anos. Essas coisas não são certinhas. Trata-se de uma tendência a ser percebida."*

Sérgio: *"Sim, como posso estabelecer metas comerciais para um horizonte de cinco anos? Vocês pensam muito no longo prazo, mas eu preciso mesmo do curto prazo. Pensando bem, a vida fica mais fácil se visitar os maiores clientes e identificar oportunidades a partir do feeling. Vir aqui preencher um formulário com estimativas que não imagino como cumprir não vai agregar valor para a empresa. Para certas coisas, não vale a pena planejar. Com liberdade, pessoas de confiança fazem o trabalho. Vamos evitar esse tipo de desgaste. Vamos esquecer essa revisão e tocar a vida."*

Ricardo: *"Não foi para isso que nós investimos tanto tempo. Precisamos ser coerentes em termos de curto e longo prazos. A revisão do cenário permite que possamos ajustar os maiores desvios. Se não tratarmos o planejamento como um todo, simplesmente não será possível tratar a entidade."*

Os anexos contêm informações sobre:

Anexo 1: Missão da empresa da empresa
Anexo 2: Objetivos de longo prazo
Anexo 3: Principais estratégias para o longo prazo

Roteiro de solução

1. Identificar os **personagens/entidade**.

   Identifique os personagens, suas características e interesses. Da mesma forma, caracterize a entidade a ser tratada.

2. Apresentar **dilema/problema a solucionar**.

   Identifique o problema a ser resolvido. O dilema deve ter mais de uma alternativa de solução.

3. Identifique as prováveis causas do problema.

   São informações importantes para a solução do caso. É aquilo que chamou a sua atenção.

4. Relacionar **os aspectos conceituais** que afetam a solução do caso.

   Identifique os conceitos necessários para entender, discutir e solucionar o caso.

5. Análise.

   Dentre os pontos de análise (causas), provavelmente, alguns serão percebidos como, além de interessantes, úteis à solução.

6. Recomendar: propor **solução para o dilema e apresentar argumentos**.

   Caso sinta falta de alguma informação, pesquisar (*sites*, publicações, relatórios e depoimentos de pessoas) e informar como premissa.

QUESTÕES DE ESTÍMULO À REFLEXÃO

1. Qual a sua opinião sobre **clareza** da missão apresentada?

2. Qual a sua opinião sobre a **consistência** entre missão, objetivos e estratégias apresentadas?

3. Quais seriam suas **sugestões** para que a orientação proporcionada pela missão, e pelos objetivos de longo prazo fosse mais efetiva?

4. Na sua opinião, as reclamações do Sérgio referentes ao planejamento são pertinentes? Por quê? Em caso positivo, como elas poderiam ser consideradas no plano de longo prazo?

5. Dá para tocar para a frente um plano em que o principal executivo da área comercial não se mostre comprometido?

Leitura básica: Capítulos 1, 2 e 7.

ANEXO 1 – MISSÃO DA EMPRESA

"Nossa missão é a melhoria contínua dos produtos e serviços, visando atender às necessidades de nossos clientes. Esse é o único meio para o sucesso comercial e prosperidade de nossos clientes internos e externos."

ANEXO 2 – OBJETIVOS DE LONGO PRAZO

Retorno sobre o Patrimônio Líquido de 20% a.a. para os próximos três anos.

Market share crescente, atingindo 25% ao final do terceiro ano (22, 23 e 25%).

ANEXO 3 – PRINCIPAIS ESTRATÉGIAS PARA O LONGO PRAZO

	Ameaças	Oportunidades
	a) Parceiros de empresas multinacionais (concorrentes) b) Crise econômica afetando os cliente c) Concorrentes maiores e com linhas mais sinérgicas	d) Mercado amplo nas pequenas e médias empresas em crescimento e) Possibilidade de aumento de faturamento e redução de custo fixo
Pontos fortes: 1. Produtos adequados ao mercado 2. Imagem institucional consolidada 3. Baixo custo administrativo e comercial 4. Flexibilidade e rapidez na negociação comercial	1, 2, 3, b. Estratégia de segmentação de clientes a partir da nova visão de parceria 1, 2, 3, 7, a. Ampliação da base de clientes com perfil definido pela estratégia	2, 4, 5, 6, d, a, c, e. Identificação e acordo com parceiro externo com o objetivo de dispor de novos produtos, rapidamente e com complemento mútuo (parceiro comercializar produtos da SA)
Pontos fracos 5. Baixa agilidade no desenvolvimento de novos produtos 6. Grande dependência de poucos profissionais que representam o capital intelectual 7. Dificuldade em ser competitivos com novos associados		7, e. Plano de desenvolvimento de profissionais, visando identificar novos sucessores

Produtos oferecidos pela empresa

Abaixo são descritos os produtos da empresa, disponíveis para a comercialização

OFFICE SASUPERPLUS

O pacote Office Plus é uma das mais completas soluções oferecidas pela SA; além de conter os quatro principais Softwares Administrativos Telecont, E-fiscal e Adm-Soft, também possui o Legislação, Informação e Consultoria On Line.

SAMATIC

É o módulo que permite o gerenciamento das rotinas de Folha de Pagamento, transferindo agilidade e facilidade ao usuário, através da geração de arquivos eletrônicos, integrações diversas, emissão de relatórios e operações automáticas. *Software* que permite a classificação e o gerenciamento de movimentações contábeis a partir de relatórios predefinidos, distribuídos em diferentes módulos.

SAE-FISCAL

A obtenção de dados, como a geração das movimentações e livros fiscais da empresa, apuração de impostos, documentos e integrações a *softwares* federais e estaduais, é a principal função do *software* E-Fiscal, que permite também a importação de dados de sistemas de faturamento e compras, exportação para a nova GIA São Paulo, Paraná, Mato Grosso do Sul, DCTF, DFG Paraná...

SAADMSOFT

A função principal do *software* é a administração de escritórios contábeis, utilizando-se de alta tecnologia a partir do controle de mensalidades, protocolos e Livro Caixa de maneira personalizada. Também traz em seu conteúdo a facilidade de promover atualizações monetárias de impostos, emissão de DARFs, controle de contas a pagar e a receber, emissor de nota fiscal, impressão de relatórios com agilidade e eficácia.

SASCANMATIC

É a solução para transformar pilhas de papel em arquivos digitais para captar, armazenar, gerenciar e localizar versões digitais das informações.

CASO DE ENSINO 2
O *BALANCED SCORECARD*

Resumo

O texto trata de uma vivência do grupo executivo numa reunião em que se define os indicares do *Balanced Scorecard* (BSC). O dilema consiste **em como equilibrar os diversos interesses dos agentes em termos de quais indicadores utilizar e qual a sua ponderação.**

CASO

Numa reunião de diretoria da SA, alguns indicadores do *balanced scorecard* estavam em discussão. Essa definição é muito importante para que o processo de planejamento possa ser desenvolvido. Esta era a primeira vez que se discutia o assunto desde que o BSC fora anunciado como parte integrante do processo. O pouco tempo de prática fez com que os vários diretores não se sentissem seguros quanto à forma de se comportar em uma reunião dessas. Estavam acostumados a trabalhar com indicadores financeiros que envolviam a todos e indicadores específicos, mas a ideia de indicadores comuns não era fácil de ser entendida. Como exercício de aprendizado, cada diretor ficou encarregado de desenvolver uma das dimensões do BSC. Dessa forma, ao iniciar a reunião, muitas dúvidas pairavam no ar.

A diretoria da empresa era composta por cinco executivos de relativa experiência em negócios. Ricardo era o presidente, Sérgio o diretor de marketing, Joana a diretora financeira, Carlos o diretor de operações e Lúcia a diretora de RH (Anexo 1). Outros personagens serão chamados nos outros casos: Paulo, Maria e José.

Ricardo, o novo presidente da empresa, é um executivo jovem, com grande experiência internacional, muito agressivo na sua forma de conduzir reuniões. Muito impaciente, não aceitava que usassem o seu tempo sem proporcionar algum tipo de decisão e a apresentação do BSC tinha sido postergada várias vezes em decorrência da sua agenda "volátil". Foi o primeiro a chegar na reunião, mas logo pediu mais alguns minutos para resolver um problema de emergência e, assim que entrou na sala, a reunião começou.

ANEXO 1. ESTRUTURA ORGANIZACIONAL

Ricardo: *"Bom, o consultor recomendou que usássemos as quatro dimensões do BSC para aprendermos o bastante para, no próximo triênio, pensarmos em sofisticar o modelo. Vamos ver o que temos por aí: vocês fizeram a lição de casa?"*

Carlos: *"Claro, chefe. Eu fiz a minha parte. Fiquei com a revisão dos processos. Identifiquei quatro tendo os objetivos e planos de ação que não sei como identificar os indexadores mais adequados. Quero discutir com vocês."*

Lúcia: *"Eu fiz uma análise da nossa capacidade referente a aprendizagem e crescimento. Tenho claro os objetivos e indicador; contudo, não estou segura de que os indicadores que pensei sejam adequados ao nosso modelo no que se refere a serem abrangentes para toda a empresa."*

Sérgio: *"Com relação aos clientes, não tenho a menor dúvida e, na verdade, já utilizava a maior parte deles. Os objetivos foram fáceis e os planos de ação são muito simples de ser tratados. O meu desconforto refere-se a timing. Esse instrumento tem abrangência de três anos e, com produtos novos, não sei bem como desafiar a equipe num nível de realidade adequada."*

Joana: *"A minha grande preocupação com os indicadores financeiros foi identificar algum que possa reforçar o sentimento de equipe dos nossos funcionários, na forma colaborativa e, ao mesmo tempo, permitir a existência de indicadores que enfatizem o desempenho individual também. Além disso, quero conciliar interesses dos sócios e dos gestores."*

Ricardo: *"Está bem, mas vamos ver o que vocês têm para apresentar, por dimensão em termos de objetivos, indicadores e planos de ação?"*

Roteiro de solução

O professor deve agrupar os alunos em cada uma das dimensões, representados pelos gestores acima e pedir aos grupos que elaborem uma proposta de objetivos, indicadores e planos de ação para a empresa, levando em conta as informações disponíveis (1 ou 2 por dimensão). O roteiro abaixo tem por objetivo apoiar a solução do caso em sala de aula e deve ser entregue pelos grupos antes de serem resolvidos.

1. Identificar os **personagens/entidade**.

   Identifique os personagens, suas características e interesses. Da mesma forma, caracterize a entidade a ser tratada.

2. Apresentar **dilema/problema a solucionar**.

   Identifique o problema a ser resolvido. O dilema deve ter mais de uma alternativa de solução.

3. Identifique as prováveis causas do problema.

   São informações importantes para a solução do caso. É aquilo que chamou a sua atenção.

4. Relacionar **os aspectos conceituais** que afetam a solução do caso.

   Identifique os conceitos necessários para entender, discutir e solucionar o caso.

5. Análise.

   Dentre os pontos de análise (causas), provavelmente, alguns serão percebidos como, além de interessantes, úteis à solução.

6. Recomendar: propor **solução para o dilema e apresentar argumentos**.

   Caso sinta falta de alguma informação pesquisar (*sites*, publicações, relatórios e depoimentos de pessoas) e informar como premissa.

QUESTÕES DE ESTÍMULO À REFLEXÃO

1. Quantos indicadores deveriam ser estabelecidos por dimensão?
2. Como relacionar o indicador ao horizonte temporal?
3. Seria possível montar os objetivos, indicadores e planos de ação de uma área sem mostrar/compartilhar com outras?

Leitura básica: Capítulos 1, 2, 3 e 7.

CASO DE ENSINO 3
"É FÁCIL FALAR. QUE TAL VOCÊ FAZER?"

Resumo

A situação descrita pelo caso ilustra o processo de aceitação das premissas econômico-financeiras na elaboração do orçamento. As premissas macro não são controláveis e impactam todo o instrumento de planejamento. Dada a incerteza, existiria alguma forma de proteger o orçamento? Dessa maneira, o dilema consiste **em optar por usar premissas excessivamente altas ou baixas: o que é melhor em termos de erro**?

CASO

O dia da discussão das premissas estava se aproximando e Paulo estava preocupado com a montagem do orçamento anual.

Ricardo: *"Eu dei uma olhada na proposta de vocês e acho que ali tem muita informação! Não dá para simplificar? Como vocês esperam que nós executivos possamos avaliar tanto detalhe?"*

Joana: *"Não dá para aprovar uma premissa de orçamento de forma mais sintética. A responsabilidade é muito grande e você precisa entender as consequências."*

Ricardo: *"Estou estranhando as projeções para o próximo ano. Isso é o melhor que vocês podem oferecer? No ano passado vocês erraram muito. A variação cambial foi muito maior do que o que vocês projetaram."*

Sérgio: *"Eu acho que a projeção de salários está muito baixa. Vamos perder nossos bons funcionários. Além disso, a redução de quadro pretendida é muito grande."*

Joana: *"Eu acho que o ajuste dos salários é razoável, e você sabe que no ano passado o sindicato ficou sabendo da nossa projeção e a usou como piso para as negociações."*

Ricardo: *"Espera. Vamos falar sobre as operações, as premissas macroeconômicas. Depois, vamos ver o que vamos fazer com os gastos e os funcionários. Joana, como você montou essa proposta de premissas? Como você se sente em termos de chances de que os índices venham a acontecer? O que é melhor em termos de erro, errar para cima ou para baixo?"*

Joana: *"Utilizei as revistas disponíveis, conversei com alguns economistas que fazem projeções e alguns colegas do mercado. Como você sabe, esse é o tipo de trabalho que é desenvolvido a partir da sensibilidade profissional. O grau de segurança nesse tipo de estimativa é relativamente pequeno, mas, sem as premissas, não poderemos montar o orçamento. Infelizmente, a única forma de diminuir os problemas é revisar periodicamente."*

ROTEIRO DE SOLUÇÃO

1. Identificar os **personagens/entidade**.

   Identifique os personagens, suas características e interesses. Da mesma forma, caracterize a entidade a ser tratada.

2. Apresentar **dilema/problema a solucionar**.

   Identifique o problema a ser resolvido. O dilema deve ter mais de uma alternativa de solução.

3. Identifique os **pontos de análise** mais importantes no desenvolvimento do caso.

   Os pontos de análise são informações importantes para a solução do caso. É aquilo que chamou a sua atenção.

4. Relacionar **os aspectos conceituais** que afetam a solução do caso.

   Identifique os conceitos necessários para entender, discutir e solucionar o caso.

5. Analisar **pontos**.

   Dentre os pontos de análise, provavelmente, alguns serão percebidos como, além de interessantes, úteis à solução.

6. Recomendar: propor **solução para o dilema e apresentar argumentos**.

   Caso sinta falta de alguma informação pesquisar (*sites*, publicações, relatórios e depoimentos de pessoas) e informar como premissa.

QUESTÕES DE ESTÍMULO À REFLEXÃO

1. O que você acha da reclamação do Ricardo na sua primeira fala?
2. Como você analisaria as premissas em termos de sequência e relacionamento?
3. Discuta a primeira proposta (Anexo 1) e levante os pontos mais críticos e discutíveis.
4. O que é melhor: errar para baixo ou para cima? Dá para generalizar em termos de impacto sobre a demonstração de resultado e balanço?
5. Qual seria a proposta de premissa do seu grupo (seria diferente da apresentada)?

Leitura básica: Capítulos 1, 2, 3, 4 e 7.

ANEXO 1 – PREMISSAS

Em %	Ano-Base	Próximo ano				
		Total	1º Trim.	2º Trim.	3º Trim.	4º Trim.
Pop. país – milhões	174	178	NA	NA	NA	NA
% Var. PIB	1,5%	2,0%	NA	NA	NA	NA
PIB US$	850	867	NA	NA	NA	NA
Renda per capita US$	4.885	4.861	NA	NA	NA	NA
% Inflação	6,0%	6,1%	1,5%	1,5%	1,5%	1,5%
% Variação de salários	2,0%	4,0%	4,0%	0,0%	0,0%	0,0%
% de mérito/promoções	1,0%	2,5%	0,0%	0,0%	2,5%	0,0%
% Variação de MP embalagens e prod. acabados	8,0%	6,1%	1,5%	1,5%	1,5%	1,5%
% Variação de outros gastos	6,0%	4,5%	1,0%	1,2%	1,0%	1,2%
% Variação cambial	4,0%	5,1%	1,0%	2,0%	1,0%	1,0%
Taxa do US$ final	3,000	3,153	3,030	3,091	3,122	3,153
Taxa do US$ média	2,900	3,067	2,965	3,060	3,106	3,137
% Juros aplicações – AP	14,0%	14,8%	3,5%	3,5%	3,5%	3,5%
Taxa real AP	7,5%	8,1%	2,0%	2,0%	2,0%	2,0%
% Juros captações curto prazo – AP	25,0%	17,0%	4,0%	4,0%	4,0%	4,0%
Taxa real – AP	17,9%	10,2%	2,5%	2,5%	2,5%	2,5%
% Juros captações longo prazo – AP	11,3%	13,8%	3,0%	4,0%	3,0%	3,0%
Taxa real AP (acima da var. cambial)	7,0%	8,2%	2,0%	2,0%	2,0%	2,0%
% de custo de oportunidade	5,0%	7,2%	1,5%	2,5%	1,5%	1,5%

CASO DE ENSINO 4
"O CLIENTE É O SENHOR..."

Resumo

O caso ilustra uma discussão sobre a fixação de metas e a utilização dos resultados e comportamentos passados nas projeções dos gestores para o exercício seguinte, ocasião em que o plano de marketing é evidenciado. O gestor desse departamento deve **aceitar compromissos que serão mais facilmente cumpridos pelos vendedores, ou optar por metas extremamente desafiadoras, incorrendo no risco de frustrar seu pessoal**?

CASO

O plano de marketing da SA era uma etapa discutida com grande intensidade pelos diretores da empresa. A revisão estratégica feita no início de cada ano levava em conta os três anos seguintes e a visão de mercado era compartilhada entre os gestores. O nível de detalhe era o ponto da discórdia, pois alguns executivos ficavam com a impressão de que saíam da reunião com muitos compromissos, mas sem uma noção razoável do pano de fundo que alicerçava todo o trabalho. Paulo estava anotando tudo que considerava importante para recompor a análise dos números dos executivos. Sabia que, depois da reunião, ele com certeza teria muito trabalho. De qualquer forma, dessa vez, o Sérjão vinha muito animado, com a sua voz rouca e provocante:

Sérgio: *"Vocês vão adorar o nosso plano de marketing para o próximo ano. Foi feito de maneira responsável e leva em conta uma visão bem abrangente do que podemos fazer."*

Ricardo: *"Então dessa vez vai ser diferente..."*

Sérgio: *"Injustiça só atrapalha. Espera um pouco que você vai ver. Bom, vamos crescer o nosso faturamento, sendo 2,3% o volume de venda de produtos, e os preços acima da inflação vão subir 7,9%. Com isso, o efeito geral vai ser um faturamento superior ao atual em 10,3%."*

Joana: *"Ssssó! No plano estratégico, você prometeu crescer mais em termos de colocação de produto e menos em termos de preços. O que mudou? Esta proposta tem menor desempenho da sua equipe e os gastos que você pediu já foram feitos."*

Sérgio: *"Você não tem paciência mesmo! O mercado não está firme e eu revi os meus números passados. Infelizmente, não tenho cumprido as cotas prometidas e isso gera uma baixa autoestima nos meus vendedores. Se as metas forem um pouco menos ambiciosas, eles vão se sentir mais confiantes e proporcionar condições de crescimento maior no futuro. Claro que eu lhes pedi mais do que estou colocando no orçamento e assim vou ter uma folga."*

Ricardo: *"Eu não gosto disso. Folgas nos vários subplanos vão fazer com que nós percamos o controle. Qual a sua melhor expectativa?"*

Sérgio: *"A nossa receita está alterando o perfil, vindo cada vez menos dos clientes* tradicionais *e aumentando os clientes* em crescimento. *São empresas novas, sem muita história. É normal que a oscilação ocorra. Os clientes* tradicionais *não apresentam grande potencial de crescimento, mas representam menor risco de recebimento. Os clientes* em crescimento *permitem melhores preços, mas são uma verdadeira caixinha de surpresas: podem comprar e/ou sumir do mapa. Fica mais difícil entender o comportamento deles. Mesmo o trabalho de garimpagem e negociação se torna mais complexo."*

O telefone tocou e Paulo aproveitou para dar uma desculpa e sair da sala... não mais voltando para a reunião que se prolongou por mais duas horas.

Alguns quadros têm informações sobre o assunto:

Anexo 1: Segmentação de clientes

Anexo 2: Acompanhamento das metas do ano em curso

ROTEIRO DE SOLUÇÃO

1. Identificar os **personagens/entidade**.

    Identifique os personagens, suas características e interesses. Da mesma forma, caracterize a entidade a ser tratada.

2. Apresentar **dilema/problema a solucionar**.

    Identifique o problema a ser resolvido. O dilema deve ter mais de uma alternativa de solução.

3. Identifique as prováveis causas do problema.

    São informações importantes para a solução do caso. É aquilo que chamou a sua atenção.

4. Relacionar **os aspectos conceituais** que afetam a solução do caso.

    Identifique os conceitos necessários para entender, discutir e solucionar o caso.

5. Análise.

    Dentre os pontos de análise (causas), provavelmente, alguns serão percebidos como, além de interessantes, úteis à solução.

6. Recomendar: propor **solução para o dilema e apresentar argumentos**.

    Caso sinta falta de alguma informação pesquisar (*sites*, publicações, relatórios e depoimentos de pessoas) e informar como premissa.

QUESTÕES DE ESTÍMULO À REFLEXÃO

1. É **possível** discutir o futuro sem o passado?
2. É **adequado** discutir o futuro só com o passado?
3. Como as pessoas se sentem em termos de compromisso com metas empresariais?
4. O que pode ser feito para que os compromissos do planejamento sejam **exequíveis** e **desafiadores**?
5. O que você acha dos números apresentados nos Anexos 1 e 2?

Leitura básica: Capítulos 1, 2, 3, 4 e 7.

ANEXO 1 – SEGMENTAÇÃO DE CLIENTES

	Nacionais consolidados	Nacionais em crescimento	Outros	Total
Clientes potenciais				
Ano-base	700	1100	200	2000
Orçamento	720	1315	205	2240
Diferença de %	3%	20%	2%	12%
% de participação				
Ano-base	17%	22%	40%	22%
Orçamento	14%	21%	34%	20%
Diferença de %	– 3%	– 1%	– 6%	– 2%
% de segmentação				
Ano-base	35%	55%	10%	100%
Orçamento	32%	59%	9%	100%
Diferença de %	– 3%	4%	– 1%	0%

ANEXO 2 – ACOMPANHAMENTO DAS METAS DO ANO EM CURSO

	Últimos 3 meses	Últimos 6 meses	Estimativa acumulada
Unidades de venda			
Meta	100	250	477
Realizado	85	226	440
% de variação	– 15%	– 10%	– 8%
Preços médios			
Meta	2614	2614	2614
Realizado	2732	2840	2819
% de variação	5%	9%	8%

CASO DE ENSINO 5
PRESTAÇÃO DE SERVIÇOS

Resumo

Os compromissos internos são fundamentais para que o plano seja equilibrado e visto como factível por todos. Quando isso não ocorre, o sentimento de descompromisso e impunidade afeta o desenvolvimento do processo. Identificar o dilema.

CASO

Durante o processo de elaboração do orçamento, depois de apresentado o plano de marketing, a diretoria se reuniu para discutir o plano de prestação de serviços. O diálogo a seguir explica por que a reunião terminou sem atingir o objetivo:

Ricardo: *"De acordo com o calendário de elaboração do orçamento, hoje temos que discutir o plano de prestação de serviços. Quero otimizar o custo."*

Carlos: *"Eu, durante a elaboração do plano estratégico, fiz uma revisão e reflexão profunda sobre as minhas condições de trabalho e essa revisão levou em conta o perfil de contratos que a área comercial propõe. Fiz alterações importantes na estrutura organizacional e efetuei estudos sobre novos investimentos. Agora, pouco tempo depois do término do plano, recebo uma proposta comercial bem diferente do Sérgio. Vou jogar tudo no lixo pois não tenho capacidade de atender o perfil de produtos de que ele está necessitando. A minha pergunta é: será que essa proposta é para valer? Não vai mudar de novo daqui a pouco? Afinal, plano de longo prazo é algo que deveria ter certa estabilidade, não é mesmo?"*

Sérgio: *"A sua vida é bem mais simples do que a minha: basta jogar a culpa em outro. Desde que eu forneci informações do que vamos gerar, você gera os serviços e depois pode me criticar. Eu não. Se a empresa não tiver faturamento, eu perco o emprego. O problema é que não sei como fazer essas coisas de uma única vez. O mercado muda muito e, no plano estratégico, não precisamos de muito detalhe. Só você pede detalhe. Nós deveríamos fazer uma projeção bem macro. Quem sabe se nós fizéssemos um trabalho mais simplificado apenas com a dimensão de horas necessárias, por exemplo?"*

Carlos: *"Nesse caso, você criaria outro problema, pois eu é que não saberia o perfil de atendimento. Se as informações forem muito genéricas, simplificadas, em outras palavras, você simplesmente transferiu o problema para mim. Acho que a solução deveria ser melhorarmos nosso sistema de planejamento e percepção de cenários."*

Sérgio: *"Você é um dos grandes responsáveis por essas mudanças, pois o custo de prestação de serviços que você forneceu inviabilizou alguns negócios e eu tive que correr atrás de outros. Acho que você colocou muitas reservas nas suas projeções."*

Carlos: *"Claro que temos que ter reservas. Como manter rentabilidade com a forma como você gerencia a margem? Não é mais gestão de preços, mas das doações..."*

Ricardo: *"Bom, acho que não vamos sair desta desse jeito. Afinal, dá ou não para gerar esses serviços?"*

ROTEIRO DE SOLUÇÃO

1. Identificar os **personagens/entidade**.

   Identifique os personagens, suas características e interesses. Da mesma forma, caracterize a entidade a ser tratada.

2. Apresentar **dilema/problema a solucionar**.

   Identifique o problema a ser resolvido. O dilema deve ter mais de uma alternativa de solução.

3. Identifique as prováveis causas do problema.

   São informações importantes para a solução do caso. É aquilo que chamou a sua atenção.

4. Relacionar **os aspectos conceituais** que afetam a solução do caso.

   Identifique os conceitos necessários para entender, discutir e solucionar o caso.

5. Análise.

   Dentre os pontos de análise (causas), provavelmente, alguns serão percebidos como, além de interessantes, úteis à solução.

6. Recomendar: propor **solução para o dilema e apresentar argumentos**.

   Caso sinta falta de alguma informação, pesquisar (*sites*, publicações, relatórios e depoimentos de pessoas) e informar como premissa.

QUESTÕES DE ESTÍMULO À REFLEXÃO

1. Quais conflitos são desejáveis entre Carlos e Sérgio?
2. O que você pensa da posição do Carlos?
3. Qual o papel de Joana nesse embate?
4. Como resolver esse "ovo ou galinha"?

Leitura básica: Capítulos 1, 2, 3, 4 e 7.

CASO DE ENSINO 6
PLANO DE INVESTIMENTOS NOS ATIVOS DE LONGO PRAZO

Resumo

Trata do desenvolvimento do plano de investimentos nos ativos de longo prazo no orçamento da entidade. Esse tipo de gasto requer análise financeira e implica em dispor de recursos de longo prazo para financiar a sua obtenção.

CASO

A SA está vivendo o seu processo de planejamento iniciado no primeiro semestre do ano e existem razões para que as várias etapas tenham problemas em termos de coerência e consistência. A reunião sobre o desenvolvimento do plano de investimento conta com a presença de todos os diretores e eles consideram que esse tema seja de suma importância para o futuro da empresa, embora não tenham discutido o mesmo durante a revisão do plano estratégico. Como consequência, o plano estratégico foi uma reflexão significativa sobre várias questões importantes sem que fosse possível analisar qualitativamente se as metas financeiras seriam adequadas ou não às prioridades da empresa. A reunião para discutir os investimentos nos ativos de longo prazo foi agendada para ter a participação de todos e foi difícil conciliar os interesses. Como sempre, Ricardo iniciou a reunião:

Ricardo: *"Eu queria saber por que estamos falando disto agora? Será que teremos dinheiro para fazer os investimentos? Será que dá tempo para discutirmos, decidirmos e implementarmos?"*

Carlos: *"Não é fácil decidir por investimento sem ter um projeto estruturado na mão. Eu sou o maior fornecedor de projetos e não consegui fazer isso na revisão do plano estratégico."*

Ricardo: *"E agora? Como vou saber se o plano financeiro é factível? Se não for, o que vamos dizer aos acionistas?"*

Joana: *"Você tem toda razão. Eu tentei obter as informações sobre os projetos, mas não foi possível. Agora o que temos a fazer é identificar os investimentos que teremos (e em que ano) e verificar o impacto sobre o investimento, impacto nos custos e necessidade de financiamentos. Eu bem que avisei vocês todos que isso era necessário. No próximo ano, deveremos alterar o ciclo de revisão do planejamento estratégico e não discutiremos nenhum projeto sem que a análise financeira esteja presente."*

Sérgio: *"Só para saber. Pode ser inviável atender a demanda se esses projetos não forem feitos! Se for assim, eu quero rever minhas metas. Afinal, não dá para brincar com o meu pessoal."*

Ricardo: *"Nem pensar! Um problema de cada vez. Os projetos que estamos tratando, salvo a expansão das equipes e softwares em tecnologia de informação, baseiam-se em investimentos em nossa capacidade de gerar mais produtos e serviços. Dessa maneira, o Carlos vai analisar o impacto desses investimentos sobre a sua capacidade."*

Joana: *"Existe uma questão que antecede esse aspecto considerado. Diz respeito ao que queremos em termos de retorno. Temos projetos que, visivelmente, não cobrirão o custo do financiamento. Outros irão empatar e alguns deverão realmente agregar valor. Acho que devemos estabelecer um limite para os projetos que não proporcionem CLARAMENTE benefício para a empresa."*

Carlos: *"Se eu não tiver esses recursos, não vai ser possível desenvolver os novos produtos. Como posso assumir compromissos com o Sérgio dessa maneira?"*

Joana: *"Eu entendo, mas a empresa não aguenta. Nosso limite de obtenção de crédito não passa de $ 500 mil."*

Ricardo: *"O que você sugere?"*

Joana: *"Por ora, o que estamos fazendo: uma análise financeira de todos os projetos e uma projeção das demonstrações contábeis não só para o próximo ano, mas também para o período da revisão estratégica. Aí decidimos o que fazer."*

Ricardo: *"Está bem, mas temos muito pouco tempo. Quero ver esse resultado depois de amanhã..."*

Paulo pegou os projetos e foi para a sua sala analisar cada um deles: era sempre assim, sempre sobrava para ele. Ele tinha que montar o Anexo 1, o quadro da carteira de projetos de investimentos com a análise e recomendação para cada um deles.

ROTEIRO DE SOLUÇÃO

1. Identificar os **personagens/entidade**.

    Identifique os personagens, suas características e interesses. Da mesma forma, caracterize a entidade a ser tratada.

2. Apresentar **dilema/problema a solucionar**.

    Identifique o problema a ser resolvido. O dilema deve ter mais de uma alternativa de solução.

3. Identifique as prováveis causas do problema.

    São informações importantes para a solução do caso. É aquilo que chamou a sua atenção.

4. Relacionar **os aspectos conceituais** que afetam a solução do caso.

    Identifique os conceitos necessários para entender, discutir e solucionar o caso.

5. Análise.

    Dentre os pontos de análise (causas), provavelmente, alguns serão percebidos como, além de interessantes, úteis à solução.

6. Recomendar: propor **solução para o dilema e apresentar argumentos**.

    Caso sinta falta de alguma informação, pesquisar (*sites*, publicações, relatórios e depoimentos de pessoas) e informar como premissa.

QUESTÕES DE ESTÍMULO À REFLEXÃO

1. Quais as consequências de não tratar os investimentos no plano estratégico sobre a credibilidade do processo e do plano financeiro? Detalhe os impactos que identificar e priorize.

2. O que você sugere em termos de formato de projeto? Que tipo de informação deve conter?

3. Que métodos de avaliação de investimentos recomenda? Devem ser uniformes para todos os tipos de projetos? Que condições de aceitação deveriam conter?

4. Quais critérios proporia para decidir a escolha dos projetos?

5. Dadas as propostas apresentadas, quais projetos deveriam ser aprovados?

Leitura básica: Capítulos 1, 2, 3, 4 e 7.

ANEXO 1 – CARTEIRA DE PROJETOS DE INVESTIMENTOS – TAXA DE CUSTO DE OPORTUNIDADE DE 15% A.A.

Em $ 1000	Projeto A	Projeto B	Projeto C	Projeto D	Projeto E
Valor do investimento	30	300	250	150	100
Valor atual líquido	– 30	53	37	24	129
Taxa interna de retorno	NA	26,8%	27,2%	33,3%	45,9%
Payback ajustado	NA	< 3 anos	< 3 anos	< 1 ano	< 4 anos
Descrição do projeto	Móveis para acomodar os funcionários	Aquisição de uma empresa concorrente	Participação em *joint venture* com outra empresa para atender ao mercado latino-americano	Equipamentos para prestação de serviços ao governo	Vários *softwares* para desenvolvimento de novos produtos

CASO DE ENSINO 7
PLANO DE RECURSOS HUMANOS

Resumo

O caso chama a atenção para a situação de conflito que pode ser instaurada quando da análise dos temas ligados a recursos humanos e confidencialidade. O dilema consiste em **utilizar ou até onde utilizar o orçamento como instrumento de planejamento e implementação de ações referentes aos funcionários.**

CASO

Ricardo estava se despedindo de alguns visitantes e a reunião para discussão de recursos humanos na SA iria começar logo em seguida. Como sempre, Paulo estava tenso, aguardando que cada um tivesse feito a sua parte:

Ricardo: *"Lúcia, como está o nosso plano de RH? Vamos discutir?"*

Lúcia: *"Está pronto. A propósito, deveríamos aprofundar essa discussão na revisão do plano estratégico. Essa não preocupação com a visão de longo prazo em RH é crônica e não conseguimos mudar. A revisão foi muito ampla e a identificação dos objetivos foi significativa, mas penso que esse plano ainda tem uma cara muito tática."*

Ricardo: *"O que você quer? Os negócios são instáveis e você quer garantir aos funcionários uma série de benefícios e ações que não poderemos manter. Temos que ter flexibilidade para postergar planos de ação que possam sê-lo. No plano estratégico, temos um discurso conceitual responsável e deixamos para o orçamento a discussão quantitativa. O que está errado nisso?"*

Lúcia: *"Esse é o ponto. Precisamos discutir este tema de uma vez e pronto! Esses dois momentos confundem as pessoas e não proporcionam nenhum benefício concreto. De qualquer forma, vamos discutir o plano de recursos humanos que elaboramos."*

Carlos: *"Eu ainda acho que essa discussão é complicada, pois, caso vaze, não temos como lidar. Você está propondo redução de pessoal, alteração de benefícios e mesmo reajuste de salários. E se não for possível praticá-los? O que vamos dizer para as pessoas?"*

Lúcia: *"Carlos, manteremos essas decisões dentro deste grupo. É claro que certas coisas podem ser discutidas em todos os níveis, mas estas não. Ao menos em decorrência da cultura desta empresa. Vamos disseminar as informações de acordo com as necessidades."*

Sérgio: *"Não tem jeito. Lúcia: eu tive que envolver os meus gerentes nessas decisões. E se eles comentarem alguma coisa sobre isso?"*

Ricardo: *"Se eles não souberem guardar esse tipo de informação, será que servem para trabalhar aqui?"*

Joana: *"Eu separaria as coisas. Gestão de pessoal deve ser compartilhada. Por outro lado, nossos benefícios e percentual de reajuste salarial podem ficar entre nós."*

ROTEIRO DE SOLUÇÃO

1. Identificar os **personagens/entidade**.

   Identifique os personagens, suas características e interesses. Da mesma forma, caracterize a entidade a ser tratada.

2. Apresentar **dilema/problema a solucionar**.

   Identifique o problema a ser resolvido. O dilema deve ter mais de uma alternativa de solução.

3. Identifique as prováveis causas do problema.

   São informações importantes para a solução do caso. É aquilo que chamou a sua atenção.

4. Relacionar **os aspectos conceituais** que afetam a solução do caso.

   Identifique os conceitos necessários para entender, discutir e solucionar o caso.

5. Análise.

   Dentre os pontos de análise (causas), provavelmente, alguns serão percebidos como, além de interessantes, úteis à solução.

6. Recomendar: propor **solução para o dilema e apresentar argumentos**.

   Caso sinta falta de alguma informação, pesquisar (*sites*, publicações, relatórios e depoimentos de pessoas) e informar como premissa.

QUESTÕES DE ESTÍMULO À REFLEXÃO

1. Como você percebe o tema *confidencialidade* na empresa em termos de premissas de salários ou demissões de funcionários?

2. Quem deveria ser envolvido nas discussões e nas decisões sobre recursos humanos no orçamento?

3. Qual o papel da área de recursos humanos na elaboração do orçamento?

Leitura básica: Capítulos 1, 2, 3, 4 e 7.

142 ORÇAMENTO EMPRESARIAL • **Frezatti**

CASO DE ENSINO 8
DESPESAS DEPARTAMENTAIS

Resumo

O caso apresenta uma discussão entre gestores sobre o plano de gastos departamentais e com pessoal referente à área comercial, na elaboração do orçamento da empresa. O dilema se relaciona com o executivo responsável por este departamento que foi chamado a defender os gastos sem poder oferecer as informações sobre os benefícios. O dilema refere-se à postura: **apresentar o projeto apenas no que se refere aos gastos, atendendo à demanda do superior hierárquico, ou estruturar outra maneira de fazê-lo (qual)**?

CASO

Descrição em $	Ano-Base	Próximo Ano Orçado	Variação %
Depto. de vendas	90.056	145.050	61,1%
Total despesas (exceto Propaganda e Publicidade)	235.612	274.212	16,4%
% Depto. vendas/total	38,2%	51,1	12,9%

Sérgio recebeu um *e-mail* logo no início da manhã falando sobre as despesas do Depto. de Vendas, descritas na tabela acima. Percebia um grande problema na forma como as coisas estavam acontecendo: a sua área que tinha sido priorizada em termos de evolução na empresa agora não teria recursos necessários para que o plano se tornasse uma realidade. Será que as pessoas não entendiam que, sem isso, a empresa não poderia atingir os seus objetivos? Afinal, se agora era a hora de cortar gastos, que fossem cortados de outras áreas. Nunca da área que geraria a receita da entidade. Como argumentar? Falar com os diretores sobre gastos era um verdadeiro inferno! É, o dia não seria fácil. O diálogo seguinte apresenta a seguinte situação:

Ricardo: *"Você entendeu minhas necessidades? Não dá para apresentar um plano com aumento de 61,1% das despesas. Precisamos rever os números."*

Sérgio: *"Sim, estou comprometido com o nível de rentabilidade que o acionista espera. O problema é que para atingir tal resultado tenho que alocar recursos e tive muitos cortes no passado. Você pediu um projeto de expansão e eu fiz. Sem esses gastos, não posso atingir o* *compromisso de aumento das minhas metas de faturamento. O mercado está muito competitivo. O aumento, basicamente, está ligado a pessoas. Preciso delas para atingir minhas metas."*

Ricardo: *"Sérgio, o mercado está muito parecido e os nossos concorrentes têm sido mais eficientes em relação aos recursos. Veja os concorrentes A, B e C. Eles são mais enxutos do que nós e estão tendo muito sucesso. Com abundância de recursos, todos somos eficientes. Com escassez, os bons aparecem. Não estou dizendo que você não possa ter aumento dos seus gastos, mas que eles estarão limitados a 20%."*

Sérgio: *"Como? Você quer que as despesas departamentais não ultrapassem o crescimento de 20%? As minhas atividades implicam em ter recursos para que possa atingir os objetivos que negociamos. Acabamos de decidir aumento de benefícios espontâneos para todos os funcionários e agora tenho que cortar? Se é para cortar, corte das áreas administrativas, já que eles não geram aumento de receitas."*

Ricardo: *"Se você fosse tão criativo em termos de sugestões para melhoria na sua própria área, já estaríamos nos ocupando com outras coisas. Sérgio: não tem espaço para muitas negociações. Boa sorte!"*

ROTEIRO DE SOLUÇÃO

1. Identificar os **personagens/entidade**.

   Identifique os personagens, suas características e interesses. Da mesma forma, caracterize a entidade a ser tratada.

2. Apresentar **dilema/problema a solucionar**.

   Identifique o problema a ser resolvido. O dilema deve ter mais de uma alternativa de solução.

3. Identifique as prováveis causas do problema.

   São informações importantes para a solução do caso. É aquilo que chamou a sua atenção.

4. Relacionar **os aspectos conceituais** que afetam a solução do caso.

   Identifique os conceitos necessários para entender, discutir e solucionar o caso.

5. Análise.

   Dentre os pontos de análise (causas), provavelmente, alguns serão percebidos como, além de interessantes, úteis à solução.

6. Recomendar: propor **solução para o dilema e apresentar argumentos**.

   Caso sinta falta de alguma informação pesquisar (*sites*, publicações, relatórios e depoimentos de pessoas) e informar como premissa.

QUESTÕES DE ESTÍMULO À REFLEXÃO

1. Vivenciando uma situação em que você estaria no lugar de Sérgio, que tipo de informações seria necessário para que a discussão fosse produtiva em termos de entendimento e confiança entre os agentes?

2. Você aprovaria a projeção de despesas do Sérgio? Justificar a resposta.

3. Supondo que Sérgio esteja com a razão, como você conduziria a discussão sobre a adequação do plano de despesas do departamento?

Leitura básica: Capítulos 1, 2, 3, 4, 5 e 7.

ANEXO 1 – PROJEÇÃO DOS GASTOS COM PESSOAL

Descrição – em R$	Ano-Base	Orçado	VAR. %
Depto. de Vendas			
Salários e encargos	60.165	119.534	98,7%
Gastos com admissões	1.245	416	– 66,6%
Gastos com demissões	567	0	– 100,0%
Refeitório	130	128	– 1,7%
Transportes	260	256	– 1,7%
Serviços c/ terceiros/consultorias	0	0	#DIV/0!
Despesas com informática	370	0	– 100,0%
Fretes	24.567	12.768	– 48,0%
Depreciação	2.620	6.183	136,0%
Outros	132	767	480,7%
Total	90.056	145.050	61,1%
Marketing			
Salários e encargos	23.780	31.169	31,1%
Gastos com admissões	23	0	– 100,0%
Gastos com demissões	0	0	#DIV/0!
Refeitório	28	32	14,1%
Transportes	58	64	10,1%
Serviços c/ terceiros/consultorias	4.590	0	– 100,0%
Despesas com informática	372	0	– 100,0%
Fretes	0	0	#DIV/0!
Depreciação	735	1.766	140,3%
Outros	756	192	– 74,7%
Total	30.342	33.223	9,5%
Adm., Finanças e RH			
Salários e encargos	56.498	85.267	50,9%
Gastos com admissões	0	3.038	#DIV/0!
Gastos com demissões	0	0	#DIV/0!
Refeitório	72	92	27,9%
Transportes	143	184	28,8%
Serviços c/ terceiros/consultorias	33.000	0	– 100,0%
Despesas com informática	1.600	415	– 74,0%
Fretes	0	0	#DIV/0!
Depreciação	1.837	5.299	188,5%
Devedores duvidosos	1.733	(5.964)	– 444,1%
Outros	242	553	128,3%
Total	95.125	88.885	– 6,6%
Informática			
Salários e encargos	11.776	5.143	– 56,3%
Gastos com admissões	566	0	– 100,0%
Gastos com demissões	0	4.118	#DIV/0!
Refeitório	43	16	– 62,9%
Transportes	86	32	– 62,9%
Serviços c/ terceiros/consultorias	1.600	0	– 100,0%
Despesas com informática	4.567	0	– 100,0%
Fretes	0	0	#DIV/0!
Depreciação	1.103	2.650	140,2%
Outros	348	96	– 72,5%
Total	20.089	12.055	– 40,0%
Total			
Salários e encargos	152.219	241.112	58,4%
Gastos com admissões	1.834	3.454	88,3%
Gastos com demissões	567	4.118	626,3%
Refeitório	273	268	– 1,9%
Transportes	547	536	– 2,1%
Serviços c/ terceiros/consultorias	39.190	0	– 100,0%
Despesas com informática	6.909	415	– 94,0%
Fretes	24.567	12.768	– 27,7%
Depreciação	6.295	15.898	152,6%
Devedores duvidosos	1.733	(5.964)	– 44,1%
Outros	1.478	1.607	8,7%
Total	235.612	274.212	16,4%

CASO DE ENSINO 9
"E AÍ? SIM OU NÃO?"

Resumo

O caso apresenta uma situação em que os executivos da empresa SA expõem seus diferentes interesses e convicções no processo de elaboração do orçamento. O dilema consiste **em aceitar um orçamento destoante do planejamento estratégico ou um orçamento aderente ao mesmo, mas que apresente baixo grau de realidade**.

CASO

Paulo olhava a foto do fundador da empresa e pensava enquanto os demais participantes da reunião não chegavam. Será que o grande empresário, não mais entre os viventes, imaginara a complexidade que a empresa atingiria depois de seu período áureo? Bons tempos os primeiros anos da empresa, sem grandes sofisticações, simplesmente fechando os seus negócios, mal sabendo o que estava acontecendo com os resultados... Era a fase do "era feliz e não sabia". A equipe de orçamento tinha trabalhado duro durante várias semanas, em que várias churrascadas e jogos importantes do seu time foram perdidos e, diga-se de passagem, muito desgaste em casa. Além do cansaço, certa irritação com o não comprometimento de alguns colegas era um fator que influenciava o seu humor. Afinal, ele estava preparado para o trabalho e tinha feito a sua parte, mas as informações chegaram atrasadas e muito diferentes do que ele esperava.

Joana, a diretora financeira da empresa, começou a apresentar as informações numéricas sobre o orçamento para o ano seguinte. Mal ela começou a mostrar o primeiro quadro, foi interrompida pelo presidente e o seguinte diálogo se apresentou:

Ricardo: *"Você não entendeu o que nós queremos!"*

Joana: *"Como não? O orçamento para o próximo ano deve ser conservador com foco muito forte nos resultados financeiros com contenção de investimentos em todas as áreas, exceto na unidade de negócios da região Sul."*

Ricardo: *"Sim, mas o resultado é pífio. Os custos e as despesas comerciais e administrativas aumentaram e a receita não está respondendo na mesma proporção."*

Sérgio: *"Como você sabe, o mercado está muito difícil e não vamos crescer muito."*

Ricardo: *"O que **eu** vou dizer para os acionistas? **Nós** dissemos que os investimentos seriam necessários para que pudéssemos crescer e agora vou dizer que isso não vai acontecer?"*

Sérgio: *"Vai acontecer, mas não agora."*

Carlos: *"Os custos elevados vão acontecer agora. Isso é frustrante para mim, pois esperava que todo o esforço que temos feito para melhorar a eficiência refletisse na redução dos custos, mas* *isso não aparece. Você só apresentou um faturamento maior porque está propondo um aumento real de preços. O volume de vendas não está sendo incrementado de maneira significativa."*

Sérgio: *"Calma lá. Vocês não aceitaram incrementar a venda de produtos por canal terceirizado. Da forma como estamos, eu não consigo colocar mais produtos. Não dá para crescer sem custos adicionais simplesmente porque vocês preferem utilizar formas que não se aplicam ao nosso tipo de negócio. O mercado não funciona assim."*

Joana: *"Claro, mas o custo vem primeiro e a receita nunca se sabe."*

Carlos: *"No ano passado aconteceu a mesma coisa: eu me preparei para fazer crescer a carteira de clientes. Contratei pessoas, empresas e recursos. Os contratos não vieram e o custo aumentou. Eu sou medido, basicamente, pela redução de custos que proporciono. Não sou medido pela receita efetivamente realizada, como você."*

Ricardo: *"Bom, vamos encerrar a reunião. O retorno de 20% não foi alcançado. Quando fizemos o exercício do Pré-Planejamento, encontramos um ótimo resultado que agora percebemos apenas ser um punhado de números em um pedaço de papel. Podem se reunir novamente e recomeçar o trabalho. Esse orçamento não é aceitável. Avisem quando a nova versão estiver pronta. Que isso aconteça rápido."*

O olhar de Paulo no horizonte era algo que transparecia desespero: o final de semana se aproximava e ele iria completar dois anos de casado e a sua esposa estava insinuando que esperava uma festa surpresa. O grande problema não consistia em processar os números mas em obter uma posição negociada entre os vários executivos que otimizasse a organização como um todo.

O Anexo 1 proporciona algumas informações numéricas.

ROTEIRO DE SOLUÇÃO

1. Identificar os **personagens/entidade**.

   Identifique os personagens, suas características e interesses. Da mesma forma, caracterize a entidade a ser tratada.

2. Apresentar **dilema/problema a solucionar**.

   Identifique o problema a ser resolvido. O dilema deve ter mais de uma alternativa de solução.

3. Identifique as prováveis causas do problema.

   São informações importantes para a solução do caso. É aquilo que chamou a sua atenção.

4. Relacionar **os aspectos conceituais** que afetam a solução do caso.

   Identifique os conceitos necessários para entender, discutir e solucionar o caso.

5. Análise.

   Dentre os pontos de análise (causas), provavelmente, alguns serão percebidos como, além de interessantes, úteis à solução.

6. Recomendar: propor **solução para o dilema e apresentar argumentos**.

Caso sinta falta de alguma informação, pesquisar (*sites*, publicações, relatórios e depoimentos de pessoas) e informar como premissa.

QUESTÕES DE ESTÍMULO À REFLEXÃO

1. Na sua opinião, as informações necessárias para entender e julgar o orçamento para o próximo ano foram apresentadas? O seu entendimento foi adequado? O que faltou?

2. Quais os interesses de cada um dos personagens? Alguma crítica à forma como reagiram? Alguma sugestão?

3. Como diretor da empresa você aprovaria o orçamento?

Leitura básica: Capítulos 1, 2, 3, 4, 5 e 7.

ANEXO 1 – RESULTADOS GERENCIAIS

Em R$ 1.000	Ano-base	Pré-orçamento	Proposta de orçamento	Var. % Plano x Ano-base
Receita líquida a vista	1.150	1.253	1.255	9,1%
Custo dos produtos vendidos e serviços prestados	637	672	721	13,3%
Margem bruta	513	581	534	4,0%
% sobre Receita líquida	44,6%	46,4%	42,5%	– 2,1%
Depto. de Vendas	90	104	140	55,2%
Prop. e publicidade	46	125	126	172,9%
% Prop. e publicidade	4%	10%	10%	6,0%
Marketing	30	25	32	5,5%
Administração, Finanças e RH	95	75	85	– 10,4%
Informática	20	20	12	– 41,8%
Total despesas operacionais	282	349	394	40,0%
% sobre Receita líquida	24,5%	27,9%	31,4%	6,9%
Resultado operacional	231	232	140	– 39,7%
% sobre Receita líquida	20,1%	18,5%	11,1%	– 9,0%
Juros e ganhos e perdas	– 91	– 33	– 62	– 64,6%
Resultado antes da provisão para Impostos de Renda	140	199	107	– 23,4%
Provisão para Impostos de Renda	73	66	29	– 59,7%
Resultado líquido após Imposto de Renda	67	133	78	16,3%
% sobre Receita líquida	5,8%	10,6%	6,2%	0,4%
Indicadores:				
Dias de faturamento em contas a receber	34	30	30	– 4
Dias de estoque	60	45	30	(30)
Dias de contas a pagar	15	30	28	13
Ponto de equilíbrio	27,452	28.490	39.397	11.945
Margem de segurança	60,3%	68,5%	14,7%	– 45,6%
Retorno sobre o patrimônio líquido	11,4%	20,1%	11,5%	0,1%

CASO DE ENSINO 10
"VOCÊ PRECISA DISTO?"

Resumo

O caso apresenta uma situação em que os gestores da empresa SA estão discutindo a validade de se manter o orçamento dentro da organização numa reunião de acompanhamento orçamentário. O dilema consiste em manter **os resultados previstos no orçamento original com alto risco de não ocorrerem ou alterar as metas e informar os acionistas sobre o novo patamar de desempenho**.

CASO

Em algumas épocas do ano, Paulo pensava seriamente em mudar de vida. Ele tinha terminado o seu MBA e acreditado que a vida seria melhor, mais feliz. Cada vez que se preparava para a reunião mensal de avaliação de desempenho, o seu consumo de algum tipo de remédio para dor de cabeça aumentava. Especialmente neste final do mês, estava muito preocupado, pois a empresa não está indo muito bem e a tendência nesses casos era de uma discussão muito difusa quando se falava de tudo, menos do problema principal. Era o primeiro mês do novo ano e o pior que poderia acontecer era ter resultado inferior ao previsto. Sempre surgia a proposta de um novo estudo, nova análise e, ao final, ele era o único que saía com lição de casa. O pior é que as coisas não eram resolvidas. Seu pensamento estava longe, bem longe, na verdade numa praia, água de coco, belas garotas andando na sua frente... (upa, a reunião começou).

Joana: *"O resultado do mês foi inferior ao esperado."*

Sérgio: *"Não exagera. Afinal não podemos ser tão rigorosos. 3% a menos nas vendas de produtos como os nossos não são nada inaceitável. Eu acompanhei o campo e sei que a minha equipe se matou para alcançar esse nível de vendas. As metas é que eram ambiciosas."*

Joana: *"Pelo que eu estou lembrada, foi você quem definiu as metas."*

Sérgio: *"Minha meta era muito inferior, mas vocês não aceitaram."*

Ricardo: *"Ela era inaceitável do ponto de vista da empresa."*

Sérgio: *"Vou rever todas as minhas metas futuras. Você exige muito, mas não se propõe a entender minhas justificativas."*

Ricardo: *"Eu não quero justificativas, mas resultados iguais ou melhores do que o que foi assumido."*

Sérgio: *"Esse foco negativista está matando esta empresa. Vocês não percebem as coisas boas que estão acontecendo. Estamos crescendo em um mercado cada vez mais competitivo. Crescemos menos do que prometemos, mas a concorrência não está conseguindo fazer isso."*

Joana: *"Você tem alguma informação objetiva sobre isso? Não tenho visto nenhum relatório demonstrando essas suas observações. Pelo contrário, nossa postura tem estimulado a entrada de novos concorrentes que estão incomodando o nosso negócio."*

Carlos: *"Eu perdi alguns funcionários para a concorrência por causa da nossa política excessivamente conservadora na área salarial."*

Joana: *"Não adianta você dizer que o funcionário é imprescindível. Ninguém é no nível em que está sendo proposto. Ou somos realistas com a nossa capacidade de equilibrar nossas contas ou a empresa fecha. Como dizia meu avô, felicidade é custo fixo baixo..."*

Carlos: *"Estou aqui muito revoltado. Fiz tudo o que vocês disseram que seria adequado e estou vendo que o meu resultado foi pior. Não adianta se esforçar, pois os números não refletem nada do que faço. Algo está errado Joana."*

Sérgio: *"Eu estava pensando: acho que essa reunião não faz sentido. Não conseguimos nos entender e só perdemos tempo. O orçamento não pode ser uma camisa de força. Temos que ter flexibilidade. Se as metas não forem atingidas neste ano, é porque não foi possível. Temos que acreditar no nosso pessoal. São pessoas sérias que deram o melhor de si. Você acha justo voltar para eles e dizer que fracassaram no compromisso com os acionistas? E o moral da tropa? Quando perguntarem o que devem fazer para melhorar o resultado, o que vou dizer? No próximo mês, por favor, deixem-me de fora. Vou aproveitar melhor o meu tempo no mercado, falando com minha equipe e acompanhando os clientes."*

Paulo estava pensando na praia que deveria estar muito mais agradável...

ROTEIRO DE SOLUÇÃO

1. Identificar os **personagens/entidade**.

    Identifique os personagens, suas características e interesses. Da mesma forma, caracterize a entidade a ser tratada.

2. Apresentar **dilema/problema a solucionar**.

    Identifique o problema a ser resolvido. O dilema deve ter mais de uma alternativa de solução.

3. Identifique as prováveis causas do problema.

    São informações importantes para a solução do caso. É aquilo que chamou a sua atenção.

4. Relacionar **os aspectos conceituais** que afetam a solução do caso.

    Identifique os conceitos necessários para entender, discutir e solucionar o caso.

5. Análise.

    Dentre os pontos de análise (causas), provavelmente, alguns serão percebidos como, além de interessantes, úteis à solução.

6. Recomendar: propor **solução para o dilema e apresentar argumentos**.

Caso sinta falta de alguma informação, pesquisar (*sites*, publicações, relatórios e depoimentos de pessoas) e informar como premissa.

QUESTÕES DE ESTÍMULO À REFLEXÃO

1. O argumento apresentado por Sérgio no último parágrafo faz sentido? Qual a sua linha de raciocínio?
2. Como você percebe o comportamento dos agentes?
3. Como você proporia a análise do resultado real? O que estaria faltando para a análise?
4. Como deveria terminar uma reunião como essa?

Leitura básica: Capítulos 1, 2, 3, 4, 5, 6 e 7.

ANEXO 1 – DEMONSTRAÇÃO DE RESULTADOS E ALGUNS DOS PRINCIPAIS INDICADORES DA ORGANIZAÇÃO

Em R$ 1.000	Janeiro			Var. % Real este ano x ano-base	Var. % Real este ano x ano-base
	Ano-Base	Este ano orçado	Este ano realizado		
Demonstração de Resultado					
Receita líquida a vista	90	110	106	17,8%	– 3,2%
Custo dos produtos	48	59	57	18,8%	– 3,7%
Margem bruta	42	50	49	16,7%	– 2,6%
% sobre Receita líquida	46,7%	45,9%	46,2%	– 0,4%	0,3%
Depto. de Vendas	8	10	9	12,5%	– 10,0%
Prop. e publicidade	4	11	11	205,6%	0,4%
% Prop. e publicidade	4%	10%	10%	6,0%	0,0%
Marketing	4	3	4	0,0%	33,3%
Administração, Finanças e RH	8	7	7	– 12,5%	0,0%
Informática	2	1	2	0,0%	100,0%
Total despesas operacionais	26	32	33	28,9%	3,3%
% sobre Receita líquida	28,4%	29,2%	31,1%	2,7%	2,0%
Resultado operacional	16	18	16	– 2,4%	– 12,9%
% sobre Receita líquida	18,2%	16,8%	15,1%	– 3,1%	– 1,7%
Juros e ganhos e perdas	– 2	– 1	– 3	50,0%	200,0%
Resultado antes da provisão para Impostos de Renda	14	17	13	– 9,7%	– 25,1%
Provisão para Impostos de Renda	4	5	4	0,0%	– 20,0%
Resultado líquido após Imposto de Renda	10	12	9	– 13,5%	– 27,2%
% sobre Receita líquida	11,6%	11,3%	8,5%	– 3,1%	– 2,8%
Indicadores					
Retorno sobre o investimento	1,6%	1,8%	1,3%	– 0,3%	– 0,6%
Giro	0,066	0,083	0,081	1,6%	– 0,2%
Lucratividade	11,6%	11,3%	8,5%	– 3,1%	– 2,8%
Alavancagem	2,08	1,97	1,86	– 21,2%	– 10,7%
Market share	22,0%	22,0%	20,0%	– 2,0%	– 2,0%
Dias de faturamento em contas a receber	34	30	30	– 4	0
Dias de contas a pagar	15	60	30	15	(30)
Funcionários	65	59	59	(6)	0

2. Relação de casos de ensino contextuais

1. Relacionamento entre orçamento e instrumento estratégico da organização
2. Projeção de cenários e premissas
3. Plano de marketing
4. Plano de Suprimentos, Produção e Estocagem
5. Plano de investimentos em ativos de longo prazo
6. Recursos Humanos
7. Projeção de gastos
8. Plano financeiro
9. Controle orçamentário

Apresentação

Os casos de ensino contextuais têm em comum com os casos tradicionais o objetivo de proporcionar discussão de temas de maneira prática, operacionalizando os conceitos apresentados. Entretanto, os casos tradicionais são construídos a partir de um dado ambiente e situação real, em que devem ser estimuladas diferentes visões para que a análise crítica e contribuições possam ocorrer.

Por sua vez, os casos de ensino contextuais são estruturados pelos participantes dos cursos em decorrência de suas experiências. A inspiração conceitual para essa abordagem é o PBL – *Problem Based Learning*, estratégia ativa de atuação pedagógica. Analogamente aos casos tradicionais, os participantes devem se posicionar entendendo que não existe uma única solução correta, mas, sim, que podem existir várias soluções adequadas.

Grupalmente, os participantes devem identificar empresas onde possam buscar informações sobre os temas, e o roteiro de solução proporciona direcionamento aos professores para que possam conduzir a elaboração e solução dos casos de cada um dos temas.

Cada caso, em termos de estrutura, contém:

- **frase colhida no corredor** que se constitui em elemento de insinuação do ambiente, que pode ser encontrado ou não na organização pesquisada;
- **identificação da empresa a ser pesquisada**, onde setor, tempo de existência, porte, produtos, tecnologia, história e organograma, dentre outras informações, devem ser obtidas para proporcionar pano de fundo para a análise. Podem ser utilizadas informações de *site*, material de comunicação e mesmo filmes institucionais. Esse é o mecanismo que proporciona o macrocontexto;

- **personagens a entrevistar**, complementando o contexto pela ambientação dos aspectos humanos e de gestão. Dependendo do porte da entidade, o acesso pode ser facilitado ou inviável. Sugere-se entrevista de vários perfis que podem ser do presidente, diretor, gerente ou supervisor. Em vários casos é muito interessante que essa entrevista seja feita com mais de um executivo para proporcionar complementaridade ou diferentes visões;
- **perguntas relevantes para escolha de um problema**. Cada tema tem um conjunto de cinco perguntas que devem orientar a entrevista. Servem para os participantes escolherem um problema relevante sobre o tema, naquela organização, a ser tratado;
- **escolha de um problema** que deva interessar aos participantes do grupo. O professor deve orientar os participantes para escolha de problemas compatíveis com o nível de dificuldade desejada;
- **prováveis causas do problema** devem ser identificadas para que possam ser analisadas. Em decorrência da entrevista e experiência dos participantes, de 1 a 7 diferentes causas podem ser relacionadas. Serão utilizadas para identificar que conceitos e conhecimentos são necessários para a análise e solução do caso;
- **elementos conceituais necessários para tratar o tema**. A necessidade de tratar o problema demanda conceitos e conhecimentos específicos sobre planejamento ou sobre a organização;
- **análise do caso**. A análise deve levar em conta o conjunto de conhecimentos obtido e o contexto da organização;
- **recomendações**. O grupo deve propor recomendação de soluções que sejam consistentes com os elementos do roteiro de solução listados anteriormente.

CASO DE ENSINO 1
RELACIONAMENTO ENTRE ORÇAMENTO E INSTRUMENTO ESTRATÉGICO DA ORGANIZAÇÃO

Frase colhida no corredor: *O orçamento não tem nada a ver com o planejamento estratégico da empresa. São duas coisas totalmente diferentes que não conversam.*

Identificação da empresa pesquisada

Setor:

Porte:

Tempo de existência:

Estrutura organizacional da empresa (organograma simplificado da empresa):

Outros aspectos relevantes para identificação do negócio:

Personagens a entrevistar

1. Presidente, superintendente ou gerente geral.
2. *Controller* ou diretor financeiro;
3. Diretores: de marketing, operações, TI e RH.
4. Um gerente de cada área.

Perguntas relevantes para colher informações

1. O planejamento estratégico deveria ser o orientador do orçamento? Até que ponto?
2. Os artefatos existem na empresa (planejamento estratégico, orçamento, BSC e controle orçamentário)?
3. Por que os dois artefatos (planejamento estratégico e orçamento) podem não ser congruentes?
4. O que se ganha e se perde com a ausência de congruência?
5. Quem está envolvido na elaboração e aprovação do planejamento?

Escolha de um problema

(identificado a partir das perguntas)

Prováveis causas do problema

(1 a 7 pontos que você acha relevante para discutir o tema, identificados nas entrevistas)

Elementos conceituais necessários para tratar o tema

(o que você precisa saber, em termos de conceitos, para tratar o tema)

Análise do caso

(levando em conta uma abordagem que integre os elementos anteriores)

Recomendações

(o que faria para resolver o problema; se existir problema ...)

CASO DE ENSINO 2
PROJEÇÃO DE CENÁRIOS E PREMISSAS

Frase colhida no corredor: *A gente tem que adivinhar o que vai acontecer. Se eu tivesse bola de cristal, estaria rico...*

Identificação da empresa pesquisada

Setor:

Porte:

Tempo de existência:

Estrutura organizacional da empresa (organograma simplificado da empresa):

Outros aspectos relevantes para identificação do negócio:

Personagens a entrevistar

1. Presidente, superintendente ou gerente geral.
2. *Controller* ou diretor financeiro.
3. Diretores: de marketing, operações, TI e RH.
4. Um gerente de cada área.

Perguntas relevantes para colher informações

1. O que se espera dos cenários e premissas do orçamento? O que representa nível de acerto adequado? Alguém é cobrado quando a variação é muito grande?
2. Quem elabora, proporciona e aprova as projeções do cenário e das premissas econômicas para o orçamento? Existem vários cenários?
3. O que contêm o cenário e as premissas?
4. Quais são os impactos mais críticos de mudanças de cenários e premissas?
5. Quais são o cenário (econômico) e as premissas (inflação, juros, salários e insumos) para 2012?

Escolha de um problema

(identificado a partir das perguntas)

Prováveis causas do problema

(1 a 7 pontos que você acha relevante para discutir o tema, identificados nas entrevistas)

Elementos conceituais necessários para tratar o tema

(o que você precisa saber, em termos de conceitos, para tratar o tema)

Análise do caso

(levando em conta uma abordagem que integre os elementos anteriores)

Recomendações

(o que faria para resolver o problema; se existir problema...)

CASO DE ENSINO 3
PLANO DE MARKETING

Frase colhida no corredor: *O plano de marketing é o pilar do orçamento!*

Identificação da empresa pesquisada

Setor:

Porte:

Tempo de existência:

Estrutura organizacional da empresa (organograma simplificado da empresa):

Outros aspectos relevantes para identificação do negócio:

Personagens a entrevistar

1. Presidente, superintendente ou gerente geral.
2. *Controller* ou diretor financeiro.
3. Diretores: de marketing, operações, TI e RH.
4. Um gerente de cada área.

Perguntas relevantes para colher informações

1. O que é o plano de marketing da sua empresa (formato, que tipo de informações e detalhamento de período)?
2. Que tipo de informações externas são consideradas na apresentação do plano de marketing?
3. Como ele é originado em termos de informações, comparações e diretrizes?
4. Quem define o plano de marketing?
5. Qual a liberdade dos executivos para propor o plano e como são cobrados?

Escolha de um problema

(identificado a partir das perguntas)

Prováveis causas do problema

(1 a 7 pontos que você acha relevante para discutir o tema, identificados nas entrevistas)

Elementos conceituais necessários para tratar o tema

(o que você precisa saber, em termos de conceitos, para tratar o tema)

Análise do caso

(levando em conta uma abordagem que integre os elementos anteriores)

Recomendações

(o que faria para resolver o problema; se existir problema...)

CASO DE ENSINO 4
PLANO DE SUPRIMENTOS, PRODUÇÃO E ESTOCAGEM

Frase colhida no corredor: *A produção sofre quando o crescimento é rápido tanto quanto a queda é rápida: para no estoque ou falta no estoque.*

Identificação da empresa pesquisada

Setor:

Porte:

Tempo de existência:

Estrutura organizacional da empresa (organograma simplificado da empresa):

Outros aspectos relevantes para identificação do negócio:

Personagens a entrevistar

1.   Presidente, superintendente ou gerente geral.
2.   *Controller* ou diretor financeiro.
3.   Diretores: de marketing, operações, TI e RH.
4.   Um gerente de cada área.

Perguntas relevantes para colher informações

1.   Como é coordenada a geração dos produtos em termos de conciliação entre meta de vendas, produção, estocagem e expedição?
2.   Como a sazonalidade é administrada no planejamento da empresa?
3.   O que acontece com a gestão logística quando os estoques são considerados altos?
4.   Que indicadores são privilegiados na gestão do PSPE?
5.   Qual o papel da terceirização na gestão do PSPE?

Escolha de um problema

(identificado a partir das perguntas)

Prováveis causas do problema

(1 a 7 pontos que você acha relevante para discutir o tema, identificados nas entrevistas)

Elementos conceituais necessários para tratar o tema

(o que você precisa saber, em termos de conceitos, para tratar o tema)

Análise do caso

(levando em conta uma abordagem que integre os elementos anteriores)

Recomendações

(o que faria para resolver o problema; se existir problema...)

CASO DE ENSINO 5
PLANO DE INVESTIMENTOS EM ATIVOS DE LONGO PRAZO

Frase colhida no corredor: *Eu preciso decidir que tipo de investimento vamos fazer e não sei qual seria o cenário! Não está faltando alguma coisa?*

Identificação da empresa pesquisada

Setor:

Porte:

Tempo de existência:

Estrutura organizacional da empresa (organograma simplificado da empresa):

Outros aspectos relevantes para identificação do negócio:

Personagens a entrevistar

1. Presidente, superintendente ou gerente geral.
2. *Controller* ou diretor financeiro.
3. Diretores: de marketing, operações, TI e RH.
4. Um gerente de cada área.

Perguntas relevantes para colher informações

1. A figura do projeto de investimento em ativos de longo prazo existe na empresa? Como é materializado (classificação, responsabilidade, benefício, ligação com produtos e áreas)?
2. Como são decididos os projetos de investimentos da empresa? (momento, mecanismo, nível hierárquico). Como entram no orçamento?
3. Como é tratado o financiamento desses projetos?
4. Qual a metodologia de aprovação dos projetos?
5. Quem está envolvido na elaboração e aprovação dos projetos?

Escolha de um problema

(identificado a partir das perguntas)

Prováveis causas do problema

(1 a 7 pontos que você acha relevante para discutir o tema, identificados nas entrevistas)

Elementos conceituais necessários para tratar o tema

(o que você precisa saber, em termos de conceitos, para tratar o tema)

Análise do caso

(levando em conta uma abordagem que integre os elementos anteriores)

Recomendações

(o que faria para resolver o problema; se existir problema...)

CASO DE ENSINO 6
RECURSOS HUMANOS

Frase colhida no corredor: *Pensaram em tudo, menos em nós, ativos mais importantes da organização!*

Identificação da empresa pesquisada

Setor:

Porte:

Tempo de existência:

Estrutura organizacional da empresa (organograma simplificado da empresa):

Outros aspectos relevantes para identificação do negócio:

Personagens a entrevistar

1. Presidente, superintendente ou gerente geral.
2. *Controller* ou diretor financeiro.
3. Diretores: de marketing, operações, TI e RH.
4. Um gerente de cada área.

Perguntas relevantes para colher informações

1. O que contém o plano de talentos da sua empresa (pessoas, cargos, salários, benefícios, treinamento etc.)?
2. Quem decide as variáveis desse plano?
3. Quem conhece o plano de RH? Até que nível?
4. Qual a flexibilidade dessa peça em termos de ajustes e mudanças?
5. No que se distingue o pessoal "operacional" do pessoal "executivo" nesse planejamento?

Escolha de um problema

(identificado a partir das perguntas)

Prováveis causas do problema

(1 a 7 pontos que você acha relevante para discutir o tema, identificados nas entrevistas)

Elementos conceituais necessários para tratar o tema

(o que você precisa saber, em termos de conceitos, para tratar o tema)

Análise do caso

(levando em conta uma abordagem que integre os elementos anteriores)

Recomendações

(o que faria para resolver o problema; se existir problema...)

CASO DE ENSINO 7
PROJEÇÃO DE GASTOS

Frase colhida no corredor: *Essa empresa só fala em corte de gastos. Sem recursos não vamos crescer mesmo.*

Identificação da empresa pesquisada

Setor:

Porte:

Tempo de existência:

Estrutura organizacional da empresa (organograma simplificado da empresa):

Outros aspectos relevantes para identificação do negócio:

Personagens a entrevistar

1. *Controller* ou diretor financeiro.
2. Um gerente de cada área.

Perguntas relevantes para colher informações

1. Quais os itens mais relevantes na projeção de custos e despesas?
2. Quais as maiores dificuldades na projeção de custos e despesas?
3. Qual o grau de entendimento e responsabilização dos gestores sobre o conjunto de custos e despesas?
4. Erros na contabilidade, ainda que estornados e reclassificados, afetam de forma significativa a projeção de custos e despesas?
5. Existem reservas orçamentárias nos custos e despesas da organização?

Escolha de um problema

(identificado a partir das perguntas)

Prováveis causas do problema

(1 a 7 pontos que você acha relevante para discutir o tema, identificados nas entrevistas)

Elementos conceituais necessários para tratar o tema

(o que você precisa saber, em termos de conceitos, para tratar o tema)

Análise do caso

(levando em conta uma abordagem que integre os elementos anteriores)

Recomendações

(o que faria para resolver o problema; se existir problema...)

CASO DE ENSINO 8
PLANO FINANCEIRO

Frase colhida no corredor: *No final das contas, o que vale mesmo não é o retorno financeiro?*

Identificação da empresa pesquisada

Setor:

Porte:

Tempo de existência:

Estrutura organizacional da empresa (organograma simplificado da empresa):

Outros aspectos relevantes para identificação do negócio:

Personagens a entrevistar

1. Presidente, superintendente ou gerente geral.
2. *Controller* ou diretor financeiro.
3. Diretores: de marketing, operações, TI e RH.
4. Um gerente de cada área.

Perguntas relevantes para colher informações

1. Quais os demonstrativos usados na apresentação e no *book* do orçamento?
2. Que tipos de indicadores e análises são feitas?
3. Que indicadores são "mortais" na análise e aprovação do orçamento?
4. Até que nível executivo a discussão do orçamento ocorre e quem se considera envolvido?
5. Como os executivos sabem que o orçamento foi aprovado e que serão cobrados?

Escolha de um problema

(identificado a partir das perguntas)

Prováveis causas do problema

(1 a 7 pontos que você acha relevante para discutir o tema, identificados nas entrevistas)

Elementos conceituais necessários para tratar o tema

(o que você precisa saber, em termos de conceitos, para tratar o tema)

Análise do caso

(levando em conta uma abordagem que integre os elementos anteriores)

Recomendações

(o que faria para resolver o problema; se existir problema...)

CASO DE ENSINO 9
CONTROLE ORÇAMENTÁRIO

Frase colhida no corredor: *Para que acompanhar tudo isso? Não bate mesmo?*

Identificação da empresa pesquisada

Setor:

Porte:

Tempo de existência:

Estrutura organizacional da empresa (organograma simplificado da empresa):

Outros aspectos relevantes para identificação do negócio:

Personagens a entrevistar

1. Presidente, superintendente ou gerente geral.
2. *Controller* ou diretor financeiro.
3. Diretores: de marketing, operações, TI e RH.
4. Um gerente de cada área.

Perguntas relevantes para colher informações

1. Qual a função do controle orçamentário para a organização?
2. Como ocorre (se ocorrer) o processo do controle orçamentário (quem se envolve, quando, com que enfoque, que tipo de informações e consequências)?
3. O controle orçamentário pode proporcionar revisão do orçamento e alteração de números?
4. Quais as consequências proporcionadas pelo controle orçamentário sobre a avaliação de desempenho da área? E do indivíduo?
5. Quais as coisas mais relevantes no ritual do controle orçamentário?

Escolha de um problema

(identificado a partir das perguntas)

Prováveis causas do problema

(1 a 7 pontos que você acha relevante para discutir o tema, identificados nas entrevistas)

Elementos conceituais necessários para tratar o tema

(o que você precisa saber, em termos de conceitos, para tratar o tema)

Análise do caso

(levando em conta uma abordagem que integre os elementos anteriores)

Recomendações

(o que faria para resolver o problema; se existir problema...)

EXERCÍCIOS DE SIMULAÇÃO

OBJETIVO DE APRENDIZAGEM

Proporcionar condições ao estudante de vivenciar simulação de um processo de planejamento simplificado que permita aproximar os conceitos apresentados da realidade prática das organizações.

ORIENTAÇÃO

O modelo de simulação de resultados foi desenvolvido a partir de uma planilha eletrônica e é constituído por um conjunto de quadros de apoio, contidos em várias pastas do arquivo A SUA EMPRESA.xls. Esse arquivo poderá ser obtido pelos professores cadastrados no *site* da Editora Atlas. (<www.EditoraAtlas.com.br>).

O modelo pode ser desenvolvido considerando:

APRESENTAÇÃO DO EXERCÍCIO

Etapa 1 – Planejamento estratégico.

Etapa 2 – Premissas e pré-planejamento.

Etapa 3 – Marketing.

Etapa 4 – Produção/prestação de serviços, suprimentos e estocagem.

Etapa 5 – Investimentos nos ativos de longo prazo.

Etapa 6 – Recursos humanos.

Etapa 7 – Projeção de gastos departamentais.

Etapa 8 – Planejamento financeiro.

As etapas estão relacionadas com os temas apresentados nos Capítulos de 1 a 7 e são referenciadas ao final de cada capítulo para orientar o desenvolvimento por parte dos professores e alunos. Recomenda-se que os exercícios sejam feitos em grupo e que discussões prévias ocorram antes do início das simulações e eventuais apresentações para uma plateia.

Cada uma das etapas contém vários quadros de apoio, que receberam numeração alfanumérica (1A, 1B etc.), de acordo com a sequência de utilização. Servem como um rascunho inicial, ponto de partida que possa ser seguido por alguém que queira estudar o tema e gerar suas próprias projeções. Nesse sentido, existem informações básicas sobre o ponto de partida e informações sobre as várias etapas e planos feitos por alguém que utilizou um raciocínio, que não é o único nem o melhor. Com isso, espera-se que o participante desenvolva, dentro das limitações do modelo, suas simulações.

Boa parte dos quadros decorre de informações já disponibilizadas em algum momento e serve para o aluno entender o processo de planejamento propriamente dito e as relações entre os vários elementos tratados. As células que devem ser preenchidas estão destacadas com a coloração amarela. As demais não devem ser utilizadas como entrada de dados. Nesse sentido, o arquivo foi protegido para evitar que alguma fórmula seja alterada ou destruída. Complementarmente, em cada quadro existem instruções que podem ser acessadas, passando o cursor sobre "orelhas" na cor vermelha.

APRESENTAÇÃO DO EXERCÍCIO

1 Comentários gerais

O exercício prático proposto tem por objetivo apresentar de maneira exemplificada uma organização que dispõe de um sistema de planejamento de negócios e vive as dificuldades do dia a dia empresarial. O exercício desenvolve-se em trechos, divididos a partir da estruturação conceitual utilizada, proporcionando uma sequência que pretende ser lógica para a estruturação do artefato ao longo do seu desenvolvimento. Tal situação permite ao leitor identificar oportunidades de melhoria e aperfeiçoamento do sistema de forma ampla. A pretensão do autor é que o leitor possa transportar-se para a realidade criada e tente imaginar-se na situação, identificando respostas às questões a partir da abordagem conceitual proposta.

2 A empresa

A **"sua empresa"** (por generosidade do autor, o nome da empresa fica por conta dos participantes) é líder do segmento produtor de travesseiros elitizados. A empresa foi fundada pelo Sr. José, merecendo, desde o início da década de 1970, destaque junto ao consumidor nacional. Como tantas outras empresas, inicialmente, não era profissionalizada. Contudo, ao perceber seu rápido crescimento, a empresa foi dotada de melhor estrutura organizacional, ênfase no treinamento e também decidiu-se pela contratação de vários profissionais.

Quando iniciou suas atividades, José não imaginava que sua empresa tivesse tal potencial de crescimento, pois na verdade o fundador da empresa só iniciou o novo negócio devido ao estímulo dado pelo antigo empregador: foi subitamente demitido quando achava que seria recompensado pelo seu excelente desempenho. O desespero de sentir-se desempregado foi tão grande que ele passou a dormir mal, tendo constantes noites de insônia. Foi aí que ele desenvolveu um tipo de travesseiro, feito com penas de uma ave muito especial, que resolveu seu próprio problema e de alguns amigos (eles também em fases de pré e pós-demissão).

O Sr. José colocou quadros na parede com algumas frases que permitem o entendimento de aspectos importantes da cultura da empresa:

- "Olho do dono engorda o boi."
- "Não se mexe em time que está ganhando... até que a gente sinta que ele pode perder."
- "O trabalho enobrece o homem... muito dinheiro também."
- "Honestidade e lealdade são muito importantes na vida."
- "Cada um por si e todos pela empresa."
- "Deus está nos detalhes." (A. Einstein)

3 O produto

Consiste em um travesseiro, tamanho 60 x 60 cm, muito confortável. Nota-se que, em certas épocas do ano, o consumo cresce de maneira sensível. Por outro lado, é importante o depoimento das pessoas para seus amigos e conhecidos, aumentando o interesse pelo produto ("quem gosta espalha", é o *slogan* do produto).

Uma propriedade importante é que a sua elasticidade-preço é grande. Em outras palavras, aumentos de preços muito bruscos fazem com que o volume caia significativamente. Não se tem certeza de que o inverso também ocorra.

4 O mercado consumidor

Está ampliando-se cada vez mais. O número de pessoas que têm insônia ou dificuldades de dormir tem aumentado consideravelmente nos últimos anos. O importante nesse exercício é capturar o consumidor antes que ele perca o poder aquisitivo...

As informações disponíveis referentes às vendas (em unidades), potencial de mercado (as vítimas da insônia) e penetração (vendas/potencial) são as seguintes:

Tabela 1 – *Evolução do potencial de vendas*

Unidades	Ano – 5	Ano – 4	Ano – 3	Ano – 2	Ano – 1	Ano-base (*)
Vendas	30.000	100.000	165.000	180.000	190.000	200.000
Potencial	300.000	380.000	500.000	600.000	700.000	800.000
% Crescimento						
Vendas	NA	233,3%	65,0%	9,1%	5,6%	5,3%
Potencial	NA	26,7%	31,6%	20,0%	16,7%	14,3%
% Penetração	10,0%	26,3%	33,0%	30,0%	27,1%	25,0%

(*) Estimativa.

5 Concorrência

A concorrência existente no mercado nacional (no momento, não está prevista no plano estratégico da SUA EMPRESA a participação no mercado externo) distribui-se da seguinte forma:

Tabela 2 – *Evolução no marketing*

% de participação das empresas	Ano – 5	Ano – 4	Ano – 3	Ano – 2	Ano – 1	Ano-base (*)
Sonolento	40	30	25	12	15	15
Gooddream	30	38	35	38	32	25
Crazy sleep	3	5	8	12	13	14
Quick sleep	10	12	14	13	12	14
"a sua empresa"	3	12	15	17	21	22
Outras	14	5	3	8	7	10

(*) Estimativa.

Algumas informações adicionais são disponíveis sobre a concorrência por meio de pesquisa feita no ano-base:

Tabela 3 – *Preço, margem, lucro e capacidade de produção*

Descrição	Preço Médio	% de Margem	% Desp. s/ Rec.	% Prop. & Publ.	% Lucro Líq./Rec.	Capacidade instalada
Base de cálculo	em $	em $	em $	em $	em $	em unidades
Sonolento	25,01	40,2	25,0	3,0	6,3	100.000
Gooddream	28,18	47,5	26,0	6,0	9,4	50.000
Crazy steep	30,23	50,0	32,0	10,0	11,4	35.000
Quick steep	25,76	46,1	22,0	2,0	4,7	30.000
"a sua empresa"	26,14	44,6	24,4	4,0	5,8	44.000

OBS.: 1. O percentual de propaganda e publicidade está incluído no percentual de despesas sobre receitas.

2. A capacidade instalada não inclui a produção de terceiros.

Além do potencial de vendas (volume físico de produtos), é importante considerar as diferentes possibilidades de prática de preços, que são distintas nas várias regiões. As margens projetadas **para o último trimestre do ano-base** são as seguintes:

Tabela 4 – *Evolução do potencial de vendas*

Descrição	Norte	Sul	Leste	Oeste	Total
Preço líquido a vista	25,00	30,00	23,00	20,00	26,14
(–) Custo dos produtos vendidos	14,99	14,99	14,99	14,99	14,99
= Margem	10,01	15,01	8,01	5,01	11,15
% margem	40,0%	50,0%	34,8	25,1	42,7
(–) Gastos com fretes	1,25	0,15	0,23	0,40	NA
= Resultado	8,76	14,86	7,78	4,61	NA
= % sobre o preço líquido	35,0	49,5	33,8	23,1	NA

No que se refere aos custos, deve ser considerado que:

1. os custos são apresentados em $;
2. são válidos para o final do ano-base (4º trimestre);
3. foram estruturados no conceito de valores de reposição para o período.

Tabela 5 – *Composição dos custos*

Descrição	Valor	% sobre custo total
Materiais		
Tecido	6,00	40,0
Linha	0,17	1,1
Penas	0,90	6,0
Embalagem	0,23	1,5
Soma	7,30	48,6

Descrição	Valor	% sobre custo total
Mão de obra direta:		
Corte	0,88	5,9
Costura	1,80	12,0
Acabamento	0,79	5,3
Soma	3,47	23,2
Gastos Indiretos de Fabricação:		
Engenharia	1,16	7,8
Logística	1,46	9,7
Adm. Operações	1,60	10,7
Soma	4,22	28,2
Custo unitário total	14,99	100,0

6 Informações contábeis

As seguintes demonstrações contábeis são disponibilizadas para o entendimento e o acompanhamento do negócio:

1. Balanços patrimoniais comparativos em $ (moeda de poder aquisitivo constante em 31/12 do ano-base):

	Real 31/12 Ano -2	Real 31/12 Ano -1	Estimado 31/12 Ano-base
Ativo			
Caixa + Bancos	1	1	1
Invest. a curto prazo	0	150	0
Rec. de invest. apr.	0	2	0
Contas a receber	198.453	108.911	228.500
Prov. dev. duv.	– 2.000	– 6.267	– 8.000
Estoques	60.873	76.453	94.790
Total circulante	257.327	279.250	315.291
Permanente			
Valor de custo	568.935	984.345	1.260.000
Depreciação acumulativa	23.981	103.421	201.600
Valor líquido	544.954	880.924	1.058.400
Total do ativo	802.281	1.160.174	1.373.691
Passivo			
Empréstimos	377.673	265.309	610.000
Provisões de juros	0	0	0
Contas a pagar	192.853	259.866	90.000
Provisão para IR	0	0	12.000
Total Circulante	570.526	525.175	712.000
Empréstimos a longo prazo	100.000	400.000	0
Prov. juros emp. longo prazo	0		0
Total exigível longo prazo	100.000	400.000	0
Patrimônio líquido			
Capital	100.000	150.000	450.000
Reservas	12.345	34.556	105.770
Lucros acumulados	19.410	50.443	105.921
Total pat. líquido	131.755	234.999	661.691
Total do passivo	802.281	1.160.174	1.373.691

2. Demonstração do resultado do período em $ (moeda de poder aquisitivo constante em 31/12 do ano-base):

	Real Ano -1	Estimado Ano-base
Receita líq. a vista	1.003.147	1.150.000
Margem bruta	420.897	513.002
% sobre receita líq.	42,0%	44,6%
Desp. Vendas	78.654	90.000
Desp. prop. e publicidade	40.126	46.000
% prop. e publicidade	4,0%	4,0%
Desp. marketing	34.261	30.000
Desp. adm., Fin. e RH	78.650	95.000
Desp. informática	18.975	20.000
Total despesas operacionais	250.666	281.000
% sobre receita líq.	25,0%	24,4%
Res. operacional	170.231	232.002
% sobre rec. líq.	17,0%	20,2%
Juros e ganhos e perdas	– 102.908	– 91.423
Res. antes do IR	67.323	140.579
Provisão para IR	35.008	73.101
Res. líquido após IR	32.315	67.478
% sobre receitas líq.	3,2%	5,8%

EXERCÍCIO DE SIMULAÇÃO
ETAPA 1 – PLANEJAMENTO ESTRATÉGICO

1 Atividades

Rever os elementos da visão estratégica da empresa e **ajustar ou ratificar**: visão, missão, objetivos, estratégias (SWOT) e planos de longo prazo. Definir o nome da empresa no campo "A sua Empresa".

Os quadros de apoio que devem ser analisados são: de 1A a 1E disponíveis nas pastas PLANESTR e DADOSESTR do arquivo A SUA EMPRESA.

2 Informações disponíveis

QUADRO DE APOIO 1A   Diretrizes estratégicas

Visão da empresa	A Sua Empresa

Ser a referência em sono para os insones

Missão da empresa

Desenvolver, produzir e comercializar produtos que tragam sonolência e sono para aqueles que sofrem pelas suas ausências, possibilitando o retorno sobre o investimento feito pelo acionista

Objetivos de longo prazo

De crescimento e aprendizagem: tunover dos funcionários da área de produção inferior a 15%

De processos: desenvolver novos produtos em prazos inferiores a um ano

Dos clientes: atingir market share de 30%

Financeiros: retorno sobre o patrimônio líquido de 20% aa para cada ano do triênio

Os números apresentados internamente ao quadro correspondem ao cruzamento dos elementos. Por exemplo, o item 1.2.a.b que corresponde a "divulgar informações sobre o custo-benefício do produto *versus* outros métodos" decorre do cruzamento dos pontos fortes "1. produto eficaz, 2. boa imagem no mercado" e as ameaças "(a).alta margem atrai concorrência e (b.)o número de métodos alternativos contra insônia cresce".

174 ORÇAMENTO EMPRESARIAL • Frezatti

| QUADRO DE APOIO 1B | Principais estratégias | A Sua Empresa |

Decorre da análise SWOT (dos pontos fortes/fracos/ameaças/oportunidades

	Ameaças	Oportunidades
	a. Alta margem atrai a concorrência b. O número de métodos alternativos contra a insônia cresce	c. A tendência do crescimento do número de insones é grande
Pontos fortes		
1. Produto eficaz contra a insônia 2. Boa imagem no mercado 3. Acesso exclusivo à fonte de suprimento de penas	1.2.a.b. Divulgar informações sobre o custo-benefício do produto versus outros métodos 1.2.3.a.b. Ênfase na Região Sul onde tem a melhor imagem relativa da eficácia do seu produto	1.2.3.c.Ênfase no ganho de mercado onde a concorrência fracassou pelo seu poder de repercutir (Leste) 1.2.3.c. Propagar o nível de sucesso atingido 3.c. Incentivar pesquisa de novas fontes alternativas de suprimento de penas 3.3. Garantir contratualmente a exclusividade
Pontos fracos		
4. Os clientes acham o produto caro 5. Vulnerabilidade do fornecimento de penas	4.a.b. Redução do custo pelo aumento do volume de vendas repassado ao cliente	4.c. Campanha esclarecendo e reforçando as propriedades do produto e o seu comparativo com os concorrentes

No momento em que desejar definir o ano que será considerado para projetar o orçamento, utilizar o quadro de apoio 1C e colocar o ano no quadro em destaque. No exemplo abaixo, o ano a ser projetado é 2006.

Exercícios de simulação **175**

QUADRO DE APOIO 1C   Distribuição das vendas por região

Região	Corrente	2006	2007	2008
Norte				
Mercado	30.000	31.000	32.000	33.000
Unidades de venda	5.000	5.300	5.700	6.100
% Participação	16,7%	17,1%	17,8%	18,5%
Sul				
Mercado	40.000	43.000	45.000	50.000
Unidades de venda	20.000	24.000	26.700	30.000
% Participação	50,0%	55,8%	59,3%	60,0%
Leste				
Mercado	100.000	120.000	150.000	170.000
Unidades de venda	15.000	18.000	22.500	25.500
% Participação	15,0%	15,0%	15,0%	15,0%
Oeste				
Mercado	30.000	30.000	30.000	30.000
Unidades de venda	4.000	2.700	2.300	1.500
% Participação	13,3%	9,0%	7,7%	5,0%
TOTAL				
Mercado	200.000	224.000	257.000	283.000
Unidades de venda	44.000	50.000	57.200	63.100
% Participação	22,0%	22,3%	22,3%	22,3%
% de crescimento				
do mercado		12,0%	14,7%	10,1%
das vendas		13,6%	14,4%	10,3%

QUADRO DE APOIO 1D Indicadores gerenciais e *targets* A Sua Empresa

Região	Corrente	2006	2007	2008
Investimento em aumento de capacidade – R$	0	136.364	144.000	103.147
% sobre Receita				
Margem	44,6%	44,0%	44,0%	44,0%
Propaganda e publicidade	4,0%	4,0%	4,0%	4,0%
Resultado líquido	5,8%	10,0%	16,0%	17,0%
Retorno sobre o investimento	11,4%	20,0%	23,0%	23,0%

A revisão estratégica anterior gerou a seguinte projeção dos planos operacionais de longo prazo:

QUADRO DE APOIO 1E Projeção de resultados para o triênio

Em %	Ano anterior	Este ano	Triênio projetado		
			Ano + 1	Ano + 2	Ano + 3
Receita líquida	1.003	1.150	1.307	1.495	1.649
Custo dos produtos vendidos	583	637	724	828	914
Margem bruta	420	513	583	667	736
% s/receita líquida	41,9%	44,6%	44,6%	44,6%	44,6%
Despesas	250	282	310	320	330
Resultado operacional	170	231	273	346,952	405,746
% s/receita líquida	16,9%	20,1%	20,9%	23,2%	24,6%
Outros	– 103	– 91	– 55	– 50	– 20
Resultado antes do IR/CS	67	140	218	297	386
IR/CS	35	73	72	98	127
Lucro líquido	32	67	146	199	258
% s/ receita líquida	3,2%	5,8%	11,2%	13,3%	15,7%
Venda de produtos – qtde	40.000	44.000	50.000	57.200	63.100
Preço unitário	25,08	26,14	26,14	26,14	26,14
Custo unitário	14,58	14,48	14,48	14,48	14,48
Investimentos no Ativo Permanente	60	0	136	144	103
Dias de contas a receber	36	34	35	36	37
Dias de estocagem	63	60	50	45	35
Dias de contas a pagar	15	15	17	20	22
Retorno sobre o Patrimônio Líquido	13,6%	11,4%	18,1%	19,8%	20,4%
Patrimônio Líquido	235	662	808	1.007	1.265

EXERCÍCIO DE SIMULAÇÃO
ETAPA 2 – PREMISSAS E PRÉ-PLANEJAMENTO

1 Atividades

Rever as premissas e o pré-planejamento do orçamento.

Os quadros de apoio que devem ser analisados são: 2A e 2B, na pasta PREMISSAS do arquivo A SUA EMPRESA.

2 Informações disponíveis

QUADRO DE APOIO 2A Premissas econômico-financeiras

A Sua Empresa

Em %	Ano-Base	Próximo ano				
		Total	1º Trim.	2º Trim.	3º Trim.	4º Trim.
Pop. país – milhões	180	184	NA	NA	NA	NA
% Var. PIB	1,5%	1,5%	NA	NA	NA	NA
PIB US$	600	609	NA	NA	NA	NA
Renda per capita US$	3.333	3.317	NA	NA	NA	NA
% Inflação	6,0%	6,4%	0%	1,5%	2,5%	2,1%
% Variação de salários	4,0%	4,5%	4,5%	0,0%	0,0%	0,0%
% de mérito/promoções	1,0%	1,5%	0,0%	0,0%	1,5%	0,0%
% Variação de MP embalagens e prod. acabados	8,0%	6,1%	1,5%	1,5%	1,5%	1,5%
% Variação de outros gastos	6,0%	4,1%	1,0%	1,0%	1,0%	1,0%
% Variação cambial	5,0%	– 1,5%	– 1,5%	– 1,0%	0,5%	0,5%
Taxa do US$ final	3,000	2,955	2,955	2,925	2,940	2,955
Taxa do US$ média	2,980	2,947	2,968	2,940	2,933	2,947
% Juros aplicações – AP	9,0%	12,6%	3,0%	3,0%	3,0%	3,0%
Taxa real AP	2,8%	5,7%	2,8%	1,5%	0,5%	0,9%
% Juros captações curto prazo – AP	25,0%	19,7%	4,6%	4,6%	4,6%	4,6%
Taxa real – AP	17,9%	12,5%	4,4%	3,1%	2,0%	2,4%
% Juros captações longo prazo – AP	13,4%	8,5%	0,9%	1,4%	3,0%	3,0%
Taxa real AP (acima da var. cambial)	8,0%	10,1%	2,4%	2,4%	2,4%	2,4%
% de custo de oportunidade	7,0%	1,9%	0,7%	– 0,1%	0,4%	0,8%
% IR/CS	33,00%	33,0%	33,0%	33,00%	33,00%	33,00%
% PIS	0,65%	0,65%	0,65%	0,65%	0,65%	0,65%
% COFINS	3,00%	3,0%	3,00%	3,0%	3,00%	3,00%
% ICMS	14,5%	14,5%	14,50%	14,50%	14,50%	14,50%

No caso prático, os parâmetros considerados foram os seguintes:

- **inflação**: + 6,4% a.a., sendo percentuais diferentes por trimestre;

- **variação cambial**: – 1,5% a.a., com oscilação por trimestre.

No que se refere à negociação anual, ocorre em janeiro, tendo como referencial (não necessariamente é igual) a inflação passada, sendo adicionada a produtividade negociada (nos últimos anos, a produtividade tem girado em torno de 0,2/0,4%). A legislação não prevê indexação de salários com antecipações mensais, mas cada empresa decide a sua política. A empresa normalmente programa aumentos de mérito e promoções para o 3º trimestre do ano.

- **salários**: 4,5% a.a., sendo ajustados no primeiro trimestre do ano;
- **mérito e promoções**: 1,5% a.a., sendo aplicado no terceiro trimestre do ano, destinado a proporcionar acertos de faixa e mesmo promoções eventualmente necessárias;
- **variação de matérias-primas, embalagens e produtos acabados** (produção terceirizada): 6,1% no ano, variando por trimestre;
- **juros sobre aplicações**: + 12,6% a.a. sendo percentual igual para todos os trimestres;
- **juros sobre captações**: + 4,6% a.a. (trimestre), sendo igual para todos os períodos, totalizando 19,7% no ano.

O impacto das premissas sobre os resultados é muito significativo. Numa situação como a apresentada acima, supondo-se que os preços possam ser corrigidos de acordo com a variação da inflação e considerando-se que a participação de salários e encargos seja significativa, só pela definição das premissas, *ceteris paribus*, a margem deve ser mais alta do que aquela verificada no ano anterior, já que o aumento dos custos foi inferior ao aumento do preço.

Exercícios de simulação **179**

QUADRO DE APOIO 2B — Pré-planejamento – demonstração de resultados

A Sua Empresa

Em %	Ano-Base	Pré-Plan. próximo ano	Var. %
Receita líquida a vista	1.150	1.300	13,0%
Custo dos produtos vendidos e serviços prestados	637	713	11,9%
Margem bruta	513	588	14,5%
% sobre Receita líquida	44,6%	45,2%	0,6%
Depto. de Vendas	90	100	11,0%
Prop. e publicidade	46	52	13,0%
% Prop. e publicidade	4,0%	4,0%	0,0%
Marketing	30	35	15,4%
Administração, Finanças e RH	95	89	– 6,4%
Informática	20	25	24,4%
Total despesas operacionais	282	301	6,9%
% sobre Receita líquida	24,5%	23,2%	– 1,3%
Resultado operacional	231	287	23,8%
% sobre Receita líquida	20,1%	22,0%	1,9%
Juros e ganhos e perdas	– 9,1	– 50	– 45,3%
Resultado antes da provisão para Imposto de Renda	140	237	69,0%
Provisão para Imposto de Renda	73	78	6,8%
Resultado líquido após Imposto de Renda	67	158	137,0%
% sobre Receita líquida	5,8%	12,2%	6,4%
Indicadores:			
Unidades	44.000	50.000	13,6%
Preço líquido	26,14	26,00	– 0,5%
Custo unitário	14,48	14,25	– 1,6%
Dias de faturamento em contas a receber	34	34	0
Dias de estoque	60	50	– 10
Dias de contas a pagar	15	16	1
Ponto de equilíbrio	27.452	27.666	214
Margem de segurança	60,3%	80,7%	20,4%
Retorno sobre o investimento	11,4%	24,0%	12,6%

Quanto ao pré-planejamento, deve ser levada em conta a demonstração de resultados montada de maneira resumida. Deve ser elaborada para o ano $x1$, sendo desenvolvida a partir das alterações que espera ter. Considerar que a moeda de decisão é a moeda local $. Os elementos a definir são:

1. volume de vendas;
2. preço unitário;

3. custo unitário;
4. despesas de vendas;
5. % de despesas de propaganda e publicidade;
6. valor referente a despesas de marketing;
7. valor referente a despesas administrativas;
8. valor referente a despesas de processamento de dados;
9. juros/ganhos e perdas (conselho: usar o mesmo percentual do ano anterior);
10. IR (manter o mesmo percentual sobre resultado antes do IR);
11. dias de capital de giro (contas a receber, estoques e fornecedores).

O pré-planejamento é um exercício importante na montagem do plano. Ele representa uma visão global da administração no sentido de identificar qual resultado seria considerado adequado pela administração, sendo por ela aceito. Significa um exercício de sensibilidade por parte dos executivos, no sentido de projetar a demonstração de resultados em sua totalidade antes do início do processo de planejamento propriamente dito. O pré-planejamento serve como guia para que o processo de elaboração possa ser desenvolvido com alguma redução de tempo. Isso é feito mediante a captura das impressões da administração em termos do que seria a demonstração de resultados adequada. Evidentemente, quando detalhado o processo de planejamento propriamente dito, as informações numéricas podem (e frequentemente isso ocorre) ser muito distantes daquelas esperadas pela alta administração, quando discutia o pré-planejamento. O importante é que essa fase possa ajudar o processo de montagem. No Quadro de apoio 2B existem comparações do orçamento de $x1$ com o ano-base e com o pré-planejamento.

EXERCÍCIO DE SIMULAÇÃO
ETAPA 3 – MARKETING

1 Atividades

Rever as definições das metas do plano de marketing no que se refere a quantidades a vender e preços líquidos a vista e **ajustar ou ratificar** tais informações.

Os quadros de apoio que devem ser analisados são: 3A e 3B da pasta MARKETING.

2 Informações disponíveis

QUADRO DE APOIO 3A	Distribuição das vendas por região						A Sua Empresa
Região	2006	2006					Var. %
		Total	1º Trim.	2º Trim.	3º Trim.	4º Trim.	
Norte							
Mercado	30.000	31.000	NA	NA	NA	NA	3,3%
Unidades de venda	5.000	5.500	1.200	1.400	1.400	1.500	10,0%
% Participação	16,7%	17,7%	NA	NA	NA	NA	NA
Sul							
Mercado	40.000	43.000	NA	NA	NA	NA	7,5%
Unidades de venda	20.000	23.000	5.000	5.900	5.900	6.200	15,0%
% Participação	50,0%	53,5%	NA	NA	NA	NA	NA
Leste							
Mercado	100.000	120.000	NA	NA	NA	NA	20,2%
Unidades de venda	15.000	25.000	5.000	6.000	6.000	8.000	66,7%
% Participação	15,0%	20,8%	NA	NA	NA	NA	NA
Oeste							
Mercado	30.000	30.000	NA	NA	NA	NA	0,0%
Unidades de venda	4.000	5.000	700	1.200	1.200	1.900	25,0%
% Participação	13,3%	16,7%	NA	NA	NA	NA	NA
Total Mercado Interno							
Mercado	200.000	224.000	NA	NA	NA	NA	12,0%
Unidades de venda	44.000	58.500	11.900	14.500	14.500	17.600	33,0%
% Participação	22,0%	26,1%	NA	NA	NA	NA	NA
Total Mercado Externo							
Mercado	2.000.000	2.200.000	NA	NA	NA	NA	10,0%
Unidades de venda	0	0					NA
% Participação	0,0%	0,0%	NA	NA	NA	NA	NA
Total geral empresa							
Mercado	2.200.000	2.424.000	NA	NA	NA	NA	10,2%
Unidades de venda	44.000	58.500	11.900	14.500	14.500	17.600	33,0%
% Participação	2,0%	2,4%	NA	NA	NA	NA	NA

A projeção física de venda do único produto da empresa nos seus vários mercados é apresentada no Quadro de apoio 3A. No plano estratégico, ficou decidida a não entrada no mercado externo nos próximos cinco anos em função das oportunidades do mercado interno. Normalmente, os preços de exportação são aproximadamente 15% inferiores aos preços do mercado interno. Quanto ao volume, conforme mencionado no plano estratégico, seu aumento acima de 15% implica gastos de comunicação em nível percentual ao menos igual a 10% das receitas líquidas, o que tem sido visto com certo cuidado.

Figura 1   *Vetores de mercado* versus *produto*

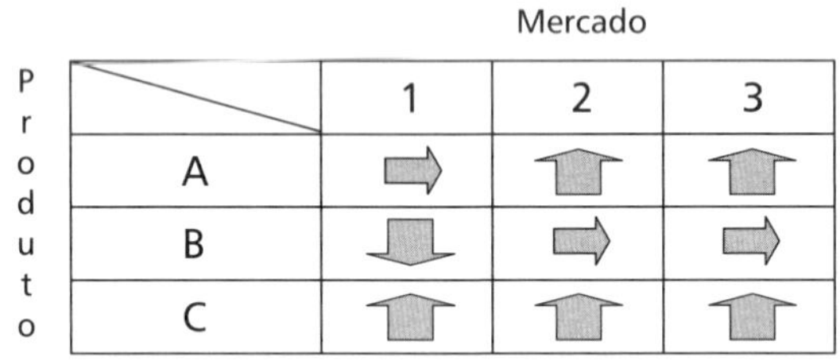

Informações como vendas por segmentos, por clientes e mesmo por canal são pontos de partida importantes nessa etapa. A análise do portfólio de produtos cruzado com o mercado deve proporcionar condição de definir os vetores. A ideia do vetor é direcionar esforços da organização para produtos e mercados. Na Figura 1, são apresentados os produtos A, B e C, que são comercializados nos vários mercados. As setas indicam a tendência de crescimento, estabilidade de participação no mercado, ou então de decréscimo. No exemplo citado, o produto A está sendo mantido sem crescimento na região 1, enquanto se espera crescimento nas regiões 2 e 3. Trata-se de um produto em fase de maturidade. Por sua vez, o produto B caracteriza-se como aquele que se encontra em uma fase de fim de ciclo de vida, sendo desestimulado na região 1 e mantido nas regiões 2 e 3. Finalmente, o produto C está em fase de expansão das vendas, sendo desenvolvidos esforços no sentido de proporcionar crescimento nas regiões 1, 2 e 3. Com base no potencial do mercado e da rentabilidade dos produtos, as quotas de vendas devem ser estabelecidas.

Exercícios de simulação **183**

QUADRO DE APOIO 3B	Projeção do faturamento da empresa						A Sua Empresa

Região	Ano-Base	Próximo Ano					Var. %
		Total	1º Trim.	2º Trim.	3º Trim.	4º Trim.	
Norte							
Qtde.	5.000	5.500	1.200	1.400	1.400	1.500	10,0%
Preço unitário em R$	25,00	26,03	25,50	26,00	26,00	26,50	4,1%
Faturamento líquido a vista	125	143	31	36	36	40	0
Sul							
Qtde.	20.000	23.000	5.000	5.900	5.900	6.200	15,0%
Preço unitário em R$	30,00	29,53	28,50	29,50	29,50	30,40	− 1,6%
Faturamento líquido a vista	600	679	143	174	174	188	13,2%
Leste							
Qtde.	15.000	25.000	5.000	6.000	6.000	8.000	66,7%
Preço unitário em R$	23,00	24,56	24,00	24,50	24,50	25,00	6,8%
Faturamento líquido a vista	345	614	120	147	147	200	78,0%
Oeste							
Qtde.	4.000	5.000	700	1.200	1.200	1.900	25,0%
Preço unitário em R$	20,00	20,12	19,50	20,00	20,00	20,50	0,6%
Faturamento líquido a vista	80	101	14	24	24	39	25,8%
Total Mercado Interno							
Qtde.	44.000	58.500	11.900	14.500	14.500	17.600	33,0%
Preço unitário em R$	26,14	26,27	25,78	26,31	26,31	26,54	0,5%
Faturamento líquido a vista	1.150	1.537	307	381	381	467	33,6%
Total Mercado Externo							
Qtde.	0	0	0	0	0	0	NA
Preço unitário em R$	0,00	NA					NA
Faturamento líquido a vista	0	0	0	0	0	0	NA
Total geral empresa							
Qtde.	44.000	58.500	11.900	14.500	14.500	17.600	33,0%
Preço unitário em R$	26,14	26,27	25,78	26,31	26,31	26,54	0,5%
Faturamento líquido a vista	1.150	1.537	307	381	381	467	33,6%

Além do volume, é importante a definição de preços em $ (líquidos de impostos e a vista, em moeda do mesmo poder aquisitivo) que devem ser praticados (iguais ou não por região), com base nos quais o faturamento pode ser calculado. Qualquer variação nos preços, colocando-os acima do preço do período anterior, por exemplo, significa que a variação dos preços será superior à variação da inflação. A manutenção dos preços exatamente iguais aos do período anterior indica que os aumentos de preços são exatamente iguais à inflação. O *mixing* de produtos afeta o resultado global à medida que proporciona diferente rentabilidade.

EXERCÍCIO DE SIMULAÇÃO
ETAPA 4 – PRODUÇÃO/PRESTAÇÃO DE SERVIÇOS, SUPRIMENTOS E ESTOCAGEM

1 Atividades

Rever os elementos da logística da entidade, ou seja, o suprimento, a produção e a estocagem e **ajustar ou ratificar** os números considerados.

Os quadros de apoio que devem ser analisados são: de 4A a 4F da pasta PSPE.

2 Informações disponíveis

QUADRO DE APOIO 4A	Avaliação do projeto de investimento	A Sua Empresa
		2006
Investimento em R$		85.432
Capacidade adicional		5.231
Em R$:		
Preço unitário líquido a vista		25,78
Custo direto		11,51
Margem de contribuição unitária		14,27
Margem de contribuição total		74.639
Valor presente		73.940
Valor presente líquido		– 11.492
Payback a valor presente		13,9

Calcula o valor atual líquido e o *payback*, caso seja feito investimento em aumento de capacidade. Foi considerado o fluxo de caixa do projeto, levando-se em conta a taxa de custo de oportunidade da empresa. No que se refere ao resultado do valor atual líquido, ele pode ser negativo em decorrência de serem consideradas estimativas do fluxo de caixa exclusivamente para os 12 meses e não para o horizonte total do projeto, o que, nesse caso, proporcionaria valor presente líquido positivo. Como o *payback* é superior a 12 meses, o valor atual líquido se apresenta negativo. Contudo, um *payback* de 13,9 meses, normalmente, é considerado excelente, não podendo deixar de ser aceito o projeto do ponto de vista estritamente financeiro.

QUADRO DE APOIO 4B — Plano de produção e estoques de produtos acabados

A Sua Empresa

Descrição	Ano-Base	Próximo Ano					
		Total	1º Trim.	2º Trim.	3º Trim.	4º Trim.
Vendas previstas	44.000	58.500	11.900	14.500	14.500	17.600
Saldo inicial de produtos acabados	5.000	5.000	5.000	4.189	3.544	4.498
Saldo final de produtos acabados	5.000	3.129	4.189	3.544	4.498	3.129
Capacidade inicial	44.000	51.398	11.111	11.089	13.856	15.453
Investimento em aumento de capacidade	0	5.231	89	2.767	1.598	778
Capacidade total	44.000	56.629	11.089	13.856	15.453	16.231
Compra de terceiros	0		0	0	0	0
Produção própria	44.000	56.629	11.089	13.856	15.453	16.231
Produção + compra de terceiros	44.000	56.629	11.089	13.856	15.453	16.231
% Produção própria		100,0%	100,0%	100,0%	100,0%	100,0%
Ociosidade / (–) Falta	0	0	0	0	0	0
Indicadores:						
Dias do período:	360	360	90	90	90	90
Dias de estoque de produtos acabados	41	22	26	22	23	16
Dias de estoque no ano anterior	35					
Investimento necessário em R$	0	88.929	1.511	47.033	27.162	13.222
Investimento necessário em R$ – valor presente		85.432	1.498	45.962	25.782	12.191

A partir da movimentação de produtos acabados, são definidos os dias de estoques desejados como alvos. Com base na informação dos dias, os saldos são calculados e a produção apresentada. Nesse momento, no caso de não existir capacidade para atingir a meta desejada, deve ser feito um investimento (a cada 1.000 de acréscimo na capacidade de produção, gastam-se $ 17.000 em acréscimo do ativo permanente).

O Quadro de apoio 4B contempla a produção externa (compra de terceiros), possível dentro de certas limitações:

1. preço unitário do produto pronto: $ 11,50 no ponto de partida, sendo inflacionado de acordo com a premissa;

2. o valor mencionado considera valor a vista sem impostos;

3. as decisões referentes à produção terceirizada e/ou própria devem fazer parte do processo de revisão do planejamento estratégico e devem estar orientadas para o longo prazo e não apenas se constituírem em decisão tática e de curto prazo; entretanto, para efeitos desse exercício, as decisões podem ocorrer de maneira mais flexível, sendo ajustadas ao sabor do curto prazo.

186 ORÇAMENTO EMPRESARIAL · Frezatti

QUADRO DE APOIO 4C   Plano de necessidade de matérias-primas

A Sua Empresa

Descrição	Fator de consumo	Próximo Ano				
		Total	1º Trim.	2º Trim.	3º Trim.	4º Trim.
Produção necessária	NA	56.629	11.089	13.856	15.453	16.231
Necessidade de materiais						
Tecido (metros)	0,75	42.472	8.317	10.392	11.590	12.173
Linha (cones)	0,07	3.964	776	970	1.082	1.136
Penas (kg)	0,0	11.326	2.218	2.771	3.091	3.246
Embalagem (unidades)	0,3	16.989	3.327	4.157	4.636	4.869

Uma vez apurada a efetiva produção requerida, são calculadas as necessidades das matérias-primas utilizadas para a elaboração do produto. São aplicados aos volumes de produtos acabados os fatores de consumo das matérias-primas. Os volumes obtidos estão explícitos em unidades específicas de cada tipo (metros para tecidos, linha em cones, penas em gramas etc.).

Os fatores de consumo são estabelecidos pela empresa a partir do nível de eficiência considerado adequado. A folha técnica desenvolvida pela organização deve refletir o consumo de materiais considerado factível que possa tornar o produto competitivo. Reduções de perdas e otimização de mão de obra devem ser permanentes e incorporadas ao processo de planejamento da organização.

Exercícios de simulação **187**

QUADRO DE APOIO 4D Movimentação de matérias-primas

A Sua Empresa

Descrição	Próximo Ano				
	Total	1º Trim.	2º Trim.	3º Trim.	4º Trim.
Tecidos (metros)					
Saldo inicial	2.000	2.000	1.155	1.288	1.353
= + Compras	41.824	7.471	10.525	11.655	12.173
– Utilização	42.472	8.317	10.392	11.590	12.173
= Saldo final	1.353	1.155	1.288	1.353	1.353
Dias de estoque – plano	10	10	10	10	10
Dias de estoque no ano anterior	40				
Linhas (cones)					
Saldo inicial	497	497	108	120	126
= + Compras	3.594	387	982	1.088	1.136
– Utilização	3.964	776	970	1.082	1.136
= Saldo final	126	108	120	126	126
Dias de estoque – plano	10	10	10	10	10
Dias de estoque no ano anterior	40				
Penas (em gramas)					
Saldo inicial	500	500	2.001	2.232	1.984
= + Compras	12.810	3.719	3.002	2.842	3.246
– Utilização	11.326	2.218	2.771	3.091	3.246
= Saldo final	1.984	2.001	2.232	1.984	1.984
Dias de estoque – plano	60	65	65	55	55
Dias de estoque no ano anterior	60				
Embalagem (unidades)					
Saldo inicial	500	500	462	515	541
= + Compras	17.030	3.289	4.210	4.662	4.869
– Utilização	16.989	3.327	4.157	4.636	4.869
= Saldo final	541	462	515	541	541
Dias de estoque – plano	10	10	10	10	10
Dias de estoque no ano anterior	35				

Especifica a movimentação física de matérias-primas. Dessa maneira, uma vez disponíveis os saldos iniciais, o consumo e o estoque desejados são definidos. Como consequência, o saldo final é apurado e as compras são calculadas. No caso de terceirização de 100% da produção, os estoques serão zerados pelo modelo por devolução aos fornecedores e/ou comercialização (quando ocorrer no primeiro trimestre do ano).

A diferenciação em termos de necessidades de nível de estoques é de vital importância. No caso prático, alguns itens (tecido, linha e embalagem e mesmo produtos acabados) são elementos de fácil obtenção, o que permite baixos estoques (refletidos nos dias de estoques decididos). Por sua vez, as penas se constituem em elemento com pequena participação nos custos, grande demora no prazo de recebimento, por se tratar de item importado, que proporciona grande diferencial competitivo. Consequentemente, os dias de estoques das penas, relativamente falando, são os maiores.

Exercícios de simulação **189**

QUADRO DE APOIO 4E — Aquisição de materiais

A Sua Empresa

Descrição em R$	2006				
	Base/Total	1º Trim.	2º Trim.	3º Trim.	4º Trim.
% de ICMS	14,5%	14,5%	14,5%	14,5%	14,5%
% Taxa de juros	19,7%	4,6%	4,6%	4,6%	4,6%
Tecidos					
Metros	41.824	7.471	10.525	11.655	12.173
Preço unitário com ICMS	10,00	10,15	10,30	10,46	10,61
% var. preço	NA	1,5%	1,5%	1,5%	1,5%
Prazo de pagamento	22	22	22	22	22
Compra com ICMS a prazo	440.150	76.672	109.628	123.219	130.632
ICMS	63.822	11.117	15.896	17.867	18.942
Compra sem ICMS a prazo	376.329	65.556	93.732	105.352	111.690
Compra sem ICMS a vista	372.214	64.838	92.707	104.200	110.469
Linha					
Cones	3.594	387	982	1.088	1.136
Preço unitário com ICMS	5,00	5,08	5,15	5,23	5,31
% var. preço	NA	1,5%	1,5%	1,5%	1,5%
Prazo de pagamento	22	22	22	22	22
Compra com ICMS a prazo	18.951	1.988	5.116	5.750	6.096
ICMS	2.749	288	742	734	884
Compra sem ICMS a prazo	16.203	1.700	4.374	4.916	5.212
Compra sem ICMS a vista	16.026	1.681	4.326	4.863	5.155
Penas					
Gramas	12.810	3.719	3.002	2.842	3.246
Preço unitário com ICMS	5,00	4,93	4,88	4,9	4,92
% var. preço	NA	− 1,5%	− 1,0%	0,5%	0,5%
Prazo de pagamento	15	15	15	15	15
Compra com ICMS a prazo	62.822	18.271	14.612	13.939	16.000
ICMS	9.109	2.649	2.119	2.021	2.320
Compra sem ICMS a prazo	63.713	15.621	12.493	11.918	13.680
Compra sem ICMS a vista	53.311	15.505	12.400	11.829	13.578
Embalagem					
Unidades	17.030	3.289	4.210	4.662	4.869
Preço unitário com ICMS	1,00	1,02	1,03	1,05	1,06
% var. preço	NA	1,5	1,5%	1,5%	1,5%
Prazo de pagamento	22	22	22	22	22
Compra com ICMS a prazo	17.914	3.375	4.385	4.929	5.225
ICMS	2.598	489	636	715	758
Compra sem ICMS a prazo	15.316	2.885	3.749	4.214	4.468
Compra sem ICMS a vista	15.149	2.854	3.708	4.168	4.419
Produto acabado					
Unidades	0	0	0	0	0
Preço unitário com ICMS	11,50	11,67	11,85	12,03	12,21
% var. preço		1,5%	1,5%	1,5%	1,5%
Prazo de pagamento	NA	22	22	22	22
Compra com ICMS a prazo	0	0	0	0	0
ICMS	0	0	0	0	0
Compra sem ICMS a prazo	0	0	0	0	0
Compra sem ICMS a vista	0	0	0	0	0
Resumo das compras					
Compra com ICMS a prazo	539.837	100.306	133.741	147.837	157.953
ICMS	78.276	14.544	19.392	21.436	22.903
Compra sem ICMS a prazo	461.560	85.761	114.349	126.401	135.050
Compra sem ICMS a vista	456.700	84.878	113.142	125.060	133.620

Uma vez conhecidos os volumes de compras, eles são valorizados pelos preços projetados dos insumos. Todas as operações são projetadas à vista, sendo o ICMS calculado e adicionado. Nesse sentido, é importante a obtenção de tais valores, pois fica definido o valor de entrada dos estoques e de contas a pagar.

Analogamente ao plano de matérias-primas, a empresa necessita de horas de mão de obra para realizar sua produção. Ela dispõe de três centros de custo operacionais diretos (corte, costura e acabamento), com taxas de necessidade de consumo de mão de obra específicas. Há necessidade de calcular as horas produtivas (horas requeridas para a geração do produto) e horas trabalhadas (tempo bruto, sem deduções de paradas, interrupções etc.) necessárias para o cálculo da folha de pagamento. Por outro lado, a empresa dispõe de um quadro de funcionários que pode ser oscilante ou fixo ao longo dos meses (com custo adicional fixo ou não). O cálculo efetuado está arredondado. Em outras palavras, 1,6 funcionário corresponde na verdade a dois funcionários.

EXERCÍCIO DE SIMULAÇÃO
ETAPA 5 – INVESTIMENTO NOS ATIVOS DE LONGO PRAZO

1 Atividades

Rever os elementos do plano de investimento no ativo de longo prazo e **ajustar ou ratificar** aquisições dos vários tipos de ativos.

O quadro de apoio que deve ser analisado é o 5A, disponível na pasta PERMANENTE.

2 Informações disponíveis

No que se refere ao modelo propriamente dito, além do aumento referente a máquinas e equipamentos, ele deve ser alimentado com outras decisões, tais como investimentos em edifícios, equipamentos de processamento de dados etc.

No caso de ter sido definida a expansão de capacidade instalada no quadro de apoio 4B, esse aumento estaria refletido no quadro de apoio 5A. Por outro lado, no caso de terceirização de 100% da produção, os equipamentos seriam vendidos e tal operação seria refletida no mesmo anexo. Na demonstração de resultados, a venda dos equipamentos estaria refletida nas linhas não operacionais (resultado na venda de equipamentos). Levando-se em conta que o orçamento é um instrumento gerencial, o cálculo da correção monetária está presente, independentemente da sua exigibilidade legal societária, não trazendo impacto sobre a distribuição de dividendos e mesmo apuração do imposto de renda. O cálculo da depreciação contábil dos ativos é feito com base na expectativa gerencial de vida útil de cada elemento.

Analise a alternativa de investimento em expansão, não se preocupando com os recursos para o financiamento desse projeto. Na parte financeira do orçamento, tal financiamento será evidenciado e as decisões sobre fontes de financiamento deverão ser especificadas.

192 ORÇAMENTO EMPRESARIAL • Frezatti

QUADRO DE APOIO 5A   Investimento no Ativo de Longo Prazo

A Sua Empresa

Descrição – R$	Próximo Ano					Ano-Base
	Total	1º Trim.	2º Trim.	3º Trim.	4º Trim.	1º Trim.
Investimentos do período						
1. Valor de custo						NA
Terrenos	0	0	0			NA
Edifícios	0	0	0	0	0	NA
Máquinas e equipamentos	88.929	1.511	47.033	27.162	13.222	NA
Móveis	0	0	0	0	0	NA
Equipamentos de informática	0	0	0	0	0	NA
Investimentos em P&D novos produtos	0	0	0	0	0	NA
Total custo	88.929	1.511	47.033	27.162	13.222	NA
% Depreciação						
Edifícios	NA	1,00%	1,00%	1,00%	1,00%	1,00%
Máquinas e equipamentos	NA	2,50%	2,50%	2,50%	2,50%	2,50%
Móveis	NA	2,50%	2,50%	2,50%	2,50%	2,50%
Equipamentos de informática	NA	5,00%	5,00%	5,00	5,00%	5,00%
Saldo inicial de balanço						
1. Valor de custo						
Terrenos	NA	2.000	2.004	2.034	2.085	2.129
Edifícios	NA	850.000	851.700	864.476	886.087	904.695
Máquinas e equipamentos	NA	300.000	302.111	353.676	389.680	411.086
Móveis	NA	63.000	63.126	64.073	65.675	67.054
Equipamentos de informática	NA	45.000	45.090	45.766	46.911	47.896
Investimentos em P&D novos produtos	NA	0	0	0	0	0
Total custo		1.260.000	1.264.031	1.330.025	1.390.438	1.432.859
2. Depreciação do período						
Edifícios		8.500	8.517	8.645	8.861	NA
Máquinas e equipamentos		7.500	7.553	8.842	9.742	NA
Móveis		1.575	1.578	1.602	1.642	NA
Equipamentos de informática		2.250	2.255	2.288	2.346	NA
Total depreciação do período		19.825	19.902	21.377	22.590	NA
3. Saldo inicial da depreciação acumulada		83.694				
Edifícios	NA	132.240	141.004	151.637	164.072	176.379
Máquinas e equipamentos	NA	51.000	58.602	67.034	77.552	88.922
Móveis	NA	10.710	12.306	14.069	16.023	18.001
Equipamentos de informática	NA	7.650	9.915	12.319	14.915	17.574
Total depreciação acumulada	NA	201.600	221.828	245.058	272.561	300.875
Atualização monetária						
4. Valor de custo						
Terrenos	NA	4	30	51	44	NA
Edifícios	NA	1.700	12.776	21.612	18.608	NA
Máquinas e equipamentos	NA	600	4.532	8.842	8.183	NA
Móveis	NA	126	947	1.602	1.379	NA
Equipamentos de informática	NA	90	676	1.144	985	NA
Investimentos em P&D novos produtos	NA	0	0	0	0	NA
Total custo	NA	2.520	18.960	33.251	29.199	NA
5. Depreciação acumulada						
Edifícios	NA	264	2.115	3.791	3.446	NA
Máquinas e equipamentos	NA	102	879	1.676	1.629	NA
Móveis	NA	21	185	352	336	NA
Equipamentos de informática	NA	15	149	308	313	NA
Total custo	NA	403	3.327	6.126	5.724	NA
Total líquido	NA	1.058.400	1.042.203	1.084.967	1.117.876	
Apuração do resultado com a venda:						
Valor da venda		0	0	0	0	
Valor de custo + atualização monetária		0	0	0	0	
Depreciação acumulada + atualização monetária						
– Edifícios		–	–	–	–	
– Máquinas e equipamentos		–	–	–	–	
– Móveis		–	–	–	–	
– Equipamentos de informática		–	–	–	–	
		–	–	–	–	
Resultado com venda do ativo de longo prazo		0	0	0	0	

EXERCÍCIO DE SIMULAÇÃO
ETAPA 6 – RECURSOS HUMANOS

1 Atividades

Rever os elementos do plano de recursos humanos e **ajustar ou ratificar** os dados sobre número de funcionários e projeção de salários.

Os quadros de apoio que devem ser analisados são de 6A a 6F disponíveis na pasta RH.

2 Informações disponíveis

O Plano de Recursos Humanos deve ser elaborado concomitantemente com o Plano de Marketing e o PSPE (Plano de Suprimentos, Produção e Estocagem). Deve refletir não apenas quantitativamente, mas também qualitativamente a visão de negócios da empresa no que se refere aos Recursos Humanos, dentro do detalhamento de unidades de negócios, centros de resultados e mesmo centros de custos da organização.

Com base na estrutura organizacional atual, a seguir apresentada, desenvolva o detalhamento da estrutura organizacional que possa ser pretendida no período futuro. A numeração apresentada em cada caixa da estrutura organizacional corresponde ao número de funcionários de cada nível. Por exemplo, na caixa do presidente, o número 65 indica que ele tem 65 funcionários na empresa, incluindo ele mesmo.

Quadro de Apoio 6A – *Estrutura organizacional proposta*

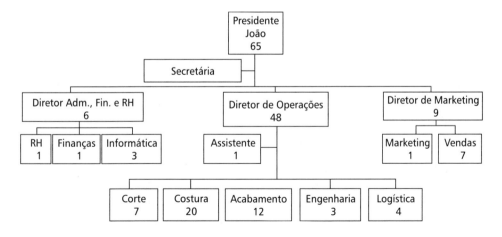

194 ORÇAMENTO EMPRESARIAL • **Frezatti**

QUADRO DE APOIO 6B	Especificação de funcionários

A Sua Empresa

Descrição	Ano-Base	Próximo Ano			
	4º Trim.	1º Trim.	2º Trim.	3º Trim.	4º Trim.
Operacionais					
1. Corte					
Diretos	6	5	6	6	7
Indiretos	1	1	1	1	1
Total	7	6	7	7	8
2. Costura					
Diretos	18	17	21	24	25
Indiretos	2	2	2	2	2
Total	20	19	23	26	27
3. Acabamento					
Diretos	10	9	11	12	13
Indiretos	2	2	2	2	2
Total	12	11	13	14	15
4. Engenharia	3	2	2	2	2
5. Logística	4	5	5	5	5
6. Adm. Operações	2	2	2	2	2
Total operacionais	48	45	52	56	59
De estrutura					
Vendas	7	8	10	10	12
Marketing	2	2	2	2	2
Adm., Finanças e RH	5	5	6	6	6
Informática	3	2	2	2	2
Total estrutura	17	17	20	20	22
Total geral	65	62	72	76	81

O quadro de apoio 6B sumariza as decisões referentes à estrutura da empresa. Dessa maneira, a especificação de funcionários ligados à produção é o resultado de uma avaliação quantitativa, conjugando o quadro de apoio 4G com as instruções a seguir, já que a supervisão pode depender de:

Categoria	Critério
Corte indireto	1 supervisor para cada 10 funcionários diretos
Costura indireta	1 supervisor para cada 15 funcionários diretos
Acabamento	1 supervisor para cada 7 funcionários diretos
Vendedor	1 supervisor para cada 1.500 unidades de venda/trimestre

Os demais tipos de funcionários dependem do grau de complexidade e sofisticação desejados pela empresa. Recomenda-se a revisão dos Quadros de apoio 6 referente à estrutura organizacional antes de revisar o número de funcionários propriamente dito.

QUADRO DE APOIO 6C — Projeção de salários – produção diretos

A Sua Empresa

Descrição – R$	Próximo Ano				
	Base/Total	1º Trim.	2º Trim.	3º Trim.	4º Trim.
1. Corte					
Número de funcionários	6	5	6	6	7
Salário médio	450,00	470,25	470,25	470,25%	470,25
% de reajuste	5,0%	4,5%	0,0%	0,0%	0,0%
% de encargos sobre o salário	52,0%	85,0%	85,0%	85,0%	85,0%
Salário	11.286	2.351	2.822	2.822	3.292
Encargos	9.593	1.999	2.398	2.398	2.798
Total Salário & encargos	20.879	4.350	5.220	5.220	6.090
Gastos com admissão	470	0	235	0	235
Gastos com demissão	1.411	1.411	0	0	0
2. Costura					
Número de funcionários	18	17	21	24	25
Salário médio	400,00	418,00	418,00	418,00	418,00
% de reajuste	5,0%	4,5%	0,0%	0,0%	0,0%
% de encargos sobre o salário	52,0%	85,0%	85,0%	85,0%	85,0%
Salário	36.366	7.106	8.778	10.032	10.450
Encargos	30.911	6.040	7.461	8.527	8.883
Total Salário & encargos	67.277	13.146	16.239	18.559	19.333
Gastos com admissão	1.672	0	836	627	209
Gastos com demissão	1.254	1.254	0	0	0
3. Acabamento					
Número de funcionários	10	9	11	12	13
Salário médio	350,00	365,75	365,75	365,75	365,75
% de reajuste	5,0%	4,5%	0,0%	0,0%	0,0%
% de encargos sobre o salário	52,0%	85,0%	85,0%	85,0%	85,0%
Salário	16.459	3.292	4.023	4.389	4.755
Encargos	13.990	2.798	3.420	3.731	4.042
Total Salário & encargos	30.449	6.090	7.443	8.120	8.796
Gastos com admissão	732	0	366	183	183
Gastos com demissão	1.097	1.097	0	0	0
Total mão de obra direta					
Número de funcionários	34	31	38	42	45
Salário médio	1.886	411	411	411	411
Salário	64.111	12.749	15.623	17.243	18.497
Encargos	54.494	10.837	13.279	14.656	15.722
Total Salário & encargos	118.605	23.586	28.902	31.899	34.219
Gastos com admissão	2.874	0	1.437	810	627
Gastos com demissão	3.762	3.762	0	0	0

Com base no perfil de funcionários de cada departamento, calcula-se o valor da folha de pagamento da produção. Nesse sentido, a partir de um salário-base médio, reajustes são aplicados dentro de cada categoria. Os encargos correspondem a um percentual sobre o salário (85%). Caso tivessem sido decididos 100% de terceirização da produção, a necessidade seria ajustada, sendo calculados os custos de demissão de pessoal (3 × o salário trimestral). Analogamente, no caso de aumento de número de pessoas, o custo de contratação de pessoal (0,5 × o salário trimestral) seria considerado.

QUADRO DE APOIO 6D — Projeção de salários – produção indiretos

A Sua Empresa

Descrição – R$	Próximo Ano				
	Base/Total	1º Trim.	2º Trim.	3º Trim.	4º Trim.
4. Engenharia					
Número de funcionários	3	2	2	2	2
Salário médio	2.200,00	2.299,00	2.299,00	2.299,00	2.299,00
% de reajuste	5,0%	4,5%	0,0%	0,0%	0,0%
% de encargos sobre o salário	52,0%	85,0%	85,0%	85,0%	85,0%
Salário	18.392	4.598	4.598	4.598	4.598
Encargos	15.633	3.908	3.908	3.908	3.908
Total Salário & encargos	34.025	8.506	8.506	8.506	8.506
Gastos com admissão	0	0	0	0	0
Gastos com demissão	6.897	6.897	0	0	0
5. Logística					
Número de funcionários	4	5	5	5	5
Salário médio	2.300,00	2.403,50	2.403,50	2.403,50	2.403,50
% de reajuste	5,0%	4,5%	0,0%	0,0%	0,0%
% de encargos sobre o salário	52,0%	85,0%	85,0%	85,0%	85,0%
Salário	48.070	12.018	12.018	12.018	12.018
Encargos	40.860	10.215	10.215	10.215	10.215
Total Salário & encargos	88.930	22.232	22.232	22.232	22.232
Gastos com admissão	1.202	1.202	0	0	0
Gastos com demissão	0	0	0	0	0
6. Adm. operações					
Número de funcionários – Corte	1	1	1	1	1
Número de funcionários – Costura	2	2	2	2	2
Número de funcionários – Acabamento	2	2	2	2	2
Número de funcionários – Geral	2	2	2	2	2
Número de funcionários – Total	7	7	7	7	7
Salário médio	1.300,00	1.358,50	1.358,50	1.358,50	1.358,50
% de reajuste	5,0%	4,5%	0,0%	0,0%	0,0%
% de encargos sobre o salário	52,0%	85,0%	85,0%	85,0%	85,0%
Salário	38.038	9.510	9.510	9.510	9.510
Encargos	32.332	8.083	8.083	8.083	8.083
Total Salário & encargos	70.370	17.593	17.593	17.593	17.593
Gastos com admissão	0	0	0	0	0
Gastos com demissão	0	0	0	0	0
Total mão de obra da produção					
Número de funcionários	14	14	14	14	14
Salário médio		1.866	1.866	1.866	1.866
Salário	104.500	26.125	26.125	26.125	26.125
Encargos	88.825	22.206	22.206	22.206	22.206
Total Salário & encargos	193.325	48.331	48.331	48.331	48.331
Gastos com admissão	1.202	1.202	0	0	0
Gastos com demissão	6.897	6.897	0	0	0

Análogo ao anterior, projeta os salários para os funcionários das áreas de suporte (engenharia e logística). No que se refere a custos com demissão e contratação, os parâmetros são análogos aos mencionados no Quadro de apoio 6C. Considerando as condições atuais da organização, as áreas de logística, engenharia e administração de operações podem sofrer cortes, mas não extinção total.

QUADRO DE APOIO 6E   Projeção de salários de estrutura

A Sua Empresa

Descrição – R$	Próximo Ano				
	Base/Total	1º Trim.	2º Trim.	3º Trim.	4º Trim.
7. Vendas					
Número de funcionários	7	8	10	10	12
Salário médio	800	836	836	836	836
% de reajuste	5,0%	4,5%	0,0%	0,0%	0,0%
% de encargos sobre o salário	52,0%	85,0%	85,0%	85,0%	85,0%
% de comissões sobre receita líquida	3,0%	3,0%	3,0%	3,0%	3,0%
Salário	33.440	6.688	8.360	8.360	10.032
Comissões	46.105	9.203	11.444	11.444	14.015
Encargos	67.613	13.507	16.833	16.833	20.440
Total Salário & encargos	147.158	29.397	36.636	36.636	44.488
Gastos com admissão	2.090	418	836	0	836
Gastos com demissão	0	0	0	0	0
8. Marketing					
Número de funcionários	2	2	2	2	2
Salário médio	2.000	2.090	2.090	2.090	2.090
% de reajuste	5,0%	4,5%	0,0%	0,0%	0,0%
% de encargos sobre o salário	52,0%	85,0%	85,0%	85,0%	85,0%
Salário	16.720	4.180	4.180	4.180	4.180
Encargos	14.212	3.553	3.553	3.553	3.553
Total Salário & encargos	30.932	7.733	7.733	7.733	7.733
Gastos com admissão	0	0	0	0	0
Gastos com demissão	0	0	0	0	0

QUADRO DE APOIO 6F — Projeção de salários de estrutura – continuação

A Sua Empresa

Descrição – R$	Próximo Ano				
	Base/Total	1º Trim.	2º Trim.	3º Trim.	4º Trim.
9. Adm., Finanças e RH					
Número de funcionários	5	5	6	6	6
Salário médio	1.900	1.986	1.986	1.986	1.986
% de reajuste	5,0%	4,5%	0,0%	0,0%	0,0%
% de encargos sobre o salário	52,0%	85,0%	85,0%	85,0%	85,0%
Salário	45.667	9.928	11.913	11.913	11.913
Encargos	38.817	8.438	10.126	10.126	10.126
Total Salário & encargos	84.493	18.366	22.039	22.039	22.039
Gastos com admissão	993	0	993	0	0
Gastos com demissão	0	0	0	0	0
10. Informática					
Número de funcionários	3	2	2	2	2
Salário médio	660	690	690	690	690
% de reajuste	5,0%	4,5%	0,0%	0,0%	0,0%
% de encargos sobre o salário	52,0%	85,0%	85,0%	85,0%	85,0%
Salário	5.518	1.379	1.379	1.379	1.379
Encargos	4.690	1.172	1.172	1.172	1.172
Total Salário & encargos	10.208	2.552	2.552	2.552	2.552
Gastos com admissão	0	0	0	0	0
Gastos com demissão	2.069	2.069	0	0	0
Total estrutura					
Número de funcionários	17	17	20	20	22
Salário médio	1490,35	1304,41	1291,62	1291,62	1250,20
Salário	101.344	22.175	25.832	25.832	27.504
Comissões	46.105	9.203	11.444	11.444	14.015
Encargos	125.332	26.671	31.685	31.685	35.292
Total Salário/encargos/comissões	272.781	58.048	68.960	68.960	76.812
Gastos com admissão	3.083	418	1.829	0	836
Gastos com demissão	2.069	2.069	0	0	0

Análogos aos anteriores, projetam os salários para os funcionários das áreas de vendas, administração etc. O percentual de comissão que compõe o salário dos vendedores é o resultado da sua aplicação sobre a receita líquida.

No que se refere a custos com demissão e contratação, os parâmetros são análogos aos mencionados no Quadro de apoio 6C.

EXERCÍCIO DE SIMULAÇÃO
ETAPA 7 – PROJEÇÃO DE GASTOS DEPARTAMENTAIS

1 Atividades

Rever os gastos departamentais da empresa e **ajustar ou ratificar** os valores.

Os quadros de apoio que devem ser analisados são de 7A a 7J disponíveis na pasta GASTOS.

2 Informações disponíveis

Uma parte dos gastos já foi projetada tanto para despesas como para custos. O complemento desses gastos será feito nesta etapa.

Alguns gastos centralizados são significativos na projeção. Dessa forma, são projetados pelo total e posteriormente alocados em vários centros de custos. O critério de alocação pelos vários centros de custo leva em conta os melhores *drivers* possível:

- refeitório, transportes de funcionários alocados por número de pessoas de cada departamento, levando em conta variações de valores em função do número de pessoas e inflação;
- manutenção alocada por horas trabalhadas em cada departamento;
- depreciação por área (já que a depreciação de edifícios é a mais significativa), bem como depreciação específica de outros itens de cada área, deve ser identificada e alocada na referida área; e
- outros inclui itens de menor importância que podem ser agrupados e, no caso, são alocados em função do número de funcionários de cada departamento.

Exercícios de simulação 201

QUADRO DE APOIO 7A — Projeção de despesas com controle centralizado

A sua Empresa

Descrição	Ano-Base 4º Trim.	Próximo Ano				
		Total	1º Trim.	2º Trim.	3º Trim.	4º Trim.
Inflatores:						
Refeitório	NA	6,4%	0,2%	1,5%	2,5%	2,1%
Transportes	NA	6,4%	0,2%	1,5%	2,5%	2,1%
Manutenção	NA	6,4%	0,2%	1,5%	2,5%	2,1%
Outros	NA	6,4%	0,2%	1,5%	2,5%	2,1%
Projeção de gastos em R$:						
Refeitório	250	1.157	239	282	305	332
Transportes	500	2.314	478	563	609	663
Depreciação	14.221	83.694	19.825	19.902	21.377	22.590
Manutenção	2.000	8.252	2.004	2.034	2.085	2.129
Outros	1.500	6.941	1.434	1.690	1.828	1.990

Critério de alocação	Refeitório	Transportes	Depreciação	Manutenção	Outros
1. Produção direta e indireta					
Corte	5	5	80	2.640	5
Costura	17	17	91	8.976	17
Acabamento	9	9	28	4.752	9
Engenharia	2	2	6	1.056	2
Logística	5	5	20	2.640	5
Adm. Operações	7	7	15	3.696	7
Total Produção	45	45	240	23.760	45
2. Despesas de estrutura					
Vendas	8	8	21	0	8
Marketing	2	2	6	48	2
Adm., Finanças e RH	5	5	18	160	5
Informática	2	2	9	352	2
Total de despesas	17	17	54	560	17
Total geral	62	62	294	24.320	62
Base utilizada	Funcionários	Funcionários	Área	Horas	Funcionários

Percentuais de alocação	Refeitório	Transportes	Depreciação	Manutenção	Outros
1. Produção direta e indireta					
Corte	8,1%	8,1%	27,2%	10,9%	8,1%
Costura	27,4%	27,4%	31,0%	36,9%	27,4%
Acabamento	14,5%	14,5%	9,5%	19,5%	14,5%
Engenharia	3,2%	3,2%	2,0%	4,3%	3,2%
Logística	8,1%	8,1%	6,8%	10,9%	8,1%
Adm. Operações	11,3%	11,3%	5,1%	15,2%	11,3%
Total Produção	72,6%	72,6%	81,6%	97,7%	72,6%
2. Despesas de estrutura					
Vendas	12,9%	12,9%	7,1%	0,0%	12,9%
Marketing	3,2%	3,2%	2,0%	0,2%	3,2%
Adm., Finanças e RH	8,1%	8,1%	6,1%	0,7%	8,1%
Informática	3,2%	3,2%	3,1%	1,4%	3,2%
Total de despesas	27,4%	27,4%	18,4%	2,3%	27,4%
Total geral	100,0%	100,0%	100,0%	100,0%	100,0%

QUADRO DE APOIO 7B — Alocação de gastos

A Sua Empresa

Descrição	Ano-Base 4º Trim.	Próximo Ano				
		Total	1º Trim.	2º Trim.	3º Trim.	4º Trim.
Refeitório						
1. Produção direta e indireta						
Corte		95	19	23	24	29
Costura		346	66	82	96	102
Acabamento		179	35	43	48	53
Engenharia		32	8	8	8	8
Logística		79	19	20	20	20
Adm. Operações		111	27	27	28	29
Total Produção		843	173	203	225	242
2. Despesas de estrutura						
Vendas		159	31	39	40	49
Marketing		32	8	8	8	8
Adm., Finanças e RH		91	19	23	24	25
Informática		32	8	8	8	8
Total de despesas		314	66	78	80	90
Total geral		1.157	239	282	305	332
Transportes						
1. Produção direta e indireta						
Corte		191	39	47	48	67
Costura		692	131	164	192	205
Acabamento		358	69	86	96	106
Engenharia		63	15	16	16	16
Logística		159	39	39	40	41
Adm. Operações		222	54	55	56	57
Total Produção		1.686	347	407	449	483
2. Despesas de estrutura						
Vendas		318	62	78	80	98
Marketing		63	15	16	16	16
Adm., Finanças e RH		183	39	47	48	49
Informática		63	15	16	16	16
Total de despesas		628	131	156	160	180
Total geral		2.314	478	563	609	663

QUADRO DE APOIO 7C — Alocação de gastos

A Sua Empresa

Descrição	Ano-Base	Próximo Ano				
		Total	1º Trim.	2º Trim.	3º Trim.	4º Trim.
Depreciação do período						
1. Produção direta e indireta						
Corte		22.774	5.395	5.416	5.817	6.147
Costura		25.905	6.136	6.160	6.617	6.992
Acabamento		7.971	1.888	1.895	2.036	2.151
Engenharia		1.708	405	406	436	461
Logística		5.694	1.349	1.354	1.454	1.537
Adm. Operações		4.270	1.011	1.015	1.091	1.153
Total Produção		68.322	16.184	16.247	17.450	18.441
2. Despesas de estrutura						
Vendas		5.978	1.416	1.422	1.528	1.614
Marketing		1.708	405	406	436	461
Adm., Finanças e RH		5.124	1.214	1.219	1.309	1.383
Informática		2.562	607	609	654	692
Total de despesas		15.372	3.641	3.656	3.926	4.149
Total geral		83.694	19.825	19.902	21.377	22.590
Manutenção						
1. Produção direta e indireta						
Corte		896	218	221	226	231
Costura		3.046	740	751	769	786
Acabamento		1.612	392	397	407	416
Engenharia		358	87	88	91	92
Logística		896	218	221	226	231
Adm. Operações		1.254	305	309	317	324
Total Produção		8.062	1.958	1.987	2.037	2.080
2. Despesas de estrutura						
Vendas		0	0	0	0	0
Marketing		16	4	4	4	4
Adm., Finanças e RH		54	13	13	14	14
Informática		119	29	29	30	31
Total de despesas		190	46	47	48	49
Total geral		8.252	2.004	2.034	2.085	2.129
Outros						
1. Produção direta e indireta						
Corte		573	116	141	144	172
Costura		2.077	393	493	577	614
Acabamento		1.074	208	258	289	319
Engenharia		190	46	47	48	49
Logística		476	116	117	120	123
Adm. Operações		666	162	164	168	172
Total Produção		5.057	1.041	1.220	1.347	1.449
2. Despesas de estrutura						
Vendas		955	185	235	241	295
Marketing		190	46	47	48	49
Adm., Finanças e RH		548	116	141	144	147
Informática		190	46	47	48	49
Total de despesas		1.884	393	469	481	540
Total geral		6.941	1.434	1.690	1.828	1.990

204 ORÇAMENTO EMPRESARIAL • **Frezatti**

A transcrição de dados é feita, já que os valores já foram calculados por departamento, tanto no grupo que vai se converter em custo da produção como nas despesas.

QUADRO DE APOIO 7D — Demonstração dos gastos operacionais por depto. – Diretos

A Sua Empresa

Descrição – em R$	Ano-Base	Próximo Ano					Var. %
		Total	1º Trim.	2º Trim.	3º Trim.	4º Trim.	
Corte							
Salários e encargos	15.950	20.879	4.350	5.220	5.220	6.090	30,9%
Gastos com admissões	254	470	0	235	0	235	85,1%
Gastos com demissões	322	1.411	1.411	0	0	0	338,1%
Refeitório	86	95	19	23	24	29	11,0%
Transportes	165	191	39	47	48	57	15,7%
Manutenção	885	896	218	221	226	231	1,2%
Depreciação	14.715	22.774	5.395	5.416	5.817	6.147	54,8%
Outros	510	573	116	141	144	172	12,3%
Total	32.887	47.289	11.546	11.303	11.479	12.961	43,8%
Costura							
Salários e encargos	44.267	67.277	13.146	16.239	18.559	19.333	52,0%
Gastos com admissões	0	1.672	0	836	627	209	NA
Gastos com demissões	567	1.254	1.254	0	0	0	121,2%
Refeitório	269	346	66	82	96	102	28,7%
Transportes	516	692	131	164	192	205	34,2%
Manutenção	2.812	3.046	740	751	769	786	8,3%
Depreciação	16.320	25.905	6.136	6.160	6.617	6.992	58,7%
Outros	1.601	2.077	393	493	577	614	29,8%
Total	66.352	102.270	21.866	24.726	27.438	28.240	54,1%
Acabamento							
Salários e encargos	21.512	30.449	6.090	7.443	8.120	8.796	41,5%
Gastos com admissões	343	732	0	366	183	193	113,3%
Gastos com demissões	0	1.097	1.097	0	0	0	NA
Refeitório	147	179	35	43	48	53	21,8%
Transportes	290	358	69	86	96	106	23,5%
Manutenção	1.479	1.612	392	397	407	416	9,0%
Depreciação	4.903	7.971	1.888	1.895	2.036	2.151	62,6%
Outros	897	1.074	208	258	289	319	19,8%
Total	29.571	43.472	9.779	10.489	11.179	12.026	47,0%
Total							
Salários e encargos	81.729	118.605	23.586	28.902	31.899	34.219	45,1%
Gastos com admissões	597	2.874	0	1.437	810	627	381,4%
Gastos com demissões	889	3.762	3.762	0	0	0	323,2%
Refeitório	502	621	119	149	168	184	23,6%
Transportes	971	1.241	239	297	337	368	27,9%
Manutenção	5.176	5.554	1.349	1.369	1.403	1.433	7,3%
Depreciação	35.938	56.650	13.419	13.471	14.469	15.291	57,6%
Outros	3.008	3.724	717	892	1.010	1.105	23,8%
Total	127.810	193.031	43.191	46.517	50.097	53.227	49,9%

Exercícios de simulação 205

QUADRO DE APOIO 7E Demonstração dos gastos operacionais por depto. – Indiretos

A Sua Empresa

Descrição – em R$	Ano-Base	Próximo Ano					Var. %
		Total	1º Trim.	2º Trim.	3º Trim.	4º Trim.	
Engenharia							
Salários e encargos	40.122	34.025	8.506	8.506	8.506	8.506	– 15,2%
Gastos com admissões	356	0	0	0	0	0	– 100,0%
Gastos com demissões	457	6.897	6.897	0	0	0	1409,2%
Refeitório	41	32	8	8	8	8	– 22,6%
Transportes	85	63	15	16	16	16	– 25,3%
Manutenção	443	358	87	88	91	92	– 19,1%
Depreciação	735	1.708	405	406	436	461	132,4%
Outros	262	190	46	47	48	49	– 27,3%
Total	42.501	43.274	15.964	9.071	9.105	9.133	1,8%
Logística							
Salários e encargos	54.715	88.930	22.232	22.232	22.232	22.232	62,5%
Gastos com admissões	456	1.202	1.202	0	0	0	163,5%
Gastos com demissões	0	0	0	0	0	0	NA
Refeitório	55	79	19	20	20	20	44,3%
Transportes	110	159	39	39	40	41	44,3%
Manutenção	592	896	218	221	226	231	51,3%
Depreciação	2.456	5.694	1.349	1.354	1.454	1.537	131,8%
Outros	344	476	116	117	120	123	38,4%
Total	58.728	97.435	25.174	23.983	24.093	24.184	65,9%
Adm. Operações							
Salários e encargos	54.980	70.370	17.593	17.593	17.593	17.593	28,0%
Gastos com admissões	0	0	0	0	0	0	NA
Gastos com demissões	0	0	0	0	0	0	NA
Refeitório	102	111	27	27	28	29	8,9%
Transportes	201	222	54	55	56	57	10,5%
Manutenção	1.009	1.254	305	309	317	324	24,3%
Depreciação	2.552	4.270	1.011	1.015	1.091	1.153	67,3%
Outros	603	666	162	164	168	172	10,5%
Total	59.447	76.894	19.151	19.164	19.253	19.327	29,3%
Total							
Salários e encargos	149.817	193.325	48.331	48.331	48.331	48.331	29,0%
Gastos com admissões	812	1.202	1.202	0	0	0	48,0%
Gastos com demissões	457	6.897	6.897	0	0	0	1409,2%
Refeitório	198	222	54	55	56	57	12,2%
Transportes	396	444	108	110	112	115	12,2%
Manutenção	2.044	2.508	609	618	634	647	22,7%
Depreciação	5.743	11.672	2.765	2.776	2.981	3.150	103,2%
Outros	1.209	1.333	324	329	337	344	10,3%
Total	160.676	217.603	60.289	52.218	52.451	52.644	35,4%

206 ORÇAMENTO EMPRESARIAL · **Frezatti**

Os gastos departamentais da produção são projetados. Tais relatórios são importantes no sentido de que devem ser analisados pelos representantes dos departamentos, os quais devem assumir os compromissos das metas especificadas. Portanto, o grau de realidade de execução é fundamental para que a empresa tenha um processo de planejamento de utilidade. A análise comparativa proporcionada pelos Quadros de apoio 7D a 7G permite entender as causas das variações dos gastos projetados e, portanto, decidir se são adequadas ou não exige revisões.

QUADRO DE APOIO 7F Demonstração dos gastos operacionais por depto. – Despesas

A Sua Empresa

Descrição – em R$	Ano-Base	Ponto de partida 4º Trim.	Próximo Ano				
			Total	1º Trim.	2º Trim.	3º Trim.	4º Trim.
Inflatores:							
Serviços c/ terceiros/consultorias			4,1%	1,0%	1,0%	1,0%	1,0%
Despesas com informática			4,1%	1,0%	1,0%	1,0%	1,0%
% sobre receita líquida							
Fretes Região Norte				5,0%	5,0%	5,0%	5,0%
Fretes Região Sul				0,5%	0,5%	0,5%	0,5%
Fretes Região Leste				1,0%	1,0%	1,0%	1,0%
Fretes Região Oeste				2,0%	2,0%	2,0%	2,0%
Vendas							
Salários e encargos	60.165		147.158	29.397	36.636	36.636	44.488
Gastos com admissão	1.245		2.090	418	836	0	836
Gastos com demissão	567		0	0	0	0	0
Refeitório	130		159	31	39	40	49
Transportes	260		318	62	78	80	98
Serviços c/ terceiros/consultorias	0	0	0	0	0	0	0
Despesas com informática	370	100	413	100	102	104	106
Fretes	24.567		18.705	3.716	4.640	4.640	5.709
Depreciação	2.620		5.978	1.416	1.422	1.527	1.614
Outras	132		955	185	235	241	295
Total	90.056	100	175.776	35.325	43.988	43.269	53.195
Marketing							
Salários e encargos	23.780		30.932	7.733	7.733	7.733	7.733
Gastos com admissão	23		0	0	0	0	0
Gastos com demissão	0		0	0	0	0	0
Refeitório	28		32	8	8	8	8
Transportes	58		63	15	16	16	16
Serviços c/ terceiros/consultorias	4.590	800	3.301	802	814	834	851
Despesas com informática	372	60	248	60	61	63	64
Fretes	0		0	0	0	0	0
Depreciação	735		1.708	405	406	436	461
Outras	756		190	46	47	48	49
Total	30.342	860	36.474	9.069	9.084	9.138	9.183

Exercícios de simulação **207**

QUADRO DE APOIO 7G Demonstração dos gastos operacionais por depto. – Despesas

A Sua Empresa

Descrição – em R$	Ano-Base	Ponto de partida 4º Trim.	Próximo Ano					2005
			Total	1º Trim.	2º Trim.	3º Trim.	4º Trim.	
Adm., Finanças e RH								
Salários e encargos	56.498		84.483	18.366	22.039	22.039	22.039	49,5%
Gastos com admissão	0		993	0	993	0	0	NA
Gastos com demissão	0		0	0	0	0	0	NA
Refeitório	72		91	19	23	24	25	26,9%
Transportes	143		183	39	47	48	49	27,8%
Serviços c/ terceiros/consultorias	33.000	3.000	12.377	3.006	3.051	3.127	3.193	– 62,5%
Despesas com informática	1.600	100	413	100	102	104	106	– 74,2%
Fretes	0		0	0	0	0	0	NA
Depreciação	1.837		5.124	1.214	1.219	1.309	1.383	178,9%
Devedores duvidosos	1.733		(4.523)	(5.851)	563	68	696	– 361,0%
Outras	242		548	116	141	144	147	126,5%
Total	95.125	3.100	99.689	17.009	28.178	26.864	27.639	4,8%
Informática								
Salários e encargos	11.776		10.208	2.552	2.552	2.552	2.552	– 13,3%
Gastos com admissão	566		0	0	0	0	0	– 100,0%
Gastos com demissão	0		2.069	2.069	0	0	0	NA
Refeitório	43		32	8	8	8	8	– 26,2%
Transportes	86		63	15	16	16	16	– 26,2%
Serviços c/ terceiros/consultorias	1.600	0	0	0	0	0	0	– 100,0%
Despesas com informática	4.568	400	1.650	401	407	417	426	– 63,9%
Fretes	0		0	0	0	0	0	NA
Depreciação	1.103		2.562	607	609	654	692	132,3%
Outras	348		190	46	47	48	49	– 45,3%
Total	20.089	400	16.775	5.698	3.638	3.695	3.743	– 16,5%
Total								
Salários e encargos	152.219		272.781	58.048	68.960	68.960	76.812	79,2%
Gastos com admissão	1.834		3.083	418	1.829	0	836	68,1%
Gastos com demissão	568		2.069	2.069	0	0	0	264,9%
Refeitório	273		314	66	78	80	90	15,0%
Transportes	547		628	131	156	160	180	14,8%
Serviços c/ terceiros/consultorias	39.190	3.800	15.678	3.808	3.865	3.961	4.045	– 60,0%
Despesas com informática	6.909	660	2.723	661	671	688	702	– 60,6%
Fretes	24.567		18.705	3.716	4.640	4.640	5.709	– 23,9%
Depreciação	6.295		15.372	3.641	3.656	3.926	4.149	144,2%
Devedores duvidosos	1.733		(4.523)	(5.851)	563	68	696	– 361,0%
Outras	1.478		1.884	393	469	481	540	27,5%
Total	235.612	4.460	328.714	67.100	84.889	82.966	93.760	39,5%

Os gastos referentes às despesas comerciais e administrativas serão projetados, sendo que alguns gastos específicos complementam outros já gerados por afetarem a empresa em sua totalidade:

- gastos com consultoria;
- fretes definidos pelo percentual sobre o faturamento líquido a vista, por região;
- devedores duvidosos, gerenciados com base na aplicação de percentual de 1,5% sobre o saldo de contas a receber (portanto, tal informação só poderá ser finalizada após a etapa 9).

Analogamente aos Quadros de apoio 7D e 7E, o objetivo da análise de adequação dos gastos para o horizonte projetado persiste. Uma nova coluna foi introduzida no relatório (Ponto de partida: 4º trimestre), utilizada quando um gasto for projetado com base em valor-base e inflacionado trimestralmente.

Uma vez estruturados os gastos operacionais, monta-se o custo unitário de produção, levando em conta:

- materiais diretos (fator de consumo aplicado ao preço de cada insumo);
- mão de obra direta (os gastos referentes aos departamentos diretos são considerados para efetuar o cálculo de montagem unitária do custo);
- gastos indiretos de fabricação alocados aos produtos.

O Quadro 7G proporciona condições de identificar os gastos internos de cada elemento ou fase de produção, tanto no caso de produção interna como terceirizada.

QUADRO DE APOIO 7H — Montagem do custo do produto para *pricing*

A Sua Empresa

Descrição – em R$	Fatores de Consumo	Ano-Base 4º Trim.	Próximo Ano			
			1º Trim.	2º Trim.	3º Trim.	4º Trim.
Parâmetros:						
1. Matérias-primas (sem ICMS)						
Tecido	0,75	8,00	8,68	8,81	8,94	9,07
Linha	0,07	2,43	4,34	4,40	4,47	4,54
Pena	0,2	4,50	4,17	4,13	4,16	4,18
Embalagem	0,3	0,77	0,87	0,88	0,89	0,91
2. Mão de obra + outros						
Corte						
Gastos			11.546	11.303	11.479	12.961
Horas produtivas			1.109	1.386	1.545	1.623
Gasto/hora			10,41	8,16	7,43	7,99
Costura						
Gastos			21.866	24.726	27.438	28.240
Horas produtivas			4.436	5.542	6.181	6.492
Gasto/hora			4,93	4,46	4,44	4,35
Acabamento						
Gastos			9.779	10.489	11.179	12.026
Horas produtivas			2.218	2.771	3.091	3.246
Gasto/hora			4,41	3,79	3,62	3,70
Engenharia						
Gastos			15.964	9.071	9.105	9.133
Horas produtivas			11.089	13.856	15.453	16.231
Gasto/hora			1,44	0,65	0,59	0,56
Logística						
Gastos			25.174	23.983	24.093	24.184
Horas produtivas			11.089	13.856	15.453	16.231
Gasto/hora			2,27	1,73	1,56	1,49
Adm. Operações						
Gastos			19.151	19.164	19.253	19.327
Horas produtivas			11.089	13.856	15.453	16.231
Gasto/hora			1,73	1,38	1,25	1,19
Custo produção de terceiros						
Custo de aquisição			0,00	0,00	0,00	0,00
Unidades compradas			0	0	0	0
Gastos – Corte			0	0	0	0
Gastos – Costura			0	0	0	0
Gastos – Acabamento			0	0	0	0
Gastos – Engenharia			0	0	0	0
Gastos – Logística			0	0	0	0
Gastos – Adm. Operações			0	0	0	0
Custo unitário			0,00	0,00	0,00	0,00

210 ORÇAMENTO EMPRESARIAL • Frezatti

O demonstrativo do custo unitário de produção é apresentado. O critério de montagem considerado leva em conta o **padrão trimestral**, a **reposição** (valores que seriam pagos para a obtenção dos fatores de produção no trimestre), custeado **por absorção** (considerando que se utiliza de alguns *drivers* do conceito de ABC), custeado **por processo**. Tais gastos são ponderados em termos de produção própria e de terceiros (a produção de terceiros recebe alocação de gastos, tais como Engenharia, Logística e Administração de Operações).

A análise da adequação da terceirização pode ser feita neste quadro, permitindo a análise da otimização da margem por minimização do custo (ponderação do custo próprio e de terceiros).

QUADRO DE APOIO 71 Montagem do custo do produto para *pricing*

A Sua Empresa

Descrição – em R$	Ano-Base Valor inicial	Próximo Ano			
		1º Trim.	2º Trim.	3º Trim.	4º Trim.
Demonstração do custo projetado:					
Matérias-primas					
Tecido	6,00	6,51	6,61	6,71	6,81
Linha	0,17	0,30	0,31	0,31	0,32
Pena	0,90	0,83	0,83	0,83	0,84
Embalagem	0,23	0,26	0,26	0,27	0,27
Soma	7,30	7,91	8,01	8,12	8,23
Mão de obra direta					
Corte	0,88	1,04	0,82	0,74	0,80
Costura	1,80	1,97	1,78	1,78	1,74
Acabamento	0,79	0,88	0,76	0,72	0,74
Soma	3,47	3,89	3,36	3,24	3,28
Gastos indiretos de fabricação					
Engenharia	1,16	1,44	0,65	0,59	0,56
Logística	1,46	2,27	1,73	1,56	1,49
Adm. Operações	1,60	1,73	1,38	1,25	1,19
Soma	4,22	5,44	3,77	3,39	3,24
Total custo de fabricação própria	14,99	17,24	15,13	14,75	14,76
Var. Custo		15,0%	– 12,2%	– 2,5%	0,0%
Total custos terceiros		0,00	0,00	0,00	0,00
Var. Custo			NA	NA	NA
Total custo ponderado	14,99	17,24	15,13	14,75	14,75
Var. Custo		15,0%	– 12,2%	– 2,5%	0,0%

QUADRO DE APOIO 7J — Demonstração do faturamento projetado

A Sua Empresa

Descrição – em R$	Total	Próximo Ano			
		1º Trim.	2º Trim.	3º Trim.	4º Trim.
Impostos					
% ICMS	14,5%	14,5%	14,5%	14,5%	14,5%
% PIS	0,65%	0,65%	0,65%	0,65%	0,65%
% COFINS	3,00%	3,00%	3,00%	3,00%	3,00%
% Total impostos	18,15%	18,15%	18,15%	18,15%	18,15%
Mercado interno em R$					
Faturamento líquido	1.590.196	307.364	387.946	397.645	497.242
Faturamento com impostos	1.942.817	375.520	473.972	485.821	607.504
Prazo de faturamento	20	20	20	20	20
Faturamento a prazo	1.962.332	379.292	478.733	490.701	613.606
Mercado externo em R$					
Faturamento líquido	0	0	0	0	0
Faturamento com impostos	0	0	0	0	0
Faturamento a prazo	0	0	0	0	0
Total Faturamento em R$					
Faturamento líquido	1.590.196	307.364	387.946	397.645	497.242
Faturamento com impostos	1.942.817	375.520	473.972	485.821	607.504
Faturamento a prazo	1.962.332	379.292	478.733	490.701	613.606
Cálculo dos impostos sobre o faturamento:					
ICMS	284.538	54.997	69.416	71.152	88.973
Outros	71.625	13.844	17.474	17.911	22.397
Juros sobre o faturamento	15.972	3.087	3.897	3.994	4.994

O Quadro de apoio 7J demonstra o cálculo do faturamento, por mercado, bem como a apuração de valores líquidos e brutos. A partir do preço líquido a vista, em moeda de mesmo poder aquisitivo, são projetados os preços correntes, incluindo juros equivalentes pelo prazo de faturamento considerado.

EXERCÍCIO DE SIMULAÇÃO
ETAPA 8 – PLANO FINANCEIRO

1 Atividades

Rever os elementos da gestão financeira (contas a receber, contas a pagar, fluxo de caixa, empréstimos etc.) e **ajustar ou ratificar** os dados sobre tais variáveis.

Os quadros de apoio que devem ser analisados são de 8A a 8N, disponíveis na pasta FINANCEIRO.

2 Informações disponíveis

QUADRO DE APOIO 8A   Contas a receber e prov. p/ dev. duvidosos

A Sua Empresa

Descrição – em R$		Próximo Ano			
		1º Trim.	2º Trim.	3º Trim.	4º Trim.
Contas a receber					
Saldo inicial		228.500	143.288	180.855	185.376
Faturamento		379.292	478.733	490.701	613.606
Cobrança		464.504	441.166	486.180	567.175
Saldo final		143.288	180.855	185.376	231.807
Indicadores:					
Dias do período		90	90	90	90
Dias de faturamento		34	34	34	34
Dias de faturamento do ano anterior					
Juros do saldo		108	1.014	1.721	1.813
Prov. para dev. duvidosos					
Saldo inicial		8.000	2.149	2.713	2.781
	34				
Provisão	34	(5.851)	563	68	696
Utilização		0	0	0	0
Saldo final		2.149	2.713	2.781	3.477

Uma vez definidos os dias de recebimento, a movimentação de contas a receber é calculada, já que segue o raciocínio da movimentação de saldos:

Movimentação	$
+ Saldo inicial	a
+ Faturamento bruto	b
– Cobrança	c
= Saldo final	d

Dias de faturamento no contas a receber: d/bx número de dias do período.

Uma comparação dever ser feita na análise do plano financeiro, entre o prazo de faturamento (disponível nos Quadros de apoio 7J e 8A) e os dias de faturamento contidos no contas a receber, disponível nos Quadros de apoio 8A. No exemplo, temos 20 × 34. A diferença entre ambos consiste nos valores em atraso aceitos como meta razoável da organização.

A movimentação da provisão para devedores duvidosos é ajustada com base na projeção do saldo de contas a receber, constituindo e revertendo a provisão.

QUADRO DE APOIO 8B   Movimentação dos estoques

A Sua Empresa

Descrição – em R$	Próximo Ano			
	1º Trim.	2º Trim.	3º Trim.	4º Trim.
Saldo inicial	94.789	91.442	75.178	87.761
+ Entradas				
Compras de MP e Acabados	84.878	113.142	125.060	133.620
Gastos do período	103.480	98.735	102.548	105.871
Total entradas	188.358	211.877	227.608	239.492
(–) Custo dos produtos vendidos	205.137	219.400	213.946	259.690
+ Atualização dos estoques	13.432	(8.741)	(1.079)	239
+ Juros da compra	884	1.207	1.341	1.429
– Juros – apropriação	(884)	(1.207)	(1.341)	(1.429)
= Ganhos e perdas líquidos	13.432	(8.741)	(1.079)	239
Saldo final	91.442	75.178	87.761	67.803
Dias de estoque	41	34	34	27

O tratamento dos estoques leva em conta a necessidade da contabilidade gerencial e não se limita a uma abordagem normativa da contabilidade financeira. Dessa forma, a apuração dos custos não leva em conta o custo histórico, mas o custo de reposição.

O saldo inicial dos estoques é apurado com base na aplicação do valor unitário sobre a quantidade em estoque por elemento (produto acabado, tecido, linha, embalagem, pena). O custo dos produtos vendidos é o resultado da multiplicação do custo da reposição unitária pelo volume trimestral de vendas.

A atualização dos estoques gera ganho ou perda, em função do aumento ou diminuição do valor unitário *versus* valor unitário do período anterior. Por outro lado, o valor dos juros para o prazo de financiamento das compras é separado do valor dos produtos comprados, sendo apropriado dentro do trimestre. A montagem da movimentação dos estoques leva em conta a atualização do padrão de cada elemento (tecido, linha, pena, embalagem e produto acabado) aplicado ao seu volume em estoque.

214 ORÇAMENTO EMPRESARIAL • Frezatti

QUADRO DE APOIO 8C   Contas a pagar

A Sua Empresa

Descrição – em R$	Próximo Ano			
	1º Trim.	2º Trim.	3º Trim.	4º Trim.
Saldo inicial	90.000	95.153	114.447	131.142
Entradas/Compras				
Tecido	76.672	109.628	123.219	130.632
Linha	1.988	5.116	5.750	6.096
Penas	18.271	14.612	13.939	16.000
Embalagem	3.375	4.385	4.929	5.225
Prod. acabado	0	0	0	0
Salário e encargos	129.965	146.194	149.190	159.361
Gastos com admissões	1.620	3.266	810	1.463
Gastos com demissões	12.728	0	0	0
Propaganda e publicidade	12.418	15.674	16.066	20.089
Refeitório	239	282	305	332
Transportes	478	563	609	663
Serviços c/terceiros/consultorias	3.808	3.865	3.961	4.045
Despesas com informática	661	671	688	702
Fretes	3.716	4.640	4.640	5.709
Manutenção	1.958	1.987	2.037	2.080
ICMS	40.453	50.024	49.715	66.070
Outros tributos	13.844	17.474	17.911	22.397
Aquisição imobilizado	1.511	47.033	27.162	13.222
Imposto de Renda	12.000	5.913	14.439	23.042
Outros	1.434	1.690	1.828	1.990
Gastos com P&D	0	0	0	0
Total de entradas	337.138	433.016	437.199	479.117
Saídas/Pagamentos				
Tecido	72.733	93.812	109.304	119.545
Linha	1.886	4.378	5.101	5.579
Penas	17.332	12.504	12.365	14.642
Embalagem	3.201	3.752	4.372	4.782
Prod. acabado	0	0	0	0
Salário e encargos	129.965	146.194	149.190	159.361
Gastos com admissões	1.620	3.266	810	1.463
Gastos com demissões	12.728	0	0	0
Propaganda e publicidade	12.418	15.674	16.066	20.089
Refeitório	239	282	305	332
Transportes	478	563	609	663
Serviços c/terceiros/consultorias	3.808	3.865	3.961	4.045
Despesas com informática	661	671	688	702
Fretes	3.716	4.640	4.640	5.709
Manutenção	1.958	1.987	2.037	2.080
ICMS	40.453	50.024	49.715	66.070
Outros tributos	13.844	17.474	17.911	22.397
Aquisição imobilizado	1.511	47.033	27.162	13.222
Imposto de Renda	12.000	5.913	14.439	23.042
Outros	1.434	1.690	1.828	1.990
Gastos com P&D	0	0	0	0
Total de saídas	331.985	413.722	420.504	465.711
Saldo final	95.153	114.447	131.142	144.547

Target usado:		50,0%	50,0%	50,0%	50,0%
Dias de contas a pagar	27	26	25	28	28
Dias de contas a pagar do ano anterior	15				
Juros de saldo		63	567	1.075	998

Todos os pagamentos da empresa (excetuando-se as movimentações financeiras de empréstimos, investimentos etc.) transitam pelo item contas a pagar. Os valores referentes às matérias-primas podem ser obtidos por meio do quadro referente às compras (Quadro de apoio 4E); no que se refere aos demais gastos, analogamente, podem ser obtidos no quadro que resume os gastos (Quadro de apoio 7G).

Nesse quadro, a única definição necessária para o pagamento dos **insumos** (tecidos, penas etc.) é o percentual de pagamentos em relação ao saldo inicial + entradas/compras (*target* usado). Colocar o percentual de 100%, por exemplo, significa dizer que todo o saldo inicial mais todas as entradas seriam pagas no trimestre, tendo, portanto, o saldo final igual a zero. Colocar percentual de 0%, por exemplo, significa dizer que todo o saldo inicial mais as entradas não seriam pagos no próprio trimestre, ficando, portanto, no saldo. Como decorrência da aplicação do *target*, os dias do contas a pagar são calculados, constituindo-se em indicador de prazo de pagamento que se espera ser obtido pela organização. Quanto maior o prazo, maior a folga financeira. O cálculo é análogo ao que é aplicado à movimentação dos saldos dos estoques e contas a receber:

Movimentação	$
+ Saldo inicial	a
+ Compras	b
− Pagamentos	c
= Saldo final	d

Dias de contas a pagar: d/b × número de dias do período.

| QUADRO DE APOIO 8D | Fluxo de caixa composto |

A Sua Empresa

Descrição – em R$	Próximo Ano			
	1º Trim.	2º Trim.	3º Trim.	4º Trim.
Saldo inicial	1	1	1	1
Fluxo de caixa operacional				
Cobrança	464.504	441.166	486.180	567.175
Pagamentos	331.985	413.722	420.504	465.711
Fluxo operacional líquido	132.519	27.444	65.676	101.464
Recebimento venda ativo imobilizado	0	0	0	0
Distribuição de lucro	0	0	0	50.000
Aumento de capital	0	0	0	0
Total do fluxo não financeiro	132.519	27.444	65.676	51.464
Fluxo de caixa financeiro				
Empréstimo de longo prazo captado	59.350	58.805	58.655	58.949
Empréstimo de longo prazo pago	0	0	0	0
Empréstimo de curto prazo captado	418.131	352.551	247.299	152.578
Empréstimo de curto prazo pago	– 610.000	– 418.131	– 352.551	– 247.299
Investimento de curto prazo feito	0	0	0	0
Investimento de curto prazo resgatado	0	0	0	0
Juros de curto prazo pagos	0	– 19.234	16.217	– 11.376
Juros de longo prazo pagos	0	– 1.435	– 2.862	– 4.315
Juros recebidos	0	0	0	0
Fluxo financeiro líquido	– 132.519	– 27.444	– 65.676	– 51.464
Saldo inicial	1	1	1	1

Fluxo de caixa composto (FREZATTI, 2014) é o que permite a avaliação não apenas das entradas e saídas operacionais, mas também daquelas relacionadas com o permanente, os sócios e as movimentações financeiras.* Decidir distribuição de lucro e aumento de capital por trimestre são outras possibilidades aqui presentes.

---

* O tema pode ser aprofundado mediante consulta ao livro *Gestão do fluxo de caixa*, mencionado na bibliografia.

QUADRO DE APOIO 8E — Empréstimos/ Investimentos de curto prazo

A Sua Empresa

Descrição – em R$	Próximo Ano			
	1º Trim.	2º Trim.	3º Trim.	4º Trim.
Movimentação de empréstimos de curto prazo				
Saldo inicial	610.000	418.131	352.551	247.299
Captação	418.131	352.551	247.299	152.578
Pagamentos	610.000	418.131	352.551	247.299
Saldo final	418.131	352.551	247.299	152.578
Movimentação de investimentos de curto prazo				
Saldo inicial	0	0	0	0
Aplicação	0	0	0	0
Resgate	0	0	0	0
Saldo final	0	0	0	0
Juros sobre empréstimos				
Saldo inicial	0	19.234	16.217	11.376
Apropriação – taxa real	873	5.450	6.309	3.283
Apropriação – var. monetária	18.361	10.768	5.067	3.736
Pagamentos	0	19.234	16.217	11.376
Saldo final	19.234	16.217	11.376	7.019
Taxa de juros ao período – %	4,60%	4,60%	4,60%	4,60%
Juros sobre investimentos de curto prazo				
Saldo inicial	0	0	0	0
Apropriação – taxa real	0	0	0	0
Apropriação – var. monetária	0	0	0	0
Recebimentos	0	0	0	0
Saldo final	0	0	0	0
Taxa de juros ao período – %	3,00%	3,00%	3,00%	3,00%

218 ORÇAMENTO EMPRESARIAL • Frezatti

Detalha as contratações e os pagamentos de empréstimos de curto prazo, bem como os investimentos. Proporciona também o cálculo dos juros ativos e passivos. Os Quadros de apoio 8D, 8E e 8F são analisados conjuntamente. O Quadro de apoio 8F refere-se a fundos de longo prazo, ou seja, empréstimos com vencimento em horizonte superior a um ano com juros pagos trimestralmente. Uma vez decididos os valores a alongar, a diferença de necessidade de recursos é apresentada no Quadro de apoio 8F. Existindo sobra de caixa, será aplicada nos investimentos de curto prazo.

| QUADRO DE APOIO 8F | Movimentações de empréstimos – longo prazo |

A Sua Empresa

Descrição – em R$	Ano-Base	Próximo Ano			
	4º Trim.	1º Trim.	2º Trim.	3º Trim.	4º Trim.
Taxa de câmbio – final do mês	3,000	2,955	2,925	2,940	2,955
Taxa de câmbio – média	2,980	2,968	2,940	2,933	2,947
Taxa de juros em US$ – no período		2,4%	2,4%	2,4%	2,4%
Principal					
Saldo inicial – US$		0	20.000	40.000	60.000
Saldo inicial – R$		0	59.100	117.018	176.405
Captação – US$		20.000	20.000	20.000	20.000
Captação – R$		59.350	58.805	58.655	58.949
Variação cambial – R$		– 250	– 887	731	1.029
Pagamentos – US$		0	–	–	–
Pagamentos – R$		0	0	0	0
Saldo final – US$		20.000	40.000	60.000	80.000
Saldo final – R$		59.100	117.018	176.405	236.382
Encargos					
Saldo inicial – US$		0	488	976	1.464
Saldo inicial – R$		0	1.442	2.855	4.304
Apropriações – US$		488	976	1.464	1.952
Apropriações – R$		1.448	2.870	4.294	5.753
Variação cambial – R$		– 6	– 22	18	25
Pagamentos – US$			488	976	1.464
Pagamentos – R$		0	1.435	2.862	4.315
Saldo final – US$		488	976	1.464	1.952
Saldo final – R$		1.442	2.855	4.304	5.768

Consiste no demonstrativo que deve conter as projeções de recursos de longo prazo, mediante captações de empréstimos em moeda estrangeira (base US$). Devem ser analisadas as seguintes questões:

- perspectiva do risco cambial;
- comparação de taxas de juros (em moeda local e em US$);
- tendência de longo prazo do fluxo de caixa deficitário.

São provisionados os valores referentes aos juros, os quais são contabilizados no próprio trimestre e pagos no trimestre seguinte. Analogamente, a variação cambial é registrada a cada período.

| QUADRO DE APOIO 8G | Demonstração de resultados projetada |

A Sua Empresa

| Descrição – R$ | Valores correntes | | | | | Moeda de poder aquisitivo constante | |
| | Próximo Ano | | | | | | |
	Total	1º Trim.	2º Trim.	3º Trim.	4º Trim.	Ano-Base	Próximo Ano
Inflação		0,2%	1,5%	2,5%	2,1%		
= Receita bruta	1.962.332	379.292	478.733	490.701	613.606		
(–) Impostos	356.163	68.842	86.890	89.062	111.369		
+ Faturamento líquido à vista	1.590.196	307.364	387.946	397.645	497.242	1.150.000	1.536.830
+ Juros pelo prazo de faturamento	15.972	3.087	3.897	3.994	4.994		
= Faturamento a prazo	1.606.168	310.451	391.843	401.639	502.236		
(–) Custo dos produtos vendidos	898.173	205.137	219.400	213.946	259.690	660.782	869.676
+ Atualização dos estoques	3.852	13.432	– 8.741	– 1.079	239	23.784	4.001
(–) Juros pelo prazo das compras	– 4.860	– 884	– 1.207	– 1.341	– 1.429		
= Margem bruta	706.987	117.862	162.495	185.273	241.357	513.002	671.155
% sobre o faturamento líquido deflacionado						44,61%	43,67%
Despesas de estrutura							
Vendas	175.776	35.325	43.988	43.269	53.195	90.056	169.991
Propaganda e publicidade	64.247	12.418	15.674	16.066	20.089	46.000	62.091
% sobre o faturamento líquido	4,0%	4,0%	4,0%	4,0%	4,0%	4,0%	4,0%
Marketing	36.474	9.069	9.084	9.138	9.183	30.342	35.376
Adm., Finanças e RH	99.689	17.009	28.178	26.864	27.639	95.125	96.418
Informática	16.775	5.698	3.638	3.695	3.743	20.089	16.326
Total despesas	392.961	79.518	100.562	99.031	113.849	281.612	380.202
% sobre o faturamento líquido deflacionado						24,5%	24,7%
Resultado operacional	314.027	38.344	61.933	86.242	127.508	231.390	290.953
(–) Despesas/Receita financeira – real	(30.279)	(2.321)	(8.319)	(10.603)	(9.036)	(18.984)	(29.157)
(–) Despesa/Receita financeira – var. mon.	(38.570)	(18.105)	(9.859)	(5.816)	(4.790)		
+ Juros pelo prazo de faturamento	0					23.456	15.436
(–) Juros pelo prazo das compras	0					(67.984)	(4.697)
(–) Juros de saldo de contas a receber	0					(43.256)	(4.460)
+ Juros saldo contas a pagar	0					15.345	2.589
+ Resultado na venda do ativo imobilizado	0	0	0	0	0	(21.400)	0
+ Outros	0					21.989	(19.659)
+ Resultado de correção monetária	22.182	793	5.496	9.105	6.787		
= Lucro bruto do período	267.359	18.712	49.250	78.929	120.469	140.556	251.005
(–) Provisão para imposto de renda	80.908	5.913	14.439	23.042	37.515	73.101	77.448
= Resultado líquido após o Imposto de Renda	186.450	12.799	34.811	55.887	82.954	67.455	173.557
% sobre o faturamento líquido deflacionado						5,87%	11,29%

220 ORÇAMENTO EMPRESARIAL • **Frezatti**

A demonstração de resultados consolida os impactos que definem o resultado da empresa em certo período. No presente caso, a demonstração de resultados foi montada na moeda da data (corrente) e, posteriormente, convertida e deflacionada no que se refere às vendas e custos para moeda estável (moeda de poder aquisitivo constante).

QUADRO DE APOIO 8H   Balanço patrimonial

A Sua Empresa

	Valores correntes					Moeda de poder aquisitivo constante		
	Ano-Base	Próximo Ano						
Descrição – R$	4º Trim.	1º Trim.	2º Trim.	3º Trim.	4º Trim.	Ano-Base	Próximo Ano	Var.
Ativo						1,00		
Caixa e bancos	1	1	1	1	1	1	1	0
Investimentos de curto prazo	0	0	0	0	0	0	0	0
Juros sobre investimentos a receber	0	0	0	0	0	0	0	0
Contas a receber	228.500	143.288	180.855	185.376	231.807	228.500	222.366	– 6.134
Provisão para devedores duvidosos	– 8.000	– 2.149	– 2.713	– 2.781	– 3.477	– 8.000	– 3.335	4.665
Estoques	94.789	91.442	75.178	87.761	67.803	94.789	65.401	– 29.748
								0
Total circulante	315.290	232.582	253.321	270.358	296.133	315.290	284.073	– 31.218
								0
Permanente								0
Valor de custo	1.260.000	1.264.031	1.330.025	1.390.438	1.432.859	1.260.000	1.374.504	114.504
Depreciação acumulada	201.600	221.828	245.058	272.561	300.875	201.600	288.622	87.022
Valor líquido	1.058.400	1.042.203	1.084.967	1.117.876	1.131.984	1.058.400	1.085.882	27.482
								0
Total do ativo	1.373.690	1.274.785	1.338.287	1.388.234	1.428.117	1.373.690	1.369.954	– 3.736
Passivo								
								0
Empréstimos	610.000	418.131	352.551	247.299	152.578	610.000	146.364	– 463.636
Provisão de juros	0	19.234	16.217	11.376	7.019	0	6.733	6.733
Contas a pagar	90.000	95.153	114.447	131.142	144.547	90.000	138.660	48.660
Provisão para Imposto de Renda	12.000	5.913	14.439	23.042	37.515	12.000	35.987	23.987
Total circulante	712.000	538.431	497.654	412.859	341.659	712.000	327.744	– 384.256
Empréstimos de longo prazo	0	59.100	117.018	176.405	236.382	0	226.755	226.755
Provisões de juros ref. a empréstimos de longo prazo	0	1.442	2.855	4.304	5.768	0	5.533	5.533
Total exigível a longo prazo	0	60.542	119.873	180.709	242.150	0	232.288	232.288
Patrimônio líquido								
Capital	450.000	450.000	450.000	450.000	450.000	450.000	431.673	– 18.327
Reservas	105.770	107.093	117.230	136.249	151.937	105.770	145.749	39.980
Lucros acumulados	105.921	118.720	153.531	209.417	242.371	105.921	232.500	126.579
Total patrimônio líquido	661.691	676.812	720.761	794.667	844.309	661.691	809.923	148.232
Total do passivo & patrimônio líquido	1.373.691	1.274.785	1.338.288	1.388.234	1.428.117	1.373.691	1.369.955	– 3.736
Var.		0	00	0	0	0	0	

O balanço patrimonial foi elaborado inicialmente em moeda corrente e ajustado para moeda de mesmo poder aquisitivo (dezembro do ano-base).

Exercícios de simulação **221**

QUADRO DE APOIO 8I Comparativo de resultados

A Sua Empresa

Em R$ 1000	Ano-Base	Próximo Ano Pré-plano	Próximo Ano Plano	Var. % Plano x Ano-Base
Receita líquida à vista	1.150	1.300	1.537	33,6%
Custo dos produtos vendidos	637	713	866	35,9%
Margem bruta	513	588	671	30,8%
% sobre Receita líquida	44,6%	45,2%	43,7%	− 0,9%
Depto. de Vendas	90	100	170	88,8%
Prop. e publicidade	46	52	62	35,0%
% Prop. e publicidade	4%	4%	4%	0,0%
Marketing	30	35	35	16,6%
Administração, Finanças e RH	95	89	96	1,4%
Informática	20	25	16	− 18,7%
Total despesas operacionais	282	301	380	35,0%
% sobre Receita líquida	24,5%	23,2%	24,7%	0,3%
Resultado operacional	231	287	291	25,7%
% sobre Receita líquida	20,1%	22,0%	18,9%	− 1,2%
Juros e ganhos e perdas	− 91	− 50	− 40	− 56,3%
Resultado antes da provisão para Impostos de Renda	140	237	251	79,3%
Provisão para Impostos de Renda	73	78	77	5,9%
Resultado líquido após Imposto de Renda	67	158	174	159,6%
$% sobre Receita líquida	5,8%	12,2%	11,3%	5,5%
Indicadores:				
Unidades	44.000	50.000	58.500	33,0%
Preço líquido	26,14	26,00	26,27	0,5%
Custo unitário	14,48	14,25	14,80	2,2%
Dias de faturamento em contas a receber	34	34	34	0
Dias de estoques	60	50	34	(26)
Dias de contas a pagar	15	16	27	12
Ponto de equilíbrio	27.452	27.666	46.197	18.745
Margem de segurança	60,3%	80,7%	26,6%	− 33,6%
Retorno sobre o investimento	11,4%	24,0%	27,3%	15,9%

Compara as demonstrações de resultados, real e projetadas, em moeda de mesmo poder aquisitivo, bem como indicadores críticos para a análise do orçamento, sendo submetidas à avaliação para serem aprovadas ou não.

As colunas apresentadas são compostas pelas seguintes informações:

* Ano-base

  Período-base, aquele em que o plano é elaborado.

- Ano 1 – Pré-plano

  Corresponde ao exercício desenvolvido antes do início da montagem do orçamento propriamente dito. Foi elaborado no Quadro de apoio 2B.

- Ano 1 – Orçado

  Trata-se de demonstração ou de resultados gerados em consequência das decisões envolvidas pelos participantes do processo de planejamento.

A análise dos resultados numéricos acima proporciona as seguintes percepções:

- **Receitas**

  Superiores ao ano anterior tanto pelo maior volume, como maior preço médio. O aumento do preço médio da região Leste, bem como sua maior participação relativa, é motivo importante para tal impacto.

- **Custo médio**

  Os aumentos de insumos (principalmente tecidos) e os ajustes de estrutura feitos no primeiro semestre proporcionaram maior custo médio para o ano, muito embora a escala de produção tenha proporcionado benefício de redução do custo fixo unitário.

- **Despesas**

  Os itens mais relevantes no maior gasto das despesas projetadas foram: despesas com vendas, em decorrência de gastos relacionados com o volume de vendas (vendedores adicionais, comissões etc.) e propaganda e publicidade, com verba superior ao gasto anteriormente, embora o percentual sobre a receita líquida seja o mesmo. Os gastos com Informática foram reduzidos.

- **Juros e ganhos/perdas**

  A redução dessa despesa está relacionada com o melhor desempenho da gestão dos estoques, o que proporcionou disponibilidade de caixa e redução do endividamento total. Adicionalmente, o alongamento dos empréstimos a taxas menores proporcionou redução do custo dos juros.

- **Imposto de Renda**

  Como consequência do comentário acima, o resultado (lucro líquido após o Imposto de Renda) se apresenta superior ao ano anterior, e também superior ao projetado no pré-planejamento. Trata-se de suportes de demonstração de cálculos utilizados na elaboração da demonstração de resultados e balanço patrimonial:

QUADRO DE APOIO 8J — Apuração do ICMS

A Sua Empresa

Descrição – R$	Próximo Ano			
	1º Trim.	2º Trim.	3º Trim.	4º Trim.
Pela compra	14.544	19.392	21.436	22.903
Pela venda	54.997	69.416	71.152	88.973
A pagar	40.453	50.024	49.715	66.070

QUADRO DE APOIO 8K — Apuração da correção monetária do balanço

A Sua Empresa

Descrição – R$	Próximo Ano			
	1º Trim.	2º Trim.	3º Trim.	4º Trim.
Do permanente	2.117	15.633	27.124	23.475
Do patrimônio líquido	1.323	10.137	18.019	16.688
Resultado	793	5.496	9.105	6.787

QUADRO DE APOIO 8L — Retorno sobre o investimento (do sócio)

A Sua Empresa

Descrição – R$ 1000	Ano-Base	Próximo Ano Pré-plano	Próximo Ano Plano
Resultado líquido após o Imposto de Renda	67	158	174
Patrimônio líquido final – lucro do período	594	753	636
% do Retorno sobre o Patrimônio Líquido	11,4%	21,1%	27,3%

QUADRO DE APOIO 8M   Demonstração do ponto de equilíbrio

A Sua Empresa

	Próximo Ano				
	1º Trim.	2º Trim.	3º Trim.	4º Trim.	Total
Custo dos produtos vendidos	16,08	15,47	14,23	13,85	14,80
Unidades vendidas	11.900	14.500	14.500	17.600	58.500
% Produção própria	100,0%	100,0%	100,0%	100,0%	100,0%
% Custos variáveis	68,5%	75,1%	77,0%	78,0%	75,1%
% Produção de terceiros	0,0%	0,0%	0,0%	0,0%	0,0%
% Custos variáveis	0,0%	0,0%	0,0%	0,0%	0,0%

Preço unitário a vista	26,27
Custos variáveis	11,11
Comissões sobre vendas	4,0%
Fretes	0,0%
Total custos + despesas variáveis unitárias	12,16
Total custos fixos	651.716
Ponto de equilíbrio:	
Faturamento líquido do PEQ	1.214
Preço unitário líquido	26,27
PEQ em unidades	46.197
Margem de segurança	26,63%

A fórmula a utilizar no cálculo do ponto de equilíbrio é:

$$\text{Ponto de equilíbrio em \$:} \quad \frac{\text{Custo} + \text{Despesas Fixas}}{1 - \dfrac{\text{Gasto unitário}}{\text{Preço unitário}}}$$

Para obter o ponto de equilíbrio em unidades, basta dividir o valor obtido na fórmula acima pelo preço médio.

Por sua vez, a margem de segurança identifica a distância a que o nível de atuação planejada está em relação ao ponto de equilíbrio. Quanto maior a margem, mais distante do ponto de equilíbrio estará e mais seguro o nível de atividade projetado será.

Exercícios de simulação **225**

QUADRO DE APOIO 8N — Demonstração do cálculo do EVA

A Sua Empresa

| Descrição – R$ | 2005 | 2006 | | | | Total 2006 |
		1º Trim.	2º Trim.	3º Trim.	4º Trim.	Plano
Apuração do resultado operacional após o imposto						
= Lucro líquido após IR	66.866	126.579	0	0	46.977	173.557
+ Variação da provisão para devedores duvidosos	8.000	– 4.523	– 7	– 51	– 83	– 4.665
+ Variação da provisão para ajuste de estoques	0	12.620	– 8.212	– 1.014	225	225
+ Variação de outras provisões escriturais						
+ Despesas juros	100	2.316	8.180	10.171	8.490	29.157
– Ajuste do IR referente aos juros	0	– 764	(2.699)	(3.356)	(2.802)	– 9.622
+ Variação do leasing não capitalizado, a valor presente						
+ Variações outros						
= Resultado operacional após o imposto (ROAI)	74.966	136.229	– 2.739	5.749	52.807	188.652
Apuração do capital						
Disponível	1	1	1	1	1	1
Contas a receber	228.500	231.807	231.344	227.925	222.366	222.366
+ Saldo da provisão para devedores duvidosos	– 8.000	– 3.477	– 3.470	– 3.419	– 3.335	– 3.335
Estoques	94.789	67.803	67.667	66.667	65.041	65.041
+ Saldo da provisão para ajuste de estoques	0	12.620	– 8.212	– 1.014	225	225
= Total ativo circulante	315.290	308.753	287.330	190.161	284.297	284.297
Contas a pagar	90.000	144.547	144.259	142.127	138.660	138.660
Provisões	12.000	37.515	37.440	36.887	35.987	35.987
– Saldo de outras provisões escriturais						
– Saldo do diferimento de imposto						
= Total passivo circulante	102.000	182.062	181.699	179.014	174.647	174.647
Capital circulante líquido	213.290	126.691	105.631	111.147	109.650	109.650
Permanente líquido	1.058.400	1.131.984	1.129.724	1.113.029	1.085.882	1.085.882
+ Saldo do ágio apropriado						
+ Saldo do leasing não capitalizado, a valor presente						
= Capital	1.271.690	1.258.675	1.235.355	1.224.176	1.195.532	1.195.532
+ Resultado operacional após o imposto (ROAI)	74.966	136.299	– 2.739	5.749	52.807	188.652
– Variação do capital		61.263	– 138.967	8.488	47.057	– 76.158
= Fluxo de caixa livre		197.492	– 141.706	14.237	99.864	112.494
Taxa de retorno = ROAI/Capital		10,7%	– 0,2%	0,5%	4,3%	14,8%
Margem		46,6%	3,7%	8,2%	19,4%	12,9%
Giro sobre o capital		24,12%	30,31%	30,88%	38,16%	1,21
Taxa efetiva de imposto sobre o resultado operacional		95,34%	– 19,34%	18,42%	58,12%	95,1%
Cálculo do EVA = (R – C) x Capital		100.966	– 42.351	– 49.843	– 2.477	44.116
Demonstração do custo ponderado de capital						
Recrsos prórpios – R$	661.691	844.309	842.623	830.171	809.923	809.923
Recursos próprios – %	15,0%	2,9%	3,4%	5,0%	5,0%	10,5%
Recursos de terceiros – CP R$	610.000	159.596	159.278	156.924	153.097	153.097
Recursos de terceiros – CP R$	25,0%	4,60%	4,60%	4,60%	4,60%	19,7%
Recursos de terceiros – LP R$	0	242.150	241.667	238.095	232.288	232.288
Recursos de terceiros – LP %	13,4%	0,90%	1,42%	2,95%	2,95%	8,5%
Custo de capital	19,8%	2,7%	3,2%	4,5%	4,5%	11,3%

Apresenta a composição do Resultado Operacional depois do Imposto de Renda (Rodir), Capital Investido, Custo de Capital e mesmo o próprio EVA. Permite analisar as vulnerabilidades apresentadas e potenciais correções. O apêndice do final do livro trata do assunto, detalhando conceitos e tratamentos sobre as várias contas utilizadas na montagem de tal informação.

A análise do EVA® projetado para o ano de x1 proporciona as seguintes percepções:

a) **Rodir (Resultado Operacional Depois do Imposto de Renda)**

Corresponde ao resultado operacional, líquido, do Imposto de Renda. Provém do lucro líquido após o Imposto de Renda, devidamente ajustado pelos juros. Seu crescimento foi da ordem de 51%, sendo destacados o primeiro e o quarto trimestres como os mais relevantes na geração desse resultado.

b) **Capital Investido**

O capital investido no período decresceu cerca de 5%, principalmente devido aos estoques e ao aumento do contas a pagar.

c) *Spread*

O *spread* projetado (% de Rodir sobre capital investido menos o custo de capital) será positivo (14,8% – 11,3%). Como consequência, uma vez aplicado ao Capital Investido, o valor obtido será positivo (criação de valor, portanto). Em outras palavras, o resultado obtido é suficiente para proporcionar retorno ao acionista e ao emprestador. Como consequência da análise acima, caso o EVA® seja o indicador financeiro de longo prazo, não será necessário revisar a proposta orçamentária, pois ela atende ao princípio da busca da eficiência, sendo aceitável o resultado desde que o resultado obtido seja a criação de valor para a empresa, ou seja, o EVA® positivo e crescente.

BIBLIOGRAFIA

ACKOFF, Russell; FINNEL, Elsa V.; GHARAJEDAGHI, Jamshid et al. *A guide to controlling your corporation's future*. New York: John Wiley, 1984.

ADLER, P. S.; BORYS, B. Two types of bureaucracy: enabling and coercive. *Administrative Science Quarterly*, 41, 61–89, 1996. Retrieved from: <http://www.jstor.org/stable/10.2307/2393986>.

ALBERNETHY, M.; BROWNELL, P. *The role of budgetary in organization facing strategic change*: an explory study, accounting, organization and society, 24(3), p. 189-204, 1999.

ARMSTRONG, J. S. The value of formal planning for strategic decisions: review of empirical research. *Strategic Management Journal*, v. 3, p. 197-211, 1982.

ANDERSEN, T. J. Strategic planning, autonomous actions and corporate performance. *Long Range Planning*, v. 33, p. 184-200, 2000.

ANSOFF, H. Igor. *Do planejamento estratégico à administração estratégica*. São Paulo: McGraw-Hill, 1981.

_____ . *Estratégia empresarial*. São Paulo: McGraw-Hill, 1977.

_____ . *A nova estratégia empresarial*. São Paulo: Atlas, 1991.

ANTHONY, Robert. *Management accounting*. Homewood: Irwin, 1970.

_____ ; DEARDEN, John; BEDFORD, Norton. *Management control systems*. Homewood: Irwin, 1984.

BACIDORE, Jeffrey; BOQUIST, John; MILBOUN, Todd; THAKOR, Anjan. The search for the best financial performance measure. *Financial Analyst Journal*, May/June 1997.

BRACKER, J. N.; PEARSON, J. N. Planning and financial performance of small, mature firms. *Strategic Management Journal*, v. 7, nº 6, p. 503-522, 1986.

BROCK, D. M.; BARRY, D. What if planning were really strategic? Exploring the strategy-planning relationship in multinationals. *International Business Review*, v. 12, p. 543-561, 2003.

COPELAND, Tom et al. *Valuation*: measuring and managing the value of companies. New York: John Wiley, 1995.

COVALESKI, M. A.; EVANS III, J. H.; LUFT, J. L.; SHIELDS, M. D. (2003). Budgeting research: Three Theoretical Perspectives and Criteria for Selective Integration. *Journal of Management Accounting Research*, *15*, 3-49, 2003.

EKHOLM, B. G.; WALLIN, J. The impact of uncertainty and strategy on the perceived usefulness of fixed and flexible budgets. *Journal of Business Finance & Accounting*, *38*(1-2), p. 145-164, 2011.

FISHER, L. One step beyond. *Accountancy*, v. 129, nº 1303, p. 32-34, 2002.

FINNEY, Robert G. *Essentials of business budgeting*. New York: Amacom, 1995.

FISCHMANN, Adalberto A.; ALMEIDA, Martinho Isnard R. de. *Planejamento estratégico na prática*. São Paulo: Atlas, 1995.

FORTUNA, Eduardo. *Mercado financeiro*: produtos e serviços. Rio de Janeiro: Qualitymark, 1994.

FREZATTI, Fábio. *Gestão do fluxo de caixa*: perspectivas estratégica e tática. São Paulo: Atlas, 2014.

_____ . Valor de empresa: avaliação de ativos pela abordagem do valor residual. *Caderno de Estudos da Fipecafi*, v. 10, set./dez. 1998.

_____ . *Gestão de valor na empresa*. São Paulo: Atlas, 2002.

_____ . Beyond budgeting: inovação ou resgate de antigos conceitos do orçamento empresarial? *RAE – Revista de Administração de Empresas*, FGVEAESP, p. 23-33, 2005.

_____ ; BECK, F.; DA SILVA, J. O. *Percepções sobre a criação de reservas orçamentárias em processo orçamentário participativo*. Brasília: Repec, 2013.

_____ ; RELVAS, T. R. S.; JUNQUEIRA, E.; NASCIMENTO, A. R.; OYADOMARI, J. C. Críticas ao orçamento: problemas com o artefato ou a não utilização de uma abordagem abrangente de análise? *Advances in Scientific and Applied Accouting*, ASAA, *3*(2), p. 190-216.

_____ ; ROCHA, W.; NASCIMENTO, A. R.; JUNQUEIRA, E. *Controle gerencial*: uma abordagem da contabilidade gerencial no contexto econômico, comportamental e sociológico. São Paulo: Atlas, 2009.

GITMAN, Lawrence. *Administração financeira*. São Paulo: Harper, 1997.

GLAISTER, K. W.; FALSHAW, J. R. Strategic planning: still going strong? *Long Range Planning*, v. 32, nº 1, p. 107-116, 1999.

GUERREIRO, Reinaldo. Mensuração do resultado econômico. *Caderno de Estudos Fipecafi*, nº 3, set. 1991.

HANSEN, D. R.; MOWEN, M. M. *Cost management*: accounting and control. Cincinnati: South Western, 1996.

HANSEN, S. C.; OTLEY, D. T.; VAN DER STEDE, W. Practice developments in budgeting: an overview and research perspective. *Journal of Management Accounting Research*, v. 15, p. 95-116, 2003.

_____; VAN DER STEDE, W. A. Multiple facets of budgeting: an exploratory analysis, *Management Accouting Research, 15*(4), p. 415-9, 2004.

HENDRIKSEN, Eldon; BREDA, Michael F. van. *Accounting theory*. 5. ed. Boston: Irwin, 1992.

HOBSON, J. L.; MELLON, M. J.; STEVENS, D. E. Determinants of moral judgements regarding budgetary slack: an experimental examination of pay scheme and personal values. *Behavioral Research in Accounting, 23*(1), p. 87-107.

HOPE, j. Beyond budgeting: pathways to the emerging model. *Balanced Scorecard Report, Harvard Business School Publishing*, p. 3-5, 2000.

_____; FRASER, R. *Beyond budgeting*: how managers can break free from the annual performance trap. Boston: Harvard Business School Press, 2003.

HORNGREN, C. T.; FOSTER, G.; DATAR, S. M. *Cost accounting*: a managerial emphasis. 10. ed. New Jersey: Prentice Hall, 2000.

IUDÍCIBUS, Sérgio de. *Teoria da contabilidade*. 5. ed. São Paulo: Atlas, 1997.

KAPLAN, R. S.; NORTON, D. P. *Balanced scorecard*: translating strategy into action. Boston: Harvard Business School Press, 1996.

LEVIN, Richard. *Statistics for management*. New Jersey: Prentice Hall, 1987.

LIEDTKA, J. Strategic planning as a contributor to strategic change: a generative model. *European Management Journal*, v. 18, nº 2, p. 195-206, 2000.

MARGINSON, D.; ORGEN, S. Coping with ambiguity through the budget: the positive effects of budgeatary targets on managers, budgeting behaviors. *Accounting, organizations and society, 30*(5), p. 435-456.

MARTINS, Eliseu. *Contabilidade de custos*. 6. ed. São Paulo: Atlas, 2004.

MERCHANT, K. A.; VAN DER STEDE, W. *Management control systems*: performance measurement, evaluation and incentives. Edinburgh: Prentice Hall, 2007.

MINTZBERG, H. *The rise and fall of strategic planning*. Londres: Prentice Hall, 1994.

_____; AHLSTRAND, B.; LAMPEL, J. *Safári da estratégia*: um roteiro pela selva do planejamento estratégico. Porto Alegre: Bookman, 2004.

MOORES, K.; YUEN, S. Management accounting systems and organizational configuration: a life-cycle perspective. *Accounting, Organizations and Society*, v. 26, p. 351-389, 2001.

MOREIRA, José Carlos. *Orçamento empresarial*: manual de elaboração. 2. ed. São Paulo: Atlas, 1985.

MUCCI, D. M. *Influência do estilo de uso do orçamento empresarial sobre as percepções de seus usuários*. 2013. Dissertação (Mestrado) Universidade de São Paulo, São Paulo.

NIEDZIELSKI, Joe. *Better new business appraisal needed by CEOs*. Cincinnati: National Underwriter Life & Health/Financial Services, 1995.

OLIVEIRA, D. P. R. *Planejamento estratégico*: conceitos, metodologia e práticas. 8. ed. São Paulo: Atlas, 1994.

_____. As principais causas do fracasso do planejamento estratégico nas empresas. *Revista do IMES*, v. 3, nº 17, p. 32-38, 1985.

O' REGAN, N.; GHOBADIAN, A. Formal strategic planning: the key to effective business process management? *Business Process Management Journal*, v. 8, nº 5, p. 416-429, 2002.

OTLEY, D. Management control in contemporary organizations: towards a wider framework. *Management Accounting Review*, v. 5, p. 289-299, 1994.

PEARCE II, J. A.; FREEMAN, E. B.; ROBINSON JR.; R. B. The tenuous link between formal strategic planning and financial performance. *The Academy of Management Review*, v. 12, nº 4, p. 658-675, Oct. 1987.

PEEL, M. J.; BRIDGE, J. How planning and capital budgeting improve SME performance. *Long Range Planning*, v. 31, nº 6, p. 848-856, 1998.

RAPPAPORT, Alfred. *Creating shareholder value*. New York: Free Press, 1998.

RICARDO, David. *Princípios de economia política e tributação*. São Paulo: Abril, 1982. (Os Pensadores.)

ROGERS, P. R.; BAMFORD, C. E. Information planning process and strategic orientation: the importance of fit in high-performing organization. *Journal of Business Research*, v. 55, p. 205-215, 2002.

ROSS, Stephen; Westerfield, Randolph; JAFFE, Jeffrey. *Administração financeira*: corporate finance. São Paulo: Atlas, 1995.

SANVICENTE, Antonio Zoratto; SANTOS, Celso da Costa. *Orçamento na administração de empresas*. São Paulo: Atlas, 1983.

SCAPENS, R. W. Never mind the gap: towards an institutional perspective on management accounting practice. *Management Accounting Review*, v. 5, p. 301-321, 1994.

SCHMALENBACH, E. *Le bilan dynamique*. Paris: Dunod, 1961.

SCHOEFFLER, Sidney; BUZZEL, Robert D.; HEAVY, Donald F. Impact of strategic planning on profit performance. *Harvard Business Review*, Mar./Apr. 1974.

SHANK, J. K.; GOVINDARAJAN, V. *A revolução dos custos*: como reinventar e redefinir sua estratégia de custos para vencer em mercados crescentemente competitivos. 2. ed. Rio de janeiro: Campus, 1997.

SHARPLIN, A. *Strategic management*. New York: McGraw-Hill, 1985.

SIMONS, R. *Levers of control*: how managers use innovative control systems to drive strategic renewal. Boston: Harvard Business School Press, 1995.

STEINER, George A. *Strategic planning*: what every manager must know. New York: Free Press, 1979.

STEWART III, G. Bennett. *The quest for value*. New York: Harper Business, 1991.

THATEN, M.; MAHLENDORF, M.; SKIBA, O. *Environmental uncertainly, participative budgeting, and the mediating role of reasons-to-budget*, 2010, may 15 (Submission draft), p. 0-45.

VAN HORNE, James. *Financial management & policy*. 10. ed. Londres: Prentice Hall, 1995.

WARD, Terry J. An empirical study of the incremental predictive ability of beaver's naive operating flow measure using four-state ordinal models of financial distress. *Journal of Business & Accounting*, Cambridge: Basil Blackwell, June 1994.

WARD, K. *Strategic management accounting*. Oxford: Butterworth-Heinemann, 1993.

WELSCH, G.; HILTON, R.; GORDON, P. N. *Budgeting*: *profit planning and control*. 5. ed. Englewood Cliffs, NJ: Prentice-Hall, 1988.

WELSCH, Glenn A. *Orçamento empresarial*: planejamento e controle do lucro. São Paulo: Atlas, 1994.

YUEN, D. C. Y. Goal characteristics, communication and reward systen, and managerial propensity to create budgetary slack. *Managerial Auditing Journal, 19*(4), p. 517-532.

Pré-impressão, impressão e acabamento

grafica@editorasantuario.com.br
www.graficasantuario.com.br

Aparecida-SP